让梦想开花

人大附中学生的生涯指导课

陆丽萍　江　群　刘　倩　著

中国出版集团

研究出版社

本书为全国教育科学规划教育部重点课题"中学生涯指导课程的实践探索与效果评价"（DBA180441）的研究成果。

本课程荣获 2019—2020 学年度北京市海淀区基础教育课程建设优秀成果二等奖

作者简介

陆丽萍

中国人民大学附属中学心理教师，中学高级教师，中国科学院心理研究所发展与教育心理学博士

研究方向：生涯规划、心理健康教育与咨询、学习策略指导、中高考心态辅导

担任职务：北京市中小学心理健康教育名师发展研究室成员，北京市海淀区心理督学、海淀区心理学科带头人、海淀区心理学科兼职教研员

所获荣誉：海淀区优秀督学、海淀区"心理志愿服务先进个人"、海淀区"科研种子教师"

研究成果：在《中小学心理健康》杂志上发表 2 篇论文：《北京市中学生生涯适应力现状调查研究》《超常与普通中学生生涯适应力比较及生涯教育开展》

江　群

中国人民大学附属中学深圳学校心理教师，首都师范大学发展与教育心理学硕士

研究方向：生涯规划、心理健康、青春期教育

刘　倩

北京交通大学学生心理素质教育中心心理教师，中国科学院心理研究所发展与教育心理学博士

研究方向：生涯规划、心理健康、注意力训练

序 言

2012 年，教育部颁发了《中小学心理健康指导纲要》（修订版），在面向高中生的心理健康教育的内容中，具体指出：对高中生要"帮助学生确立正确的自我意识，树立人生理想和信念，形成正确的世界观、人生观和价值观；在充分了解自己的兴趣、能力、性格、特长和社会需要的基础上，确立自己的职业志向，培养职业道德意识，进行升学就业的选择和准备，培养担当意识和社会责任感"。《纲要》中明确具体地体现了生涯教育的理念与内容。在《纲要》精神的指导下，北京、上海、广州等大城市一些学校陆续开展了针对高中生的生涯教育。

2014 年，北京市编写了《高中生涯教育》教材，《生涯教育课》作为高中必选课进入到高中课程体系中。以高中心理教师为主体的教学和研究工作者，开始了对生涯教育课程体系和教学模式的实践与探索。

2019 年，国务院办公厅下发了《关于新时代推进普通高中育人方式改革的指导意见》，进一步明确指出，要加强对学生理想、心理、学习、生活、生涯规划等方面的指导，要求注重指导实效、健全指导机制。从教育部《纲要》，到国务院《指导意见》，可见国家对生涯教育工作的高度重视。生涯教育不仅关乎学生未来的学业、职业和人生价值，还关乎国家的人才质量和发展前景。

生涯教育如何做？生涯教育不等同于理想道德教育，也不等同于心理健康教育。生涯教育的理论源自美国，产生于 20 世纪五六十年代的欧美，有一套结构化的理论体系。如何能将生涯教育的理论落地生根，转化为我们时代背景下的可操作、可推广的鲜活的理论与方法，不仅需要对生涯理论系统地梳理和消化，而且要将理论一点点融化在课堂教学实践中，进行转化和呈现，取得良好的教育效果。这一过程不仅需要挑战自我和实践历练，更需要勇气和自信。本书的作者陆丽萍博士就是这样一位不断挑战自我、砥砺前行的一线教师。

这本书是人大附中生涯指导课程多年实践探索的成果，在此基础上，作者又用实证研究和行动研究的方法对生涯课程进行科学评价和推广应用，取得了很好的效果。本书三个部分结构清晰、简洁，而且相互承接、呼应。第一部分以生涯规划发展理论为指导，将庞杂的生涯理论化繁为简，简单明了地概括出理论的基本观点和结构，清晰易懂。第二部分将作者团队多年生涯教育实践中生成的丰富课程资源凝练成每个单元——对应的课例或教学设计，为一线老师提供了每个教学模块的操作范例，结构完整，既便于教师借鉴参考，又为教师抛砖引玉，提供了一个开放式的

教学设计。课程实践以体验式教学作为课堂教学的主要形式，从学生需求到课堂实践探索再到课程效果检验，呈现了一个非常完整、具体、生动、有趣的教育研究过程。第三部分从课程建构与评价的视角，反观生涯教育的实施效果和评价体系，用课题研究的成果来佐证生涯教育的实效。这本书既有扎实的理论支撑，又有很强的可操作性：在理论部分，对生涯指导的理论娓娓道来；在实践部分，提供了新颖且丰富的课堂活动素材和教学设计。

　　因此，这是一本集科学性、实践性、应用性于一身的图书，既有丰富而全面的理论，又有具体丰富的可操作的课程方案和资源，是一部关于生涯教育理论与实践操作的好书。我希望广大的生涯指导教师、心理健康教师、中学德育工作者能够喜欢它，在工作中使用它，使它成为我国生涯教育中的一部案头之作，以发挥它更大的作用。

曹新美

2021 年 1 月 28 日于北京

目　录

第一部分　生涯指导概述

第二部分　中学生涯指导课程的实践探索

第三部分 中学生涯指导课程的效果评价

第一部分

生涯指导概述

第一章　唤醒生涯　规划人生

第一节　新高考背景下的生涯指导

2014年9月4日，国家关于考试招生制度改革的实施意见正式发布，正式拉开了高考改革的序幕。2017年上海、浙江的高考招生制度改革平稳落地，2020年北京、天津、山东、海南四个省市启动了高考招生制度改革。2021年，14个省份成为第二批推行新高考制度的省份。2022年6个省份将成为第三批推行新高考制度的省份，逐渐实现稳妥推进高考综合改革。与旧高考简单地将学生划分为文理两类不同，新高考实施"3＋3"选课原则，学生在高一升高二时需要在物理、化学、生物、历史、地理、政治这6门中选3科进行考试。在新高考制度下，学生自主选择的机会更多，总共有20种不同选择。同时，新高考将选择的权力交到学生手中，将学生选择人生方向的时间前置。这样，一方面可以更好地发掘学生的兴趣爱好，发挥学科优势，培养不同类别人才；另一方面，学生通过为自己的选择负责，能够提高自我认识与规划能力。为了更好地保障新高考选科与高校专业课程的衔接，高校也基于高考选科的情况公布了不同选科组合所对应的专业，选科的结果将影响未来的专业选择。在新高考背景下，如何有效地对学生进行生涯指导，使之合理科学地选科，就显得尤为重要。

一、新高考招生政策

高考是我国当前为选拔人才所建立的统一、正规、卓有成效的考试形式和制度，关系着每年数百万计乃至数千万计考生的前途，更关系着国家未来的发展和民族的复兴。因此，高考招生制度的改革牵一发而动全身，在教育综合改革中居于龙头地位。自2017年上海、浙江的高考招生制度改革开始，共有20多个省市先后加入推行新高考制度的队伍，可见此次高考改革的决心之大、力度之强、覆盖面之广。此次高考招生制度改革体现在对高中学业水平测试、学生选科、上课形式创新、高校招生制度创新等各个方面，各省市积极推广上海市、浙江省在以招促考、以考促教、

以教促学改革等方面的典型做法，及时研究解决改革过程中遇到的新情况、新问题，完善具体举措，确保改革平稳推进。

新高考由语数英和3门选考科目组成：语数英每科150分，选考科目由考生从物理、化学、生物、地理、历史、政治6科中自主选择的3科组成，每科满分100分，高考满分仍然是750分。新一轮高考实施"6＋3"选科原则，不再分文理科，共有20种自由选科组合，而不同的选课组合直接关系着考生未来的大学专业选择。新高考打破了原来的文理分科机制，学生根据自己的兴趣和能力等的不同，个性化地选择不同科目进行学习，极大地满足了不同层次学生的需求，更精准地为广大学生服务，更好地体现了"学生为主体"的素质教育特点。新高考实施差异化培养，更尊重学生个体发展，鼓励学生根据个人兴趣、职业规划来选择自己的考试科目以及未来的专业发展方向。

以下为各省市开展新高考政策的实施方案[①]。

1. 北京高考综合改革方案

执行：2020 年

从2017年秋季入学的高中一年级学生开始取消文理分科。从2020年起，高考统考科目为语文、数学、外语。高考成绩由3门统考成绩和考生选考的3门普通高中学业水平考试等级性考试科目成绩构成。英语听力一年考两次。

2. 天津高考综合改革方案

执行：2020 年

从2017年秋季入学的高中一年级学生开始取消文理分科。从2020年起，高考统考模式为语数英3门加3门选考科目。高考成绩由3门统考成绩和考生选考的3门普通高中学业水平考试等级性考试科目成绩构成。英语一年两考，取较高的分数计入高考总分。

3. 河北高考综合改革方案

执行：2021 年

从2018年秋季入学的高中一年级学生开始取消文理分科。外语科目提供两次考试机会。从2021年起，高考统考科目由语文、数学、外语3科和3门学生选考科目构成。

4. 山西高考综合改革方案

执行：2021 年

从2018年秋季入学的高中一年级学生开始取消文理分科。从2021年起，高考成绩由统考科目和学生选考科目构成。外语听力"一年两考"，取较高的一次成绩计入高考总分。

5. 内蒙古高考综合改革方案

执行：2021 年

从2018年秋季入学的高中一年级学生开始取消文理分科。从2021年起，高考成绩由语数英3门统考科目和学生选考科目构成，逐步整合高校招生录取批次。

---

① 来源于高考网：www.gaokao.com。

6. 黑龙江高考综合改革方案

执行：2021年

从2018年秋季入学的高中一年级学生开始取消文理分科。外语科目提供两次考试机会。从2021年起，高考统考科目为语文、数学、外语3科。高考成绩由统考科目和学生选考科目构成，总分仍为750分，将逐步取消高考招生录取批次。

7. 吉林高考综合改革方案

执行：2021年

从2018年秋季入学的高中一年级学生开始取消文理分科。外语科目提供两次考试机会。从2021年起，高考统考科目为语文、数学、外语3科。高考成绩由统考科目和学生选考科目构成，采取合格性考试和等级性考试两种形式。

8. 辽宁高考综合改革方案

执行：2021年

从2018年秋季入学的高中一年级学生开始取消文理分科。外语科目提供两次考试机会。从2021年起，高考成绩由3门语数英统考科目和学生选考科目构成。

9. 上海高考综合改革方案

执行：2017年

从2017年起，高考统考科目为语文、数学、外语3科，取消文理分科。高考成绩由统考科目和学生选考科目构成，总分660分。外语有两次考试机会，可选其中较好的一次成绩计入高考总分。从2016年起，取消一、二本批次区别，按照学生的高考总分和院校志愿，分学校实行平行志愿投档和录取。仅报考专科高职志愿的学生，只计语文、数学、外语3门统一高考成绩。专科高职依据统一高考成绩进行录取。

10. 山东高考综合改革方案

执行：2020年

从2017年秋季入学的高中一年级学生开始取消文理分科；从2020年开始，高考实行3+3模式。外语考试有两次机会。高考总成绩由3门统考科目和学生选考科目构成，总分为750分；实行"专业（类）＋学校"志愿填报模式。从2020年起，春季高考统一考试总分750分，其中文化素质部分320分，专业技能部分430分。

11. 江苏高考综合改革方案

执行：2021年

自2021年起（2018年秋季入学的高中一年级学生开始），江苏省普通高考统考科目仍为语文、数学、外语3门，保持不变；选考科目由现行的"6选2"调整为"6选3"，并计入高校招生录取总成绩。高考总分700分左右，小高考9门变13门，一年两考。

12. 安徽高考综合改革方案

执行：2021年

2021年高考录取考生取消文理分科，改进初中学业水平测试的考试形式和方式，增加高校和学生双向选择机会。高中学业水平考试涵盖所有科目，综合素质评价成为毕业和升学的重要参考。

13. **浙江高考综合改革方案**

执行：2017 年

考试科目为语数外＋3 门选考科目，不分文理；外语和 3 门选考科目都有两次考试机会，成绩 2 年有效。考生从物理、化学、生物、历史、政治、地理、技术 7 门中选择 3 门，选考科目按等级打分，最高 100 分。高校提前两年公布选考科目范围，至多 3 门，考生 1 门符合就可报考。高考录取不分批次，"专业＋学校"平行志愿，按专业平行投档。

14. **江西高考综合改革方案**

执行：2021 年

从 2018 年秋季入学的高中一年级学生开始取消文理分科，到 2021 年高考时将按照"3＋3"标准进行。

15. **福建高考综合改革方案**

执行：2021 年

从 2021 年起，形成分类考试、综合评价、多元录取的考试招生模式。统一高考科目为语文、数学、外语 3 门，不分文理科；外语科目提供两次考试机会；考生总成绩由统考科目和学生自选 3 门科目成绩组成。

16. **河南高考综合改革方案**

执行：2021 年

从 2018 年秋季入学的高中一年级学生开始，高考总成绩由统一高考的语文、数学、外语 3 门科目成绩和 3 门选考科目考试成绩组成。

17. **湖北高考综合改革方案**

执行：2021 年

从 2018 年秋季入学的高中一年级学生开始取消文理分科。从 2021 年起，实行"3＋3"模式。高考总成绩＝"语数外"全国卷高考成绩＋3 门"学考"成绩。外语有两次考试机会，可选择其中较好的一次成绩计入高考成绩。试行"院校＋专业类"分类投档录取。

18. **湖南高考综合改革方案**

执行：2021 年

从 2018 年秋季入学的高中一年级学生开始取消文理分科。从 2021 年起，实行"3＋3"模式。高考总成绩＝"语数外"全国卷高考成绩＋3 门"学考"成绩。外语有两次考试机会，可选择其中较好的一次成绩计入高考成绩。

19. **广东高考综合改革方案**

执行：2021 年

从 2021 年（2018 年秋季入学的高中一年级学生）起高考开始实行高考综合改革方案，高考科目为"3＋3"，即语文、数学、外语 3 门科目和 3 门高中学业水平考试科目的考试方式。

20. **广西高考综合改革方案**

执行：2022 年

从 2019 年秋季入学的高中一年级学生开始取消文理分科。从 2022 年起，实行

"3+3"模式。高考总成绩为语数外全国卷高考成绩和3门"学考"成绩的总和。外语科目（含听力）提供两次考试机会。高校招生录取实行"考生总成绩＋综合素质评价"的评价方式。

21.海南高考综合改革方案

执行：2020年

从2020年（2017年秋季入学的高中一年级学生）起，高考录取总成绩为"语数外"全国卷高考成绩＋3门"学考"的加和成绩。一本二本合并录取。本科批次初步拟定考生可以填报20个"院校专业组"志愿。每个"院校专业组"内，考生最多可填报6个专业志愿和是否服从专业调剂志愿。

22.陕西高考综合改革方案

执行：2022年

从2022年（2019年秋季入学的高中一年级学生）起，高考成绩由全国统考的语文、数学、外语3门科目成绩和学生自选的3门科目的等级性考试成绩组成。外语科目提供两次考试机会，选择较好的一次成绩计入总分。

23.宁夏高考综合改革方案

执行：2022年

面向2019年入学的高中一年级新生，不分文理，统一高考科目调整为语文、数学、外语3门科目，分值不变，选考科目调整为"6选3"。外语提供两次考试机会，取成绩较高分计入总成绩。

24.青海高考综合改革方案

执行：2022年

面向2018年秋季入学高中一年级新生，实行"3+3"的考试模式，选考科目地理、政治、历史、生物、化学、物理6选3；外语科目提供两次考试机会。高考招生录取基于"两依据、一参考"。2018年在各批次全面实行平行志愿，并创造条件逐步取消高校招生录取批次。

25.新疆高考综合改革方案

执行：2022年

暂无信息。

26.重庆高考综合改革方案

执行：2021年

从2018年入学的高中一年级新生开始考试取消文理分科。从2021年开始，高考总成绩为全国统考科目（语文、数学、外语）＋高中学业水平考试选考科目的总和。

27.四川高考综合改革方案

执行：2021年

从2018年秋季入学的高中一年级学生起，计入高考总成绩的学业水平考试科目实行全省统一命题、考试、评卷和公布成绩。从2021年开始，统一高考考试科目设置为语文、数学、外语3门，不分文理科，外语科目提供两次考试机会，取最好成绩计入总成绩。从2021年开始，高职院校考试招生时间安排在当年春季。取消体育特长生等所有鼓励类加分项目。

28. 贵州高考综合改革方案

执行：2021 年

从 2018 年秋季入学的高中一年级学生开始取消文理分科。从 2021 年开始高考成绩由"3＋3"构成。录取机制为"两依据一参考"。

29. 云南高考综合改革方案

执行：2022 年

从 2019 年秋季入学的高中一年级学生开始，实施统一高考改革。从 2022 年起取消文理分科，外语科目提供两次考试机会，考试科目由现行的 3＋文综、理综改为"3＋3"。

30. 西藏高考综合改革方案

执行：2021 年

从 2018 年秋季入学的高中一年级学生开始，全面启动普通高等学校考试招生综合改革。从 2021 年起，调整统一高考科目为语文、数学、外语，外语提供两次考试机会，取成绩较高者计入总成绩，高考将不再分文理科。

31. 甘肃高考综合改革方案

执行：2022 年

考生总成绩由统一高考的语文、数学、外语 3 门科目成绩和高中学业水平考试 3 门科目成绩组成。统考科目为语文、数学、外语，每门 150 分。地理、政治、历史、生物、化学、物理 6 选 3，计入高考总成绩。外语科目提供两次考试机会，取成绩较高者计入总成绩。

二、新高考改革的长期影响

新高考改革对高考科目、高考成绩组合进行大刀阔斧的调整，评价体系由单纯的考试评价向立德树人和素质教育进行转变，必然会对基础教育教学和学生的学习产生深远的影响。

1. 对中学教育的影响

学生的科目选择与中学的办学条件、办学选择和对学生的学业、职业规划指导有密切关系。按照高考改革方案，中学需要给学生提供多达 20 个学科组合，这也倒逼着学校结合自身情况进行改革，推行选课走班制。而要做到这一点，中学需要做出以下几方面的努力。

首先，中学应根据学生的选科需求提供足够的师资、学习条件，开设足够的课程，并保证每门课程的教学质量。如果中学没有足够的师资力量、办学资源，无法开出相应组合的课程，学生的选择就会受到限制。另外，新高考对学校师资力量分配也带来了一些影响。以往学校里的教师分配有一个比较固定的模式和方案，一般都是根据学生的成绩和老师的教学经验、教学水平来进行分配。但新的高考方案实施后，学生自主选课可能造成对不同学科老师的需求量不均衡的状况，一些学科老师明显不够，另一些学科可能过剩。因此，学校在师资力量调动和分配上需要更加斟酌，进行优化配置和管理。

其次，做好走班管理，逐渐形成本校办学特色。以往高中学校班级管理模式相对固定，划分班级的标准比较单一，大多数学校都是根据文理两大类进行分班，通常以每个行政班级为单位进行教学和管理。但是，随着学生自主选择课程，走班上课成为必然趋势，行政班的界限将被打破。在这一形势下，如何加强对不同选科学生的管理以及关注每位学生的学习状况和身心健康，是当前中小学校亟待解决的新问题。同时，在整体保障每门课程质量的情况下，学校还需要形成本校的优势学科组合，以便学生结合求学、职业规划，选择适合自己的科目组合。

最后，中学必须加大对学生的生涯规划指导。高考改革以前，学生的选择权有限，学生对如何选科不像现在这么迫切。而随着学生选择权变多，学生面临更大的选科困惑，中学应该在学生选科、未来报考大学、认识自我与社会、规划学业与职业方向等方面进行科学指导，让学生结合自身兴趣、实力、升学与就业发展等众多因素，选择适合自己的科目组合。中学应明确和健全指导机构，建立专兼结合的指导教师队伍，通过学科渗透、开设指导课程、举办专题讲座、开展职业体验等不同方式对学生进行指导。同时，中学还应加强与高校、科研机构、企业等的合作，合理利用各种社会资源，构建学校、家庭、社会协同指导的机制，促进学生对未来做出更适合自身状况的规划。

2. 对中学生的影响

对于学生而言，新高考同样充满了新挑战。

首先，大学录取将更注重专业导向，学生选科的结果直接影响其未来的专业选择，因此深入认识自己显得更为重要。在新高考背景下，学生不能再像传统意义上的"两耳不闻窗外事，一心只读圣贤书"，而要在认识自身的个性特征、兴趣爱好、能力分布的基础上，激发学习潜能，提高学习效率，设定人生理想，把所学的知识与理想追求结合起来，以积极的心态去探寻梦想。同时，还需要了解专业和职业发展，以便规划未来，找准人生发展方向。新高考促使中学生内外兼顾，最终找到适合自己的发展方向。新高考对学生的要求更高，除了学习课内知识以外，还需要对自己、学习方式、外界环境等有较多的关注。

其次，与新高考改革相匹配，很多高中甚至初中就开始推行选课走班制，学生根据自己的学习科目和学习程度选择不同层次的课程，这就会出现"同班不同学"的现象，教师的管理作用和同学的督促作用相应有所减弱。这就要求学生更加自觉、自主地学习和安排自己的学习进度。

3. 对教师的影响

教师开始由原来的"买方市场"进入"卖方市场"。在以往的制度安排下，教师的教学内容、年级、班级由学校统一安排，而伴随着新一轮高考招生制度的改革，开始由学生选择喜欢的老师，这就对教师的授课水平提出了更高的要求。

走班制实施后，每个老师都可能面对不同的学生，教师原有的、统一的教学模式必须根据学生的变化而变化，以保障课程实施的质量。因此，教师需要对教学内容更加熟悉，并具备根据学生的不同特点灵活调整的能力。

教师需要有能力同时担任多个角色，如学科教师、本班级管理者和学生成长导师等，不仅要在课堂上站得住脚，还必须形成厚重的人格魅力，能解答学生的成长困惑。

4. 对家长的影响

新高考背景下的家长同样面临多重挑战。高考改革方案实施后，学生选考科目需要与心仪的大学专业要求相符合。并且，学生在高二时就可以报名参加学业考试

和高考选考，这就意味着专业的选择、职业的规划将从高三提早到高一。高一的学生对于专业类别知之甚少，作为对考生职业规划影响最大的家长，需要做更多的辅助工作。家长主要需要做到两点：一是全面深入了解孩子，二是帮助孩子做好信息的收集和整理工作。孩子平常喜欢做什么事？他是什么性格，外向还是内向，喜欢跟人打交道还是喜欢跟事务、数据打交道？他平常擅长做什么，有什么特长或者优势能力，他业余时间喜欢参加什么类型的活动？家长不仅需要细心观察孩子，有时还需要坐下来与孩子深入交流。家长应作为睿智的引领者和贴心的陪伴者，针对孩子感兴趣的职业，帮助他们去了解相关的职业信息，增加他们对相关职业真实工作内容的了解。具体可以从以下几个方面开展：

（1）关注孩子的兴趣和特长

家长需要了解并且区分孩子的兴趣和特长。孩子的兴趣不一定是特长，喜欢不一定擅长。例如，有很多学生对某些学科感兴趣，但在这些学科并不能取得较好的成绩；有些学生在某些学科上虽然学得比较好，但并不是真的喜欢。这时，家长要和孩子一起分析，找出孩子擅长且感兴趣的学科。

（2）关注选科和甄别专业方面的信息

高中生学业负担重，所处环境相对单一，很难也没有时间了解外面的世界。因此，作为家长，需要帮助孩子全面收集选科和相对应专业的信息资料。例如，选科方面：孩子所在学校开设了几种选课组合，每个组合的专业覆盖率如何；专业和职业方面：孩子感兴趣专业的就业方向、专业的发展前景、相关职业信息。因此，家长需要及早了解相关知识，比如咨询专业人士、购买专业书籍、上网搜索相关职业的介绍等。总之，家长在选科之前，要对孩子将来选择哪些大学或哪些专业有了解，并且尽量做到详细。这样的话，才不至于盲目选择，没有自己独立的判断。同时，家长还应多帮助孩子搭建平台，参与各类社会实践，让孩子多走出去开阔视野，增长见识。

（3）帮助规划孩子的学业轨迹

新高考强化了学生生涯规划的重要性，凸显了学生自主性和独立性培养的重要性。学生从高一明确学习方向后，家长应将帮助孩子形成自我管理和自我规划的意识提上日程，让孩子明确学习是自己的事，激发他们学习的内部驱动力。家长还要协助孩子规划好高中三年六学期甚至是每一个月的学习任务并具体落实。

总而言之，作为家长，要帮助孩子兼顾兴趣与特长地选科，关注和甄别大学专业信息，规划孩子的学业轨迹，激发他们的学习内驱力。

第二节　中学生生涯适应力的现状

在新高考背景下，学校、家长如何帮助中学生更好地适应全球信息化时代的生涯发展，成为专家学者们关注的焦点。由于中学生的关注点、身心发展水平和生涯任务与大学生有很大差异，大学或高职院校的业已成熟的职业生涯指导课程难以下移到中学，并且，传统的照本宣科、以知识讲授为主的课程并不能很好地满足中学生渴望探究的学习热情。同时，人们逐渐发现，知识容易过时或落伍，但能力却能迁移到未知的复杂环境当中，因此能力本位也成为现代生涯教育中普遍认可的理念。

舒伯和克纳赛尔（Donald E. Super & Edward G. Knasel）提出的生涯适应力概念被广为认可，他们认为生涯适应力是指个体对于可预测的生涯任务、所参与的生涯角色与面对生涯改变或不可预测之生涯问题的因应准备程度。他们将生涯适应力概括为4C，即生涯关注（career concern）、生涯控制（career control）、生涯好奇（career curiosity）、生涯自信（career confidence）。其中，生涯关注是指个体对职业未来的关心程度，它有助于个体放眼未来，为未来生涯任务做准备；生涯控制是指个体有意识地为职业未来做准备，它推动个体为了满足今后的生涯要求而采取自律的方式来塑造自己或周围环境，愿意且能够为自己的行为负责；生涯好奇是指对自己和未来愿景的探索，它促使个体对自己和周围情况进行探索；生涯自信是指强化自己追求职业理想的信心，它使个体在探索中更加自信地进行人生设计。

生涯建构理论认为，生涯适应力是一种个体应对变化的重要的心理资源，它能帮助个体取得更高的成就。斯科里科夫（Vladimir Skorikov）等（2007）针对美国中学生的研究发现，良好的生涯适应力能够预防学生的问题行为和提升幸福感，同时减少一些消极情绪。曾志文（2007）发现，在经历创伤事件后，高生涯适应力的大一学生比低生涯适应力的学生拥有更多的诸如乐观、自尊、积极归因等心理社会资源。由此可见，生涯适应力具有三个典型特点：第一，生涯适应力是可以培养的能力，当遇到生涯困境或危机的时候可以发挥作用；第二，生涯适应力可以有效帮助个体规划未来；第三，生涯适应力是个体与环境相互作用的结果。

中学阶段是人生成长的重要阶段，是青少年身体发展及心理发展的关键时期。中学生正处于青春期，其特点表现为自我意识增强，对外界充满好奇，渴望探索外部世界。如果在这个阶段加强生涯适应力的培养，能够帮助他们适应未来的生涯发展。同时，了解中学生的生涯适应力水平，能够帮助教育工作者更好地帮助他们开展生涯规划，有利于中学生对自己的人生进行合适的规划。

本节以作者团队面向北京市某中学初高中学生进行调查研究的过程进行说明。

一、研究对象

研究对象为中国人民大学附属中学初中部和高中部学生。该学校为北京市重点中学，但据以往研究结果发现，个体生涯适应力发展的程度不会因学校属性而有所差异[①]。本研究的调查对象能够很好地反映北京市中学生的生涯适应力水平。

本研究从该校初一、初二、高一、高二共四个年级（初三、高三面临升学考试，故未参加本次问卷调查）各随机选取两个班级。本次研究共发放问卷320份，回收318份，其中有效问卷316份，回收率99.3%，有效率98.8%。样本具体分布为：男生178人，

---

① 钟宜玲. 大学生工作价值观、生涯阻隔、生涯成熟之相关因素研究 [D]. 台南：台南师范学院国民教育研究所，2003.

女生 136 人；初一占 24.7%，初二占 26.9%，高一占 25.6%，高二占 22.8%。

二、研究工具

采用里尔登（Robert C. Reardon）等[1]编制的中文版生涯适应力量表，量表在埃里克（Erik J. Pofeli）等[2]编制的生涯适应力量表基础上翻译修订而成。量表包括生涯关注、生涯控制、生涯好奇和生涯自信 4 个维度 24 个条目，采用 5 分制计分，各条目按照 1（完全不符）～5（完全符合）计分。得分越高显示生涯适应力越好。本次调查测得量表内部一致性信度 Cronbach's α 系数为 0.951。

研究运用 SPSS23.0 对数据进行输入、检查和分析。

三、研究结果

1. 中学生生涯适应力总体状况

表 1-1 显示，北京市中学生总体分数为 4.07±0.62，依据评判标准，评分≤2.38（平均分 3 减去标准差 0.62）为较差水平，评分≥3.62（平均分 3 加上标准差 0.62）为较好水平。综合判断，北京市中学生生涯适应力总体状况处于中上水平。从生涯适应力不同因子间得分比较来看，中学生对生涯适应力的关注表现为：生涯控制＞生涯好奇＞生涯自信＞生涯关注，说明他们会有意识地为职业未来做准备，但对于职业未来却关注较少。

表 1-1　北京市中学生生涯适应力总体状况 （M±SD）

	生涯关注	生涯控制	生涯好奇	生涯自信	生涯适应力
总体	3.96±0.75	4.19±0.68	4.07±0.66	4.03±0.69	4.07±0.62
男生	3.92±0.82	4.19±0.72	4.11±0.71	4.04±0.69	4.07±0.67
女生	4.02±0.65	4.19±0.64	4.04±0.58	4.04±0.67	4.07±0.54
t	−1.14**	−0.0498	0.96*	−0.02	−0.11

** 代表 p<0.01， * 代表 p<0.05

男生在生涯好奇上的得分显著高于女生，而女生在生涯关注上的得分显著高于男生；在生涯适应力总分和其他因子上，男生和女生并未出现显著差异。

2. 中学生生涯适应力在年级和文理科上的差异比较

表 1-2 显示，不同年级学生在生涯适应力的所有因子上均呈现显著差异。初一学生在生涯适应力上的表现显著高于其他年级，而高二学生在生涯适应力各个因子上的得分显著低于其他年级。即初一学生对自己的未来职业生涯更为关注，更有意愿

① 王伟冰，唐平．辨析认知行为疗法与积极认知行为疗法理论基础的异同 [J]．医学与哲学：人文社会医学版，2011，32（12）：40-42．
② 郑康霞，牟红艳，芮晓芸，等．合理情绪疗法在护士应对压力中的应用效果 [J]．现代临床护理，2011（10）：52-54．

为职业未来做准备并加以探索，且对职业理想的追求表现出更多的自信，而高二年级的学生则呈现相反的趋势。同时，中学生生涯适应力水平在初中阶段和高中阶段均呈现下降趋势，即就生涯适应力水平而言，初一学生的得分高于初二学生，高一学生的得分高于高二学生（图1-1）。

表1-2　不同年级中学生生涯适应力的差异比较（M±SD）

	生涯关注	生涯控制	生涯好奇	生涯自信	生涯适应力
a 初一	4.24±0.62	4.43±0.52	4.39±0.51	4.36±0.56	4.35±0.49
b 初二	3.82±0.64	4.21±0.62	4.03±0.58	4.00±0.64	4.02±0.52
c 高一	4.02±0.74	4.24±0.56	4.04±0.63	4.05±0.59	4.09±0.54
d 高二	3.75±0.91	3.94±0.88	3.85±0.80	3.71±0.81	3.79±0.78
F	6.857**	10.465**	9.770**	12.373**	11.91**
事后比较	a>b、d，c>d	a>b>d，c>d	a>b、c、d	a>b、c、d	a>b、c、d

**代表 $p < 0.01$，*代表 $p < 0.05$

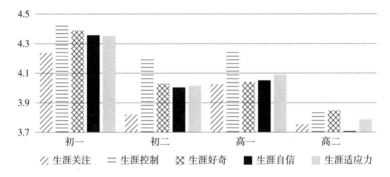

图1-1　不同年级学生生涯适应力水平差异比较

本研究单独选取已经划分文理科的高二年级共计84人，比较文科生和理科生在生涯适应力上的差异。表1-3显示，文科生和理科生在生涯适应力上的差异不显著。

表1-3　文理科学生在生涯适应力上的差异比较（M±SD）

	N	生涯关注	生涯控制	生涯好奇	生涯自信	生涯适应力
文科	38	3.84±0.80	3.89±0.90	3.85±0.79	3.72±0.90	3.83±0.81
理科	46	3.89±0.94	3.92±0.81	3.93±0.78	3.82±0.74	3.89±0.73
t		−0.228	−0.116	−0.476	−0.497	−0.355

**代表 $p < 0.01$，*代表 $p < 0.05$

3. 中学生生涯适应力在家庭因素上的特征分析

表1-4显示，个体是否为独生子女、家庭月收入水平、父母亲学历与个体的生涯适应力相关不显著。但父亲职业与生涯好奇，母亲职业与生涯适应力、生涯控制、生涯好奇、生涯自信呈显著相关。

表1-4　家庭因素与生涯适应力的相关分析

	生涯关注	生涯控制	生涯好奇	生涯自信	生涯适应力
独生子女	−0.07	0.06	0.06	0.04	0.02
家庭月收入	−0.10	−0.04	−0.06	−0.05	−0.08
父亲学历	−0.10	−0.07	−0.05	−0.06	−0.08
母亲学历	−0.01	−0.05	−0.06	−0.03	−0.50
父亲职业	0.08	0.09	0.11 *	0.09	0.10
母亲职业	0.05	0.14 *	0.12 *	0.12 *	0.12 *

**代表 $p < 0.01$，*代表 $p < 0.05$

表1-5　母亲职业与生涯适应力的差异比较（M±SD）

母亲职业	生涯关注	生涯控制	生涯好奇	生涯自信	生涯适应力
a 临时工	24.43±2.38	23.70±3.18	23.37±3.64	23.38±2.51	94.88±10.42
b 体力工作者	22.67±1.15	19.33±4.04	21.67±1.15	21.33±2.31	85.00±8.66
c 服务业	22.53±5.68	25.58±4.53	24.92±4.12	24.32±3.25	97.34±13.58
d 企事业单位	23.56±4.39	24.93±3.84	24.26±3.71	24.00±4.03	96.75±14.16
e 管理者	24.57±4.04	26.13±3.58	25.46±3.44	25.40±4.00	101.57±12.89
F	1.238	3.647 **	2.238	2.290	2.433 *
事后检验		e>d>b, c>b			e>a、b、d

**代表 $p < 0.01$，*代表 $p < 0.05$

方差分析结果显示，父亲职业对孩子生涯适应力无显著差异，而母亲职业在孩子生涯适应力，尤其是生涯控制上呈显著差异（见表1-5）。图1-2显示，母亲作为管理者或服务业、企事业单位工作人员，孩子的生涯控制感显著高于母亲职业为临时工和体力工作者的孩子。图1-3显示，母亲为管理者的孩子在生涯适应力上的表现显著高于母亲为临时工、体力工作者和企事业单位工作人员的孩子。

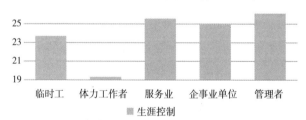

图1-2　母亲的不同职业在生涯控制上的差异比较

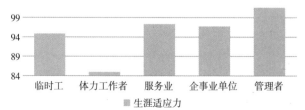

图1-3　母亲的不同职业在生涯适应力上的差异比较

四、讨论

1. 北京市中学生生涯适应力的特征分析

北京市中学生在生涯适应力不同因子上存在差别，具体表现为：生涯控制＞生涯好奇＞生涯自信＞生涯关注。这说明他们会有意识地为自己的职业未来做准备，但对于职业未来却关注较少。大城市的绝大多数中学生会选择升入大学继续深造，他们很清楚完成中学阶段的课程和考试是自己未来职业发展的必要途径，因此他们会通过努力完成中学阶段的学业来帮助自己实现职业未来。本研究还发现，虽然他们很愿意探索自己和未来，但相对于生涯好奇和生涯自信，他们对未来职业的关注并不那么强烈。这一方面是因为中学生面临着繁重的学业任务，虽然他们渴望探索自己和职业未来，但在实际生活中他们很难抽出较多时间和精力加以深入探索和了解。另一方面，大城市的很多家长利用自己所掌握的资源和信息，已经为自己孩子的生涯发展指明了方向且铺好了路，学生不太需要自己去关心职业未来，他们相信父母会给自己提供比较美好的未来。

本研究发现，男生和女生在生涯适应力总分上并未呈现显著差异。这与以往研究所提出的男生在生涯适应力上优于女生的观点不一致[①]。这可能是因为以往的研究对象主要是大学生，男大学生受传统社会观念对男女社会角色期望的影响，对职业的期望更高，更关注自己未来的生涯前途，有较积极的生涯探索行为。本研究的调查对象为中学生，他们不像大学生那样成熟，也不急于考虑就业，没有直接感受到就业市场的竞争和压力，因而性别的作用在他们生涯适应力上体现得并不明显。

2. 中学生生涯适应力在年级和文理科上的特征分析

在年级上，本研究发现，在初中和高中阶段，中学生的生涯适应力会随着年级升高而有所下降，即初一学生在生涯适应力上的表现显著优于初二学生，高一学生的生涯适应力水平显著优于高二学生。这一结果在一定程度上与赵小云的研究是吻合的[②]。这可能是因为对于刚入校的新生来说，他们对接下来的新生活充满新奇，对新知识充满渴望，对人生满怀憧憬。同时，作为激烈升学考试的胜利者，他们对自己的能力有较高的自信，相信自己能够掌控未来，准备在新环境一展拳脚；而经过一年多的中学生活后，经历了一些挫折，对自己和环境的认识更为清醒，故而看上去没有刚入校时生涯适应力水平那么高。值得注意的是，初二和高二学生对生涯适应力评价的降低并不意味着他们实际能力的下降。

本研究还发现，文科生和理科生在生涯适应力上无显著差异，这与以往的研究结果不一致[③]。以往有研究发现，理工科大学生生涯适应力较好，是因为理科生思维更活跃，思考问题更全面[④]。而本研究选取的高二学生半年前刚刚选择文科或理科，他们不像大学

① 杨玲. 生涯成熟调查研究 [D]. 上海：华东师范大学，2008.
② 赵小云. 大学生生涯适应力研究——结构、特点及其与相关因素的关系 [D]. 南京：南京师范大学，2011.
③ 李亚真. 大学生的生涯成熟度研究 [J]. 教育评论，2005，6：59-61.
④ 张夕汉. 大学生生涯适应力及其与认知加工特点的关系研究 [D]. 北京：中国地质大学，2014.

生已经经历了几年的学科思维的训练，因而在生涯适应力上还没有体现出差异。

3. 中学生生涯适应力在家庭社会经济地位上的特征分析

本研究发现，在家庭社会经济地位因子中，父亲职业与生涯好奇，母亲职业与生涯适应力、生涯控制、生涯好奇、生涯自信呈显著相关。但在综合考虑父亲和母亲职业后，父亲职业对生涯适应力无显著差异，而母亲职业在生涯适应力，尤其是生涯控制上呈显著差异。具体来看，母亲作为管理者、服务业、企事业单位工作人员，孩子的生涯控制感显著高于母亲职业为临时工和体力工作者的孩子。这可能是因为，从事这些职业的母亲相对而言文化程度较高，社会地位也较高，能够帮助孩子为职业未来做准备，能鼓励和指导孩子通过自己的努力去实现目标。尤其是作为管理者的母亲，其视野更加广阔，见识面更宽广，更容易了解和接触孩子的职业未来，能够较好地帮助孩子提升生涯适应力。

相较于父亲职业而言，母亲职业对孩子的生涯适应力有更大的影响。这可能是因为，在我国传统家庭中，主要实行的是"男主外，女主内"的家庭模式。母亲主要承担孩子的教育职责，母亲通常会在孩子的日常起居和教育问题上投入更多的时间和精力。在教育孩子的过程中，她们会结合自己的职业，为孩子提供有关职业未来的讯息，勾勒孩子职业未来的方向，推动他们对未来愿景的探索和鼓励他们有意识地为职业未来做准备。

综上，本研究通过调查北京市中学生生涯适应力现状，发现初二、高二学生的表现显著差于初一、高一学生。因此，中学教育应加强对初二和高二这两个年级学生的生涯适应力的培养。首先，这两个年级的学生正处于对未来的迷茫期，中学可以邀请在各行各业有所成就的家长，通过讲座、活动等形式进行交流和分享，帮助学生明确自己的职业未来。其次，中学应鼓励学生多参加社会实践，并通过生涯规划课程、校园实践活动等形式帮助学生拓宽未来职业方向和职业发展渠道。最后，结合实际情况，针对家庭背景不同的学生，通过采取多元化的职业辅导，开展团体心理辅导进行干预。

第三节　　中学生对生涯指导课程的需求

中学阶段是学生明确自身个性特征，开始思考人生道路的关键时期。这个时期的中学生，自我意识开始觉醒，逐渐形成自己的人生观和价值观。同时，他们的自我意识又极为脆弱，迫切需要生涯指导教育的引导与指正。因此，生涯指导教育要促进学生认识自我、认识职业、认识教育与职业的关系、学会职业决策，根据感兴趣的职业目标，从知识、技能和综合素质方面提升职业竞争力。

生涯指导课程涉及的学科很广，涵盖了身体健康、心理健康、生命、休闲、婚恋教育、职业生涯教育等多个领域。如何从这些领域中选出中学生最迫切需要的内容，是值得课程设计者思考的问题。

为了了解中学生对生涯指导课程的需求，我们对本校初一、初二、高一、高二四个年级 316 名学生进行了问卷调查。问卷涉及两个问题：①在学习和生活中，你最关心的内容是什么？②你认为，生涯规划最重要的内容是什么？每道题设置 7 个选项，请学生按照自己的看重程度进行排序，1 为最为看重，7 为最不看重。选项平均得分越低，说明学生对该选项越看重。

由表 1-6 可见，学生在学习和生活中，最关心的内容依次是：人生态度＞身心发展＞人际交往＞学习成绩＞行为习惯＞生活习惯。

表 1-6

在学习和生活中，我最关心的内容是						
学习成绩	人际交往	人生态度	未来发展	身心发展	行为习惯	生活习惯
4.28	3.40	2.99	4.10	3.23	4.36	4.47

由表 1-7 可见，学生眼中，生涯规划最重要的内容依次是：认识自我＞规划学习＞人际交往＞制订目标和计划＞专业设置及就业方向＞人职匹配＞市场状况需求分析。

表 1-7

生涯规划最重要的内容是						
认识自我	规划学习	人职匹配	专业设置及就业方向	市场状况需求分析	制订目标和计划	人际交往
2.01	2.96	4.87	4.48	5.31	3.89	3.30

从研究结果上看，学生最关心的内容中前三项分别是人生态度、身心发展和人际交往，而学习成绩并没有如我们料想的一样排在前列。但是，学生眼中生涯规划最重要的内容前三项依次是认识自我、规划学习和人际交往。可见，学业和自我发展、人际交往都是学生最为看重的方面。这一结果与学生青少年的身心发展特点相符合。中学生最显著的特点之一就是自主性和独立性的增强，开始强烈地关心自己的身体容貌特征，关注别人对自己的评价。他们开始隔断与父母之间的心理联结，形成所谓的"心理断乳期"。他们在心理上渴望独立，同时因为与父母的价值倾向、生活环境不同，总觉得父母不能真正理解他们，所以他们希望在同龄人中寻找朋友作为精神上的寄托。

因此，生涯指导课程应把课程重点放在认识自我、学业发展和人际交往上，同时注重学生的社会实践，促进学生通过了解周围环境，更加全面地认识自我，从而确立奋斗方向，为未来做好准备。

第二章 生涯指导的概念与目的

第一节　生涯的概念

我们在生活中往往面临着很多选择。比如，早上起来，你会选择先吃饭还是先刷牙？你去上学会选择哪种交通工具？到了学校，你会选择先拿出书本晨读还是先准备出要交的作业？回家后，我们先做哪一科作业再做哪一科作业？睡觉前，你会选择先准备好明天的衣服还是等到早上起来再准备？中高考结束了，你将选择什么样的专业？完成学业后，你又将选择怎样的职业？工作以后，你又将选择和谁一起，希望过怎样的生活？……可以看到，我们的生活中其实处处都面临着选择，而我们如何做选择，做出怎样的选择，其实体现了我们的性格特点、生活习惯、行为模式等很多因素的影响。

一、生涯的概念

在汉语里，"生"是"活着"之意，"涯"则为"边际"，"生"和"涯"连在一起是"一生"的意思，也就是人这一辈子。生涯的英文是"Career"，来源于拉丁文的"Carrus"，蕴含着疯狂竞赛的意思，后来引申为道路，即人生的发展道路，又可指人和事物所经历的途径，或是指个人一生的发展过程以及所扮演的系列角色和从事的职业。由于所处年代和研究视角的不同，不同学者对"生涯"的界定也不尽相同。因此，我们按照时间顺序介绍生涯的概念，有利于我们对生涯形成更加清晰的认识。

沙特尔（Shartle）认为，生涯是指一个人在工作生活中所经历的职业或职位的总称。该观点将生涯的概念简单地限定为职业生涯，即社会个体一生中所从事的职业及工作中担任的职位，但是忽视了在进入职业之前所需的学习和培训等准备。

麦克法兰德（McFarland）认为，生涯是指一个人依据理想的长期目标所形成的一系列工作选择，以及相关的教育或训练活动，是有计划的职业发展历程。虽然该观点仍然没有摆脱在职业生涯的范畴下界定生涯概念的框架，但其进步之处在于，考虑到了教育或训练活动对生涯发展的影响，并且强调了主体的选择性和生涯发展的过程性。

舒伯（Super）指出，生涯是生活中各种事件的演进方向与历程，它统合了人一生中各种职业和生活的角色，由此表露出个人独特的自我发展形态。一个人一生中所扮演的角色包括儿女、学生、休闲者、公民、工作者、配偶、父母、退休者等项，不同的经历使得每个人的生涯具有独特的发展形态。该观点从广义上对生涯概念进行说明，强调了除职业之外的其他角色也属于生涯的范畴，生涯即社会个体所从事的职业及生活中所扮演的各种角色的有机整合。舒伯的定义得到了大多数学者的认同，意味着生涯的理念已经从过去单纯地特指职业生涯变成了更加宽泛的概念。

韦伯斯特（Webster）提出，生涯是指个人一生职业、社会与人际关系的总称，以及个人终身发展的历程。该观点从狭义上对生涯概念进行说明，指出生涯是由社会个体从事的职业、形成的社会关系与人际关系所共同构成的，强调了生涯构成的多样性与过程性。

通过回顾"生涯"的定义，我们不难发现，随着时间的发展，学者们对"生涯"的定义呈现两个方面的特点：一是逐渐认同"生涯"具有时间延展性，即生涯包含社会个体从出生到死亡跨越整个人生的时间跨度；二是认为"生涯"是人生中各种生活和职业角色的发展历程，是社会个体一生中所从事的职业及生活中所扮演的各种角色的自我发展形态。

"生涯"一词既有代表生命发展的综合化的人生意向，又有具体的谋生方式和生涯行动。可见，生涯规划不仅能帮助个人按照自己的资历条件找到合适的工作，实现个人职业目标，还能帮助我们真正了解自己，制订人生发展方向。因此，职业生涯规划对我们具有特别重要的意义。

二、生涯的特点

1. 发展性
每个人的职业生涯都是一种发展、演进的动态过程。有人发展速度快，有人发展速度慢；有人发展顺利，有人屡经挫折；有人获得成功，有人走向失败……这些不同的发展、演进过程，与发展、演进的内在条件、外部环境，存在着相应的逻辑关系。

2. 阶段性
每个人的生涯发展过程都可以分为不同的阶段，不同的生涯阶段有着不同的目标和任务，职业生涯各个阶段之间具有递进关系。每一个阶段都为后一个阶段做铺垫，每一个阶段又是前一个阶段的延续。

3. 整合性
个人所从事的职业，既是社会分工的产物，也决定个体的生活状况。因此，生涯具有整合性，涵盖人生整体发展的各个层面，而非仅仅局限于工作或职位。正如职业理想与生活理想、社会理想的关系一样，一个人的职业生涯与他的生活状况、社会贡献密不可分。

4.终生性

虽然职业生涯一般短于生涯，但结束职业生涯的人，其生活内容与以往的职业生涯密切相关。

三、生涯意识

马鹤凌曾说过："有原则不乱，有计划不忙，有预算不穷。"这句话的意思是，一个人如果有了自己明确的信念和原则，便可以始终如一，立场就会坚定。一个人如果有了明确的计划后，在面对多变的外在环境时，就不会手忙脚乱。我们处在一个瞬息万变的世界当中，生活中充满了太多的不确定性。面对多变的外在环境、有限的时间、无限多的事情，为了充分发挥我们的潜力，实现人生价值，就必须未雨绸缪，事先做好规划。同时，机会也往往给予有准备的人，有了规划就有了行动的方向，有了规划就能做到忙而不乱。

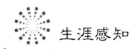

生涯感知

一对兄弟家住在80层，他们旅行回来却发现大楼停电了，兄弟俩背着大包小包非常发愁，两人商量决定无论如何也得回家，于是开始爬楼。

爬到20层时，他们觉得累了，哥哥说包太重了，不如就放在这里，等来电后坐电梯来拿，于是他们把行李放下，继续向上爬。

但好景不长，到了40层，他们实在太累了，想到这么累也只是爬了一半，他们开始互相埋怨，指责对方不注意看大楼的停电公告，才会落得如此下场，他们边吵边爬楼，就这样一路爬到了60层。

到了60层，他们累得连吵架的力气也没有了，弟弟对哥哥说咱们不要吵了，爬完它吧，于是他们默默地继续爬楼，终于到了家门口。

站在80层的楼梯口，兄弟俩互相望了望，想起了一件事，钥匙忘在20层，还在背包里。

案例解析

这个故事反映了我们的人生。

20岁之前，我们活在家人、老师的期望之下，背负着很多的压力包袱，自己也不够成熟，能力不足，因此步履难免不稳。

20岁之后，离开了众人的压力，卸下包袱，开始全力以赴地追求自己的梦想，就这样又过了20年。

到了40岁，发现青春已逝，不免产生许多遗憾和追悔，就这样在抱怨中度过了20年。

到了60岁，发现人生已所剩不多，于是告诉自己不能再抱怨了，开始更加珍惜剩下的日子，过完余下的日子。

到了生命的尽头才想起，自己好像有许多事情没有完成，原来我们所有的梦想都留在了 20 岁的青春岁月。

一个人从生下来到死亡，按生命成长可以划分为不同的生命阶段，如童年、少年、青年、中年、老年等，而在生命期内起决定作用的则是工作，这是个体生存发展的前提条件。为了从事一定的工作，需要接受与职业准备相关的教育，从这个角度上看，人的一生中大部分时间与职业有关；或者是处于职业准备阶段，或者是处于职业选择阶段，或者是处于就业阶段，或者已经结束了就业阶段，但仍然在继续从事职业劳动。像这样，一个人从职业学习开始到职业劳动最后结束的人生旅程就是职业生涯。

第二节　生涯指导

一、生涯指导的概念

美国教育家杜威（John Dewey）专门撰文讨论了指导问题的内涵，"指导是一种社会职能，是一种特殊的教育形式。有时称之为控制，有时又称之为辅导。"指导发展到今天，已经成为一种助人的专业服务工作，其中包括测评、资讯服务、职业建议、学科定向、课程规划、生涯发展规划等一系列的活动。指导的本质是通过指引方向和方法来帮助学生，其专业性则主要依赖于咨商的理论和技术。生涯指导是"一种旨在帮助学生圆满完成学业、为将来工作做好准备的咨商服务"[1]。

19 世纪末 20 世纪初，美国中学生的生涯指导开创了美国生涯指导乃至美国学生发展指导制度的先河。中学生涯指导旨在帮助中学生了解自身能力、兴趣爱好、优势劣势，了解社会、教育系统与工作世界，支持学生基于对自我和环境的了解做出明智选择，促进学生的个性成长与全面发展。生涯指导强调人的全面发展，而全面发展既是人自身发展的要求，也是社会生活多样化发展的要求。

二、生涯指导的目的

生涯指导的目的是帮助学生正确地看待自我和有效地把握环境，主要包括"为人"和"处事"两大方面，即一方面有针对性地发展个人兴趣、能力，形成合理的从业意向；另一方面根据社会需要、就业形势、个人特长及职业工作的特点形成相应的职业选择。通过自我探索、升学探索与职业探索，生涯指导促进学生进行生涯

---

① Husén Torsten，Postlewaite，T. Neville. The International encyclopedia of education：research and studies [M]. Oxford：Pergamon Press，1985.

定向与规划，做好生涯准备。生涯指导主要体现在以下三点。

第一，明确学生对自身的定位。生涯指导可以让学生认识自己，发掘自我潜能，根据自己的特点和现实条件，确立自己的生涯目标。生涯指导帮助学生弄清楚"我是谁""我想做什么""我能做什么"，并且将自我认识和他人评价相结合，同时关注环境条件的特点、发展变化情况、与自己的关系等。在认识自我的同时了解客观世界，提高自身条件与客观条件的接洽度，才能在职业发展规划中避害趋利，使职业生涯规划更具实际意义。

第二，生涯指导增强学生发展的目的性和计划性，提升成功的机会。《礼记·中庸》中讲："凡事豫则立，不豫则废。言前定则不跲，事前定则不困，行前定则不疚，道前定则不穷。"意思是说，做任何事情，事前有准备就可以成功，没有准备就会失败。说话前有准备，就不会理屈词穷站不住脚；做事前先有计划，就不会发生错误或后悔的事。中学生渴望探索自我，对外部环境也充满好奇，喜欢思考个人未来的发展，个人能力也有了大幅提升。他们的未来规划、自我认知，将对自己的学习行为、学习方向和学习状态产生极大的影响，良好的自我规划将为学习提供正向推动力。与此同时，处于这一时期的青少年易缺少正确的自我认知，容易出现迷茫，并伴随有较大的情绪波动和缺乏自制力的表现。因此，生涯指导能够帮助中学生通过对自我理想的思考，确立人生发展的方向，提升学习自主性，面对发展过程中所遭遇的困难形成充分的心理准备，并提升其解决困难的决心和毅力。

第三，生涯指导能够提升学生应对竞争的能力。当今社会处于变革的时代，竞争十分激烈。中学生涯指导能够帮助学生客观认识自身现有能力储备和生涯发展倾向，促进他们有意识地在中学阶段增强生涯规划的意识，追求正向的人生价值，为以后的升学和就业选择打好基础。

三、生涯指导对中学生的意义

第一，树立人生理想，培养责任担当，做出明智的生涯选择。生涯指导一方面帮助中学生认识自我和确立人生理想目标，另一方面促进学生在环境探索过程中融入社会，积极开展社会实践，勇于担当社会责任，在体验和选择中确立职业发展领域。让每个学生充分了解职业世界，进而认识自身的职业倾向，据此进行合理的生涯规划，这实际上是基础教育的应尽之职。但由于现代社会职业的数量极其巨大，职业的涌现和消亡极其迅速，对职业素养的要求又极其复杂，为学生了解职业世界带来了挑战。生涯指导能够通过提供由粗略到细致的职业世界图景，引导学生具体且深入地认识职业世界和自身职业倾向，找到适合自己的职业或专业领域，从而帮助学生确立学业和职业发展方向。

第二，有利于激发学生的内在学习动机。生涯指导有利于学生明白学习的真实目的和现实意义，从而使学生变得更加积极主动。生涯课程为学生提供了尽早了解职业世界和提升自我职业形象的机会。当学生真正明白自己未来生涯发展的方向和道路时，眼前枯燥乏味的学习就具有了崭新的意义。美国的一项大型调查研究显示，绝大多数参加生涯指导的学生有探索自己感兴趣的生涯领域的经历，在此过程中感受到学习对自身的重要性。学生一旦形成了学习是自己的事情，要为自己而学习的深刻认识，学习就不再是外部强加的苦役，而成为自发的、富有意义和挑战性的旅程。

第三，有利于学生学习效率和学习质量的提高。生涯指导不仅关注"我是谁""现有目标怎么样"，还着重强调"如何实现已确定的目标"。在帮助学生探索自我和外部环境，树立人生理想之后，生涯指导会有效帮助学生创造条件以实现目标。生涯指导会教授学生时间管理、目标管理、科学的学习方法、有效的人际沟通等，引导学生自主规划生涯发展，建立积极的人生态度。这些具体的方法和策略，有助于学生学习效率和学习质量的提高，为他们一步步实现个人目标，最终实现自身专业和职业梦想奠定了基础。

第三节　生涯发展与指导核心理论

没有什么比一个好的理论更加实用。

——爱因斯坦

自 1908 年帕森斯开创了生涯指导这一领域以来，至今已有百余年历史。100 多年来，研究者们在职业指导和生涯辅导的道路上不断推陈出新，提出了形形色色的假说、理论、量表，形成了众多的理论流派。这些理论流派各具特色，在生涯发展与指导的实践中产生了巨大的影响力。

一、特质-因素论

帕森斯的特质-因素论又称人职匹配理论，是最早的职业辅导理论。1909 年美国波士顿大学教授弗兰克·帕森斯（Frank Parsons）在其《选择一个职业》著作中，首次提出了人职匹配理论。他认为，个别差异现象普遍存在于个人心理与行为当中，每个人都有自己独特的能力模式和人格特质，而某种能力及人格模式又与某些特定职业相关。每种人格模式有着与其相适应的职业类型。帕森斯指出，职业指导有三大要素特质，即应清楚地了解自己的态度能力、兴趣、性格和其他特征因素，并清楚地了解职业选择成功的条件和所需知识，在不同职业工作岗位上所占有的优势劣势、机会和前途，以及上述两者的平衡。[①]

所谓"特质"，就是指个人的人格特征，包括身体状况、能力倾向、兴趣爱好、气质与性格、价值观等，这些都可以通过心理测量工具来加以评量。

所谓"因素"，是指在工作上要取得成功所必须具备的条件或资格，包括职业性

---

① 刘冬，付俊薇. 职业生涯规划 ［M］. 北京：经济科学出版社，2015.

质、求职的最低条件、为准备就业而设置的教育课程计划以及就业机会等，这些可以通过对工作的分析和信息的收集而了解。

（一）人职匹配的两种类型

1. 因素匹配（活找人）

对专门技术和专业知识有要求的职业与掌握该种技能和专业知识的择业者相匹配；或劳动条件很差，如脏、累、苦的职业，需要有吃苦耐劳、体格健壮的劳动者与之匹配。

2. 特性匹配（人找活）

具有敏感、易动感情、不守常规、个性强、理想主义等人格特性的人，宜于从事审美性、自我情感表达的艺术创作类型的职业。

（二）特质-因素论的核心理念

特质-因素论的核心理念有以下三点：

第一，不同的人具有不同的特质。人与人之间在心理与行为上普遍存在个体差异，这种个体差异体现为每个人都具有自己独一无二的能力特质和性格特质。这种个人特质在职业领域中不可忽视，因为它直接影响到个人工作效率的高低和职业成就的大小。

第二，不同的职业对于个人特质有着不同的要求。随着社会分工的日趋细化，人们逐步意识到：不同职业的用人需求存在很大差异，同时不同的职业类型与不同的个人特质相匹配。

第三，个人特质与职业类型越匹配就越容易获得职业成功。个人特质与职业类型的匹配性越高，人们获得职业成功的可能性也会越高。然而，现实的问题是，很多人并不清楚自己的特质，也不知道职业的要求。因此，职业辅导就是在个人和职业之间牵线搭桥，帮助个人选择、准备和进入适合自身发展的职业。

根据这个理论，帕森斯提出了职业选择的"三大原则"：

原则1：了解自我的生理和心理特点，包括身体状况、兴趣爱好、能力倾向、气质与性格等。

原则2：分析各种职业对人的要求，并向个人提供有关的职业信息。包括：职业的性质、工资待遇、工作条件以及晋升的可能性；求职的最低条件，诸如学历要求、所需的专业训练、身体状态、年龄、各种能力以及其他心理特点的要求；为准备就业而设置的教育课程计划，以及提供这种训练的教育机构、学习年限、入学资格和费用等；就业机会。

原则3：人职匹配，即综合上述两类资料，找出与个人特质匹配的职业。帕森斯认为个人选择职业的关键就在于个人的特质要与特定职业的要求相匹配，只有这样个人才能更加适应职业，并使个人和用人单位同时受益。

（三）特质-因素论的评价

特质-因素论是职业指导领域中创立较早也最具影响力的理论，在产生后的三四十年间，主导着美国的职业指导和职业教育。该理论一直在美国的中学里最为盛行，在日本、英国、加拿大也广为流行。近些年，我国的职业指导实践也多以其作为理论基础。直至舒伯的生涯发展理念兴起，特质-因素论的主导地位才逐渐被取代。

在理论观念上，特质-因素论是奠基性和开创性的。首先，它树立起职业指导的大旗，认为人并非生来就能科学地选择职业，而是需要特定的机构和人员予以教育指导和帮助。其次，他倡导职业抉择要理性和客观，强调职业选择应该建立在相关资料的收集和运用的基础上，提升了求职者的职业情报意识和自我评估意识，促进了他们对职业和自身的深入了解。最后，特质-因素论也帮助无数职业寻觅到更合适更匹配的人才。由此，职业辅导在求职者与用人单位之间建起了桥梁，成为社会上不可或缺的重要行业，发挥着"为人谋职"和"为职招贤"的强大功能。

在实践操作上，特质-因素论与心理测量技术的发展相辅相成。该理论所倡导的人职匹配是建立在理性的科学方法和心理测验的广泛应用之上的，它推动了人才测评在职业选拔与指导中的运用和发展，使得职业发展指导日益科学化和规范化。在此背景下，心理测量技术也有了蓬勃的发展，各种各样的心理测验和测评模型得以迅速开发和投入使用。

尽管该理论兼具开创性和科学性，但仍然存在一定的局限性。

首先，该理论试图建立个体与职业的对应关系，较少考虑社会环境的变化，一次测试结果并不能适用于现代职业的迅速变迁。按照帕森斯特质-因素论的观点，社会上不同的职业都要求工作人员具有一定的个人特质。然而，在长期的实践中，人们发现尽管一些职业有明确的录用标准，心理测量的工具也愈发完善，但因为职业种类繁多，职业发展演化迅速，难以确定各种职业所需要的个人特质。

其次，该理论过于依赖心理测量技术，而心理测验并不能完全准确地反映求职者的心理特征。心理测量工具会受到诸如人本身的态度、期望、人格、价值观等多种因素的影响，其信度和效度难以保证。因此，仅以心理测量工具作为参考和基准的人职匹配理论显得过于客观化，不重视职业主体的主观因素。而且目前我国的毕业生由于受应试教育及统一培养模式的影响，个人特质不明显，个性不突出，很难在毕业时就达到人职匹配的要求。

最后，该理论机械性地强调个人"特质"与职业的匹配，忽视了社会在个人职业选择中的影响，因此在职业指导的实践中显得过于僵化。在现实情况中，影响个人选择职业的因素有很多，例如家庭背景、受教育程度、种族、性别等，该理论忽略了职业选择的双向性，将其理解为个体单向选择的过程。

二、霍兰德的人格类型理论

（一）霍兰德的人格类型理论依据

受到帕森斯的影响，职业指导在 1900 年至 1920 年得以广泛开展。但在 1920 年后，由于杜威进步教育的影响，中小学职业指导的地位下降。但是，在 1920 年到 1940 年，在威廉姆逊（Williamson）的倡导下，职业指导在大学盛行。威廉姆逊于 1932 年在明尼苏达大学开办了大学测验部，后来改名为学生咨询和测验部。1939

年，他出版了《学生咨询》一书，比较系统地阐述了其匹配理论，形成一套独特的辅导方法，具体分为分析（通过各种途径及主观与客观的工具，收集有关个人的兴趣、能力倾向、态度、家庭背景、教育程度及社会经济地位等资料）、整理（用测验剖析图及个人材料，整理并综合个人特点，来显示个人的差异性和独特性）、诊断（描述个人独特的特质或问题所在，探讨问题的原因）、预测（根据各项资料来预测个人职业成功的可能性，或针对问题来判别其可能发生的后果及调适的可能性）、咨询（协助个人了解、运用各项有关个人与职业方面的资料，进而与被咨询者交流有关择业和调适的计划）和追踪（协助被咨询者执行计划，若有新问题产生，再重复上述步骤）六个部分。由于他的方法是直接为咨询者提供明确的职业选择的建议，教导意味浓重，因此又被称为"指导学派"。

随后，美国心理学家霍兰德（John Holland）基于人格与环境交互作用的观点，在"人职匹配理论"的基础上，创造性地提出了人格类型与职业类型的匹配模型。他将劳动者和职业概括为6种类型，即现实型、研究型、艺术型、社会型、企业型和常规型。霍兰德一方面从人格心理学的概念体系出发，认定包括职业选择在内的职业活动是个体人格的反映和延伸，另一方面则总结自己从事职业咨询的丰富实践经验，提炼出一整套职业指导模式，可以说霍兰德及其后继者通过人格类型理论将心理学与职业指导进行了全新组合。为了测量不同的人格类型，霍兰德先后编制了职业偏好量表和自我导向搜寻量表两种测量工具，这两种测量工具可以对个体的人格类型做出有效的评估，并且操作方便，实用性强。

霍兰德的人格类型理论主要包括四个层面。

第一，霍兰德认为，大多数人的人格可以分为6种类型，分别是现实型、研究型、艺术型、社会型、企业型和常规型。现实型人格偏好需要技能、力量、协调性的体力活动，其人格特点是害羞、真诚、持久、稳定、顺从、实际。他们喜欢动手解决眼前当下遭遇的实际问题，比如消除汽车障碍、操作仪器设备等，擅长的职业有机械师、钻井操作工、装配线工人、农场主等。研究型人格偏爱探索事物的构成和世界的规律，通常不善与人交往，具有数学科学方面的能力，乐于成为科学家、发明家或新产品与新工艺的开发者。艺术型人格重视美的鉴赏与创造，张扬个性，不拘小节，富有艺术感受力、想象力、创造力和表现力，乐于从事文艺表演艺术表现以及和艺术创造相关的职业。社会型人格重视社会和谐，通常乐于也善于人际沟通，并且与人保持良好的关系，富有协调、组织、说服和教育他人的能力，适合从事教师、公务员、各种志愿者和社会工作者等职业。企业型人格，重视权力地位以及经济、政治等方面的成功，往往为了追求成功而积极且自信地进行社会交往，具有领导力和表现力，努力奋斗成为管理干部、高层领导乃至企业家。常规型人格重视规则、秩序与形式，与人交往慎重保守，具有事务性计划、计算性的能力，愿意从事会计、统计、行政、事务管理等职业。

第二，霍兰德认为，大多数的职业环境也能分为以上6种类型。这6种类型的职业要求从业者具有相应的人格类型来进行匹配，虽然很难实现100%的匹配，但是匹配程度越高，职业成功的可能性就越大。

第三，不同人格类型的个体需要不同的工作环境或生活环境。人们总是寻求能够充分施展其知识、能力、技术以及情感态度价值观的工作，实际上就是寻求与自己人格类型相匹配的职业环境。例如现实型的人在现实型的职业环境中最有可能达到人职和谐，能够得到自己的能力和兴趣所需的机会与奖励。如果个体的人格类型与其职业环境具有一致性，人格中的各方面特质都能满足该职业环境的要求，个体就会感到如鱼得水，在这种情形下最有可能充分发挥自己的才华，如果个体无法获得与其人格类型完全匹配的职业环境，也应该尽可能寻找与其人格类型相近的职业环境，以便互动和适应。例如现实型人格的人，经过一定的努力和调整，是能够较好地适应常规型职业环境的，但如果个体的人格类型与其职业环境具有相斥性，就很难适应甚至无法胜任该工作，更不用说享受工作乐趣和满足内心了。例如现实型人格的个体在社会型的职业环境中工作，往往会感到困难重重，力不从心，因为社会型职业要求的高社交能力正是现实型个体的薄弱之处。

第四，通过六边形模型，揭示各种类型之间的相互关系。霍兰德考察了人格类型与人格类型之间、职业类型与职业类型之间的相互关系。他发现某些类型之间存在较大的关联，而同时每一个类型又都有一种极为相似的类型，他用六边形模型简明扼要地阐述了6种类型之间的复杂关系（图2-1）。

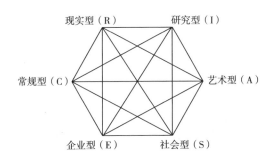

图2-1　霍兰德的六边形模型

从图中可以看出，每一类型都有两种相近的类型，相近的类型之间具有很多相似之处，如社会型的相近类型为企业型和艺术型。每一类型又有一种相斥的类型，相斥型之间几乎没有共同之处，如社会型和现实型。每一类型又有两种中性关系的类型及处于相近和相斥之间，其类型间的关联程度中等，如社会型的中性关系类型为研究型和常规型。

（二）霍兰德的人格类型理论的评价

1. 贡献

霍兰德的人格类型理论对后来的研究有着重要启示和指导意义。霍兰德的人格类型理论提供了一个重要的生涯指导理念，即把个人特质与适合这种特质的工作联系起来。霍兰德通过人格理论和代码分类，巧妙地拉近了自我与工作世界的距离，使个体能够迅速地、系统地、有所依据地在一个特定的职业群里进行探索。霍兰德将其职业人格类型理论运用于美国劳工部制订的职业条目词典，借助其中职业分析的有关内容，将其中12099种职业赋予霍兰德人格类型代码，编制了"霍兰德职业代码词典"（*The*

Dictionary of Holland Occupational Codes），为各类人员按照自己的职业兴趣类型搜寻合适的职业提供了广泛的应用前景。与帕森斯相比，霍兰德人格类型理论提供的是和个人兴趣相近而内容互有关联的一群职业，而不是冒险地去建议个体选择某一种职业或工作。霍兰德人格类型理论提供清晰明确的代码和相关职业群名称，为个体指引了更加积极、主动的行动方向，方便个体探索自己将来有可能选择的职业情况。

2. 不足

受当时的社会因素的制约，霍兰德的就业指导仍存在许多不足。第一，以静态的眼光看待职业，将职业选择视为一次性的决定。而现实情况是，人的职业选择是一个过程性的活动，人的职业观念、职业能力的形成不是一蹴而就的，而是需要漫长的发展和变化。第二，在进行职业指导过程中，过于强调指导者的作用及影响，忽视咨询者的主体地位。虽然被指导者不完全清楚自身特质与职业的匹配程度，但太强的指导性不利于咨询者对职业的全面认识，也影响职业的指导效果。第三，对于心理测量工具的依赖程度较高。在职业指导过程中，更多是考虑个体心理因素的影响，忽略了社会、经济等外部环境对个体进行职业选择过程中的制约和影响。

三、罗伊的需要满足论

罗伊（Anne Roe）运用马斯洛（Abraham Harold Maslow）的需要层次说，结合弗洛伊德（Sigmund Freud）的精神分析论、默里（Henry Alexander Murray）和墨菲（Gardner Murphy）的人格论等，构成了自己颇具特色的关于职业人格如何形成的理论——需要满足论。

罗伊的需要满足论试图说明遗传因素和儿童时期的经验对于未来职业行为的影响。罗伊认为：早期经验会增强或削弱个人高层次的需求，进而影响人的生涯发展，制约其追求的职业类型及其在所选领域中的成就水平。她特别强调早期经验对个体以后的择业行为的影响。根据她的理论，生涯发展指导工作就是要帮助个体剖析自己的需要，探索满足需要的生涯路径，消除满足需要过程中的各种障碍。

（一）罗伊的需要满足论的核心要点

1. 需要满足对人生的影响

罗伊假设每个人生来就有一种扩张心理能量的需要，这种内在的需求配合个体儿童时期的不同经验，塑造出个人需求满足的不同方式。这种需要满足模式与职业选择的行为倾向有着明显的对应关系。

罗伊发现：第一，如果个体早年某些需要未能获得满足，那么在其后来的人生过程中，往往会无意识地去追求这些需要的满足。第二，如果个体早年的高层次需要未能获得满足，即尊重、审美、自我实现等需要未能获得满足，那么这些高层次需要就会在其后来的人生过程中不再发展。第三，如果个体早年的低层次需要未能获得满足，即生理、安全、爱与归属等需要未能获得满足，那么这种低层次需要就会成为个体行为的主要动力，驱使其去满足这些低层次需要，从而间接妨碍个体高层次需要的发展。第四，如果某些需要的满足被延迟，人们就会无意识地去满足这些需求，而延迟其他需要。第五，在个体人生过程中，无论是需要被满足还是需要被延迟的体验，都会对其心理发展产生影响，特别是一个人在早年经受的挫折，会对其心理发展产生极为重大的影响。

2. 亲子关系对职业选择的影响

罗伊认为需要满足的发展与个体早期的家庭气氛及成年后的职业选择有着密切关系。例如，家庭的氛围、父母对子女的基本态度、父母对子女行为的约束或管教程度，都会影响个体人际交往是趋近还是回避，最终都会反映在个体的职业选择上。

罗伊把父母管教子女的态度从温暖和冷淡这两个基本方面，大致划分为三种类型及与之相对应的六种情况。（1）关心型，包括过度保护和过度要求两种情况。过度保护型父母会毫无保留地满足子女的生理需要，却不一定能满足子女对爱与自尊的需要。即使这些需要都能得到满足，子女也未必表现出社会认可的行为。在过度保护下长大的子女，会显示出较多的人际倾向和较少的自我防卫。过度要求型父母对于子女需要的满足往往会附加某些条件，即子女只有在表现出顺从行为或父母认可的成就行为时，其生理或爱的需要才能得到满足。这种在父母的高标准严要求下长大的子女虽然人际交往倾向强烈，但潜意识中的自我防卫也很强烈——害怕社会满足不了自己较高层次的需要。因此，这种孩子常常会变成完美主义者，他们会为表现得不够完美而焦虑，因而在做职业选择时较为困难。（2）逃避型，包括拒绝和忽视两种情况。此类父母在满足子女生理需要、安全需要等基本需要方面都有所欠缺，更谈不上子女高层次需要的满足。在逃避型父母的教养下，无论是被拒绝还是被忽视，子女的需要满足的经验都是痛苦的，因此逃避型父母教养下的子女日后会害怕与人相处，他们中间有些人选择靠自己的努力来得到高层次需要的满足，但也有些人难以发展出高层次需要。（3）接纳型，包括爱的接纳和不明确的接纳两种情况。充满爱的父母不仅能满足子女的需要，而且也会鼓励和支持子女去发展他们自己的独立人格，而不明确接纳的父母，则多采取自由宽容任其发展的态度。接纳型家庭的氛围大体上是温暖和民主的，在这种家庭中长大的子女各种层次需要都不缺乏，面对职业世界往往能够做出独立选择。

罗伊进一步提出，人们选择的职业环境往往也会反映出其早年的家庭氛围。早年生活在充满温暖、爱、接纳或保护的家庭气氛中的个体，倾向于选择与人交往的职业，包括服务、商业、文化艺术与娱乐或行政管理等方面的职业，而早年生活在冷漠、忽略、拒绝或过度要求的家庭气氛中的个体，则更有可能选择科学技术、户外活动一类的职业，因为这类职业较多与事物和观念打交道，较少与人做直接频繁的接触。

近年来不断涌现出针对家庭关系、亲子依恋与职业行为之间关系的研究。虽然这些研究大多不能证明家庭经历与职业选择的一一对应关系，但却能够确认亲子关系、童年经验会影响到个体与职业选择密切相关的能力和素质，如自我探索能力、职业追求、职业抱负、职业决策能力、职业效能感等。同时，这些研究还发现，在实际生活中，父母会通过担任子女的职业顾问、成为子女的职业榜样、表达对子女职业期望等方式，直接介入到子女的职业生涯发展之中。

3. 专业水平与职业分类

罗伊先根据职业活动的基本性质，将其分为8大职业组群，再根据完成工作的

难易程度和决策责任的轻重程度，而把职业活动要求的专业水平分为 6 个层级或 6 种水平（表 2-1）。

表 2-1　罗伊的职业分类和分级系统

职业水平	职业组群与职业类别							
	服务业	商业交易	商业组织	技术	户外	科学	一般文化	演艺
1. 专业性及管理性	心理治疗师及社会科学家	业务主管	董事长、企业家	发明家、高级工程师	矿业研究员	医师、自然科学家	法官、教授、博物馆长	指挥家、艺术教授
2. 专业性及管理性（一般）	社会工作者、社会行政人员	部门经理、公共关系咨询师	银行家、证券商、会计师	飞行员、工程师、厂长	动植物专家、地质学家、石油工程师	药剂师、兽医	新闻编辑、中小学教师	建筑师、艺术评论员、设计师
3. 半专业性及管理性	私家侦探、社会福利工作者、护士	保险业务员、批发商、零售商	会计、秘书	制造商、飞机修理师、工程承包商	农场主、森林巡视员	技术员、气象师、理疗师	记者、图书管理员、广播员	广告工作者、室内装潢师、摄影师
4. 技术性	技师、理发师、领班、警员	拍卖员、销售员、采购员	资料员、速记员、银行职员	锁匠、木匠、水电工	矿工、油井钻探工	技术助理	一般职员	演员、橱窗装潢员
5. 半技术性	私人司机、消防员、侍者	小贩、售票员、收银员	出纳、邮递员、打字员	起重机驾驶员、卡车司机	园丁、农民、矿工		图书馆管理员	模特、橱窗装潢员
6. 非技术性	清洁工人、门卫	送货员		助手、杂工	伐木工、农场工人	非技术性助手	送稿员	舞台管理员

（二）罗伊的需要满足论的评价

该理论兼顾个体内外因素的影响，将心理需要及个体经验纳入职业选择的理论框架之中，深刻且动态地考察职业选择行为，关注需要满足对职业选择的影响。罗伊用个体的早年经验解释其需要形态的构成，建立了父母教养方式、心理需要和职业选择三者之间的逻辑关系。该理论观点将心理学中对人的研究成果（亲子关系、教养方式、需要满足等）巧妙地结合到职业指导领域，对职业分类和分级系统采取了多维度的分类方法，在职业资料的管理实践中具有重要价值。但需要满足论对环境的关注，仅仅局限于家庭，较少涉及学校教育、社会培训等与职业选择密切相关的其他环境因素，因此显得比较片面。

四、克朗伯兹的社会学习理论

在 20 世纪六七十年代，以克朗伯兹（John D. Krumboltz）为代表的社会学习理论在职业发展指导领域异军突起。它以经典行为主义、强化理论和认知信息加工理论为基础，从遗传、环境和个体经验三个方面对影响个体职业选择的因素进行考察，根据个体特质设计相应的训练或辅导计划，以增进个体抉择的能力。克朗伯兹汲取班杜拉的社会学习理论精华，兼顾心理与社会的影响作用，以期帮助面临职业生涯发展困惑的人群。社会学习理论的研究焦点集中在个体为应对环境而习得的行为模式上，认为个体的社会成熟度在很大程度上依赖于对他人行为的学习和模仿，并由此决定他们的职业导向。克朗伯兹及其同事还面向高中学生开展系列研究并推出著作。他们的研究对于今天高等院校职业生涯规划课程建设有着非常重要的理论指导和实践应用价值。

（一）社会学习理论的理论要点

1. 影响职业行为发展的因素

克朗伯兹等人认为，职业行为的发展过程错综复杂，受遗传、环境和个体经验三个方面的许多因素及各因素之间交互作用的影响。其中最主要的影响因素有遗传与特殊才能、环境条件以及个体的学习经验。

（1）遗传与特殊才能

遗传是指个体先天遗传得到的一些会限制我们自由选择的特质，包括所属的种族、性别、外在仪表特征等。特殊才能是指与遗传素质相关的，对完成特殊活动有利的多种心理特征的完善组合，如智力、艺术才能和身体协调能力。遗传素质和特殊才能均在一定程度上限制了个人学习的经验与职业选择的自由。

（2）环境条件

环境条件主要是影响教育和职业的外在因素，如工作机会、家庭影响、物理环境影响、相关法律政策等。具体包括：工作机会的数量和性质、培训机会的数量和性质、职业选拔和社会政策的实施、职业的投资回报率、劳动法律法规、自然灾害、自然资源的分布和开发、科技的发展、社会组织的改变、家庭的影响（如家庭教养经历、父母从事的职业及社会经济地位、父母的教育水准、家庭结构、父母对子女的期望等）、教育体制和社区影响等。这些因素往往是个体自己无法控制的。

（3）个体的学习经验

克朗伯兹认为，每个人都有自己独特的学习经验，这对于个体的生涯抉择产生十分重要的影响。他提出两种类型的学习经验：工具式学习和联结式学习。

工具式学习经验。个体为了得到好的结果，在特定的环境中采取一定的行为，其后果对个人会有重要的影响作用。工具式学习使人获得直接的学习经验。克朗伯兹认为，生涯规划和职业所需的技能，可以通过工具式学习经验而获得。

联结式学习经验。个体通过观察真实和虚构的模型，通过对人、事之间的比较来学习对外部刺激做出反应。某些环境刺激会引起个人情绪上积极或消极的反应，个体将根据自己的主观判断和情绪体验来决定自己是否采纳该行为。联结式学习经验使人获得间接的学习经验。克朗伯兹指出，个体不可能亲身经历众多的职业，因此大部分关于职业的印象或观念都是联结式学习的产物，如从电视、报刊、亲友经历中观察得来的，这些关于职业的经验在个体的职业选择中发挥着重要作用。

（4）工作取向技能

包括解决问题的能力、工作习惯、心理状态、情绪反应和认知的历程等。这些因素会使得个人对自己做出某些评价，应用所学的技能，以行动来解决问题。

2．各因素交互作用的结果

克朗伯兹认为，在个人发展的历程中，上述四种因素相互作用，从而形成了个人对自我和世界的推论。上述三种因素相互之间有着复杂的交互作用，导致如下四种结果。

（1）自我观察推论。自我观察推论是指个体通过对自身的观察，对自我做出的评估，这些评价和推论既是学习经验的结果，也是生涯决策的依据和标准。自我观察推论包括兴趣爱好、职业价值观、职业能力等，其参照标准可以是自己以往的成就，也可以是其他人的现实表现。

（2）世界观推论。世界观推论是指个体对社会环境与未来发展所做的评估和推论。与自我观察推论一样，它在很大程度上和个人的学习经验有关，在个体对职业前途的预测和展望中起着举足轻重的作用。

（3）工作取向的能力。工作取向的能力是指个体学习到的各种认知与表现的能力。每个个体受到自己独特的学习经历和学习模式的影响，在解决问题方面会带有个人色彩，如认知问题的切入点、情绪反应的自由度、工作的价值观、完成任务的标准与习惯等。这些工作取向的能力是遗传环境和个体学习经验等各项因素交互作用的结果，也会反过来影响上述各项因素，更会潜移默化地左右个体对工作，进而对职业的选择。

（4）职业选择行为。职业选择行为是指个体采取的实际行动。社会学习理论认为，在生涯中不单单是人在选择职业，职业也在选择人；生涯选择不是偶发事件，其前导事件的复杂性使得任何对个人职业的预测都不大可靠。克朗伯兹强调，生涯指导不单单为个体找到合适的工作，更要关心这个社会的变化，提醒个体在改变中学习。该理论指出，人要做出三种改变：第一，扩展自己的能力和兴趣，生涯决定不仅仅基于现有特质，还要锻炼和提升自己的能力；第二，职业世界是不断变化的，各行各业的工作内容不是一成不变的，必须培养职业的应变能力；第三，必须鼓舞人采取行动，而不是坐以待毙，坐等结果。

3．职业决策的七个步骤

克朗伯兹于1973年提出了进行职业决策的模式，认为在进行个人职业决策时应采取八个步骤。1977年他又对此模式进行了修正，修正后的职业决策模式主要分为七个步骤。

（1）界定问题。厘清自己的需求和个人限制，即认识自我的过程，明确自己想要什么，对此存在哪些优势与不足，并在此基础上制订出明确的目标和实现目标的时间表。

（2）拟定行动计划。在明确自己的需求目标的基础上，思考可能达到目标的各种行动方案，并规划达成目标的流程。

（3）澄清价值。界定个人的选择标准，即明确自己最想要的是什么，作为评量各项方案的依据。

（4）找到可能的选择。搜集资料，找出可能的方法。

（5）评价各种可能的选择。依据自己的选择标准和评分标准，逐一评价各种可能的选择，找出可能的结果。

（6）系统地删除。有系统地删除不合适的方案，挑选最合适的选择。

（7）开始行动。开始执行行动方案，以达成选定的目标。

（二）克朗伯兹社会学习理论的评价

社会学习理论者注意到社会及遗传因素对个人决策的影响，拓宽了人们解决职业问题的眼界和思路，特别强调了学习经验对于职业选择的重要性。该理论指出职业选择是伴随个体一生的过程，主张职业决策作为一种习得的技能，可以在教育和职业辅导课程中有意识、有步骤地培养和训练，特别强调教授识别影响职业决策的因素。以上这些观点为职业发展指导的双方提供了更大的思维空间和行动自由，大大丰富了职业生涯咨询的理论宝库。

社会学习理论强调，生涯辅导不仅仅是将个人特质与工作相匹配，其重点在于个人应通过参与各种不同性质的活动，获得多种多样的学习经验，这些所学到的技能都有可能在未来的工作中派上用场，并能拓展个人的兴趣，培养个人适当的自我信念和世界观。因此，生涯教育应当融合于普通教育之中。该理论从社会学习的观点来解释人类生涯选择的行为，弥补了其他职业辅导理论在这方面的不足，具有重要的指导意义。

五、金斯伯格的职业生涯发展理论

20世纪50年代开始，职业指导经历了两次重大转变：一是使职业指导从静态的、单一的时间点的职业选择中跳出来，转而注意到社会学、经济学等学科对这个领域可能的影响，并将职业行为置于人类发展的架构中加以研究。二是职业指导向生涯辅导的转变，即由教导式的职业指导方式向更加人性化、强调发挥咨询者作用的生涯辅导。这一时期的职业指导不再强调某一时间为求职者提供信息，也不强调人与事简单的谋和，而是重视职业辅导的心理特质，将过去一直被分开的个人与职业两个层面，综合成有机的整体。

金斯伯格（Eli Ginzberg）是美国著名的职业指导专家，也是职业生涯发展理论的先驱和典型代表人物之一。他于1951年出版《职业选择》一书，对青少年职业选择的过程与问题做了深入的研究，提出了全新的职业生涯发展理论。他的研究重点是从童年到成年早期的成熟过程中，个体在不同关键时期与职业选择相关的想法和行动。

（一）金斯伯格的职业发展理论要点

金斯伯格将职业选择分为幻想期、尝试期与现实期三个阶段。

幻想期（11岁以前）：这个时期的儿童对于大千世界，特别是对于他们所看到或接触到的各类职业工作者，充满了新奇、好玩的感觉。儿童的职业期望是由兴趣决定的，并不考虑自身条件、能力的水平和社会需要与机遇，完全处于幻想之中。

尝试期（11~17岁）：这是少年儿童向青年过渡的时期。此时，人的心理和生理在迅速成长变化，有独立的意识，价值观念开始形成，知识和能力显著增长，初步懂得社会生产和生活的经验。在这个时期，年轻人不仅开始关注自己的职业兴趣，而且能够较客观地认识到自己的能力和价值观，并意识到职业角色的社会意义。在这一阶段，职业需求呈现出的特点是：有职业兴趣，但不仅限于此，更多的是客观地审视自身各方面的条件和能力；开始注意职业角色的社会地位、社会意义，以及社会对该职业的需要。

现实期（17岁以后）：17岁以后的青年即将步入社会，能够客观地把自己的职业愿望或要求，和自己的主观条件、能力，以及社会现实的职业需要紧密联系和协调起来，寻找适合自己的职业角色。这一阶段，青少年已有具体、现实的职业目标，表现出的特点是客观性、现实性、讲求实际。

金斯伯格把职业生涯的尝试期和现实期两个阶段论又分成若干个子阶段①。

1. 尝试期阶段分为兴趣阶段、能力阶段、价值观阶段和综合阶段四个子阶段

（1）兴趣子阶段：开始注意并培养其对某些职业的兴趣，期盼着将来从事某些职业。

（2）能力子阶段：不仅考虑个人的兴趣，同时也注意到个人能力与职业的关系，注重衡量自己的能力，并积极参加各种相关的职业活动，以检验自己的能力。

（3）价值观子阶段：个人的职业价值观逐步形成，能兼顾个人与社会的需要，以职业的价值性选择职业。

（4）综合子阶段：将上述三个阶段的职业相关资料综合考虑，以正确判定未来的职业生涯发展方向。

2. 现实期阶段分为试探阶段、具体化阶段和专业化阶段三个子阶段

（1）试探子阶段：根据尝试期的结果，进行各种试探活动，尝试各种职业机会和进一步的选择。

（2）具体化子阶段：根据试探阶段的经历，做进一步的选择，具体化职业目标。

（3）专业化子阶段：依据自我选择的目标，做具体的就业准备。

金斯伯格的职业发展理论主要研究的是个人进入职业前的职业观的变化及职业选择问题，对进入职业角色后如何调整与发展职业生涯则研究得不够。

金斯伯格的理论包含：第一，职业选择是一个连续的、长期的、发展的过程，大约每十年一个阶段。第二，发展过程是不可避免的，有四种因素影响职业的选择，分别是个人的价值、情绪因素、受教育的程度和类型以及由环境压力产生的现实的影响，这些因素影响态度的形成，态度又决定职业的选择。第三，个体的职业行为来自于儿童的早期生活。随着年龄、资历、教育等因素的变化，个体的职业选择也会表现出不同的特征。生涯发展可以分为幻想、尝试、现实三个不同时期。后来他又对自己的理论进行了修正，认为职业选择过程是由儿童至成人初期逐渐发展的关键环节，职业选择的过程不限于三个阶段内，它可能会发生在个体的整个工作生命中，即个体在改变欲望及环境之间，不断寻找最适配的工作，最终达到最佳适配的

---

① 谢守成，郎东鹏，等. 大学生职业生涯发展与规划［M］. 武汉：华中师范大学出版社，2009.

过程。

（二）金斯伯格的职业生涯发展理论的评价

金斯伯格的职业发展理论揭示了初次就业前人们职业意识或职业追求的发展变化过程。他的理论对实践活动曾产生过广泛的影响，但没有从整体上研究个体生涯历程，因此其理论没有舒伯的理论影响大。

五、舒伯的生涯发展理论

美国心理学家舒伯（Donald Edwin Super）作为生涯理论的集大成者，在前人经验的基础上，基于多年对生涯的发展规律、心理测评的大量研究，提出了生活广度和生活空间的生涯发展观。他将个体生涯划分为成长、探索、建立、维持和衰退五个阶段，并以此为基础建立了职业生涯选择和发展理论。

舒伯将一个人的职业生涯发展划分为一系列的生命阶段，这些阶段是可以和人一生的发展周期相匹配的。各阶段之间又有"转换期"，通常环境或个人的一些不稳定因素经常会对其产生影响。成长、探索、建立、维持到衰退这一连串的生命周期发展是一个人生涯发展程度的标志，也包括了个人在不同阶段所要发展的具体任务。

（一）舒伯的生涯发展理论要点

舒伯的重要贡献体现在以下五个方面。

1. 十二项基本命题

舒伯提出了十二项基本命题，构成其生涯发展理论的基本主张和基本框架。

（1）生涯发展是一个连续不断、循序渐进且不可逆转的过程。

（2）生涯发展是一个有次序、有固定形态的过程，因此每个阶段的发展都是可预测的。

（3）生涯发展是个体与环境相互整合的动态过程。

（4）一个人的自我概念从青春期以前就开始形成，至青春期进一步明朗，在成人期转化为生涯概念。

（5）从青春期至成人期，个体的人格特质和社会的现实环境等因素，会随年龄、时间的增长而起到越来越重要的作用。

（6）父母长辈之间的互动关系，以及他们对职业规划结果的解释，会影响到下一代自我概念的形成和职业角色的选择。

（7）一个人职业水平的提升是由他的智能、兴趣、价值观、权势欲、人际关系技巧、家庭经济社会地位以及社会环境、经济形势等因素共同决定的。

（8）个体对行业的选择由众多因素决定：个人的兴趣、能力、价值观、需求、学历、家庭期望、可利用的社会资源，以及社会职业结构及其发展趋势等。

（9）职业对个体的能力、兴趣、价值观等的要求具有很大的通用性和弹性。即使每一种职业对从业者都有特定的能力、人格特质及兴趣的要求，但在某种范围内，仍然允许不同类型的人来从事；同样的，一个人也可从事多种不同类型的行业。

（10）个人的工作满足感取决于个体能否找到适合自己人格特质的职业，即是否将能力、兴趣、价值观适当地发挥出来。

（11）个体的工作满足感，常常决定于个体能否在工作中实现自我。

（12）对少数人而言，家庭和社会因素是人格建构的中心；但对大多数人来说，工作是人格建构的焦点，即经过工作过程，理想自我与现实自我逐渐融合。

2. 生涯发展的分期理论

舒伯根据自己"生涯发展形态研究"的结果，将个体的生涯发展过程划分为成长、探索、建立、维持和衰退五个时期，每个时期都有一些特定的任务需要完成，而且前面的任务达成与否会对后面的发展产生影响。

（1）成长阶段（0～14岁）。该阶段儿童开始发展自我概念，开始以各种不同的方式来表达自己的需要，且通过对现实世界不断地尝试来修饰他自己的角色。这个阶段发展的任务是：发展自我形象，发展对工作世界的正确态度，了解工作的意义。这个阶段共包括三个时期：幻想期、兴趣期和能力期。

幻想期（4～10岁），此时对职业的想法主要是幻想。儿童感知到外界许多职业，对于自己觉得好玩和喜爱的职业充满幻想并进行模仿。

兴趣期（11～12岁），对职业的考虑主要出于个人好恶，以兴趣为中心，理解、评价职业，开始做出职业选择。

能力期（13～14岁），开始考虑能力和职业要求，有意识地进行能力培养。

（2）探索阶段（15～24岁）

该阶段的青少年逐渐意识到职业将成为生活的主要组成部分，开始在学校里对自我能力及角色、职业进行探索，选择职业时有较大弹性。这个阶段发展的任务是：使职业偏好逐渐具体化、特定化并实现职业偏好。这阶段共包括三个时期：尝试期、过渡期和试验期，生涯初步确定并试验其成为长期职业生活的可能性。

尝试期（15～17岁），个人的需求、兴趣、能力、价值观成为职业选择的基础。

过渡期（18～21岁），进入就业市场或寻求深造机会时，更重视现实的考虑，并企图实现自我观念和价值；由一般性的选择转为特定的选择。

试验期（22～24岁），找到并试验某种工作，并相信它有可能会是自己毕生从事的行业。如果不匹配，可能再经历上述各时期以确定方向。

（3）建立阶段（25～44岁）。在这个阶段，个人相信自己已经找到合适的工作领域，并希望确立自己长期的定位。这个阶段的发展任务是统整、稳固并求上进。这个阶段又包括两个时期：稳定期和建立期。

稳定期（25～30岁）：个体寻求安定，也可能因生活或工作上的若干挑战而尚未感到满意。

建立期（31～44岁）：个体致力于工作上的稳固，大部分人处于最具创意时期，由于资深往往表现优良，从而强化和改善职业地位。

（4）维持期（45～65岁）。个体逐渐取得相当地位，重点在于维持地位，同时会面对新进人员的挑战。

（5）衰退期（65岁以上）。由于生理及心理机能日渐衰退，个体不得不面对现实，从积极参与到隐退。这一阶段往往注重发展新的角色，寻求不同方式以替代和满足需求。综合整个衰退期任务是减速、解脱及退休。

3. 生涯发展的循环理论

在提出生涯发展的分期理论之后，舒伯又进一步指出，在生涯发展的各个时期中，个体同样要面对成长、探索、建立、维持和衰退的问题，因而在各个时期内部都会形成"成长—探索—建立—维持—衰退"的循环。

4. 生涯发展的彩虹理论

20 世纪 80 年代，舒伯对原有理论进行丰富和发展，提出了"生涯发展的彩虹理论"。舒伯认为，人生的整体发展是由时间、领域和深度的，即职业生涯包括时间、领域和深度三个层面。

（1）时间层面。职业生涯时间层面，按人的年龄和生命历程划分为成长、探索、确立、维持和衰退五大阶段。

（2）领域层面。职业生涯的领域或者范围层面，是指一个人终生所扮演的各种不同角色，如儿童、学生、公民、休闲者、工作者或者持家者等。

（3）深度层面。深度即职业生涯的投入程度，指一个人在扮演每一个角色时所投入的程度。

根据人一生不同阶段扮演的角色，以及生涯发展阶段与角色彼此间交互影响的状况，舒伯描绘出个人多重角色发展的综合图形，并将其命名为"生涯彩虹图"。

彩虹的横向层面代表个体横跨一生的生活广度，显示人生主要的发展时期和大致对应的年龄。图中的纵向层面代表的是纵贯上下的生活空间，是由一组职位和角色所组成的。舒伯认为，人在一生当中必须扮演九种主要的角色，依序是：儿童、学生、休闲者、公民、工作者、夫妻、家长、父母和退休者。每个人踏入学校之后，其一生必然多数时候同时在不同的舞台上扮演不同的角色。角色之间交互作用，某一个角色上的成功，可能带动其他角色的成功，反之，某一个角色的失败，也可能导致另一角色的失败。同时，舒伯也指出，为了某一个角色的成功付出太大的代价，也有可能导致其他角色的失败。他进而提出了一个"显著角色"的概念，成长阶段最显著的角色是儿童；探索阶段是学生；建立阶段是家长和工作者；维持阶段工作者的角色突然中断，又恢复了学生角色，同时公民与休闲的角色逐渐增加，这正如一般所说的"中年危机"的出现，暗示这时必须要再学习、再调适，才有可能处理好职业与家庭生活中所面临的问题。显著角色的概念可以使我们看出一个人一生中工作、家庭、休闲、学习研究以及社会活动对个人的重要程度，以及对个体不同的发展阶段所具有的特殊意义。

5. 职业发展的成熟度

舒伯提出了职业成熟度的概念。他认为一个人的职业、心理和职业行为的发展程度或水准应该与其所处年龄阶段和社会期望相适应。由于种种原因，个体的职业成熟度可能低于、等于或高于其所处年龄阶段和社会期望。

个体的职业成熟可以从以下五个方面去衡量。

（1）职业选择的取向性，具体表现为个体对职业选择的关注程度以及选择取向的合理程度。

（2）职业选择的计划性，具体表现为收集职业信息和制订相关计划的能力。

（3）职业选择的一致性，具体表现为个体在人生不同发展时期选择的职业在范围、层次和性质方面的一致性。

（4）职业选择的人格化，具体表现为个体在职业选择中体现了自己与职业相关的人格特点，例如匹配的职业兴趣、定型的工作、价值观、稳固的责任感和事业心。

（5）职业选择的明智性，具体表现为个体的职业选择与其特质能力、职业兴趣、社会支持系统等的吻合程度，也被称为生涯抉择的妥当性。

（二）舒伯生涯发展理论的评价

从总体上看，舒伯的理论是伸展性很大的发展理论。生涯发展理论把个体的职业发展视为整个人生发展的重要部分乃至核心部分，既考虑到了发展的年龄阶段，也考虑到了发展的子阶段，将一般规律和特殊规律很好地整合了起来，对于不同的人的职业生涯发展有很强的解释力。舒伯的理论重视心理属性，并以自我概念为核心，突出职业价值观、能力、兴趣等的作用，抓住了职业心理属性的本质。在职业选择方面，该理论综合考虑心理、生理、社会经济、文化等各方面的因素及因素之间的相互作用，提出比较综合的生涯决策模型。

该理论阐述了人生各个时期的相互联系以及相互之间质的差异，要求将生涯指导渗透于学校教育的各个阶段，这些研究成果直接促进了学校教育的改革，推动了学校生涯指导的普及。

六、马兰的生涯教育观

20 世纪 70 年代以来，由于学校教育与现实社会、就业市场的脱节，美国出现了大规模的结构性失业和退学。生涯教育的首倡者，美国教育署署长马兰（Sidney P. Marland）博士提出，所有的教育都应该是生涯教育，教育应以学生的未来工作为导向和核心，为每个个体拓展生涯选择的机会，做好继续升学或参与职业活动的准备。1971 年他正式提出"生涯教育"的理念，推动学校教育改革，以适应社会的快速发展。美国工艺教育学会在 1973 年发表的一份报告中指出：生涯教育是整体的教育计划，它包含了学校课程中的每一项训练。换言之，生涯教育所提供的整体累积的经验，有助于每一位学生获得适当的生涯决策能力和工作生活所需要的技能。它是为所有的学生设计的，是每一个个体的终身教育。

马兰提出的生涯教育包括下面的内容：

（1）生涯教育面向所有学生，渗透在学习课程的各个组成部分。

（2）生涯教育应当贯穿于小学一年级到高中以上程度的所有年级当中。

（3）中学毕业生，即使是中途退学者，也要使他们掌握必要的、赖以生活的各种技能。

由此可见，生涯教育并不是特殊的职业教育或职业指导，而是一种全新的生涯教育理念，试图把职业教育与普通教育融为一体，贯穿于个人的一生。生涯教育一经提出，就受到美国国内的高度重视。1972 年尼克松总统宣称，生涯教育是"由政府创办的一种最有前途的教育事业"。1974 年，美国国会通过了第一个生涯教育法案，设立了隶属于教育部的"生涯教育署"。到同年秋天为止，美国已有42个州采取了推行生涯教育的具体措施，还有9个州通过了必须进行生涯教育的专门法律。

七、格林豪斯的职业生涯发展理论

格林豪斯（Greenhaus）在《职业生涯管理》（*Career Management*）中提出职业生涯发展理论，研究人生不同年龄段职业发展的主要任务，并将职业生涯划分为五个阶段。

（1）职业准备（0~18岁）。此阶段的主要任务是发展职业想象力，对职业进行评估和选择，接受必要的职业教育。

（2）进入组织（18~25岁）。此阶段的主要任务是获得自己满意且适合的职业，进入工作组织。

（3）职业生涯初期（25~40岁）。此阶段的主要任务有：一是学习职业技术，提高工作能力；二是了解和学习纪律和规范，逐步适应职业工作，适应和融入组织；三是为未来的职业成功创造条件并做好准备。

（4）职业生涯中期（40~55岁）。此阶段的主要任务是审视早期职业生涯，强化或改变自己的职业理想；选定职业，努力工作，有所成就。

（5）职业生涯后期（55岁~退休）。此阶段的主要任务是继续保持已有职业成就，维护尊严，准备引退。

八、施恩的生涯发展理论

（一）生涯发展的九阶段论

美国麻省理工学院斯隆管理学院教授、著名的职业生涯管理学家施恩（E. H. Schein）系统地考察了人的生涯发展，根据人在不同年龄阶段面临的问题和任务，提出了生涯发展九阶段理论。

（1）成长、幻想、探索阶段（0~21岁）。主要任务是：①发现和发展自己的需要和兴趣、能力和才干，为进行实际的职业选择打好基础。②学习职业知识，寻找现实角色模式，获取信息，发现和发展价值观、动机和抱负，做出合理的受教育决策，将幼年的职业幻想变为可操作的现实。③接受教育和培训，培养工作所需的基本习惯和技术技能。在这一阶段所充当的角色是学生、职业工作的候选人、申请者。

（2）进入工作世界（16~25岁）。进入劳动市场，谋取可能成为一种职业基础的第一项工作；个人和雇主之间达成正式可行的契约，个人成为一个组织或一种职业的成员，充当的角色是：应聘者、新学员。

（3）基础培训（16~25岁）。与上一阶段正在进入职业工作或组织不同，此阶段已经迈进职业或组织的大门。此时的主要任务是了解、熟悉、融入组织文化和工作群体，尽快取得组织成员资格，开始并应对工作。

（4）早期职业的正式成员资格（17~30岁）。此阶段面临的主要任务是：①承担责任，成功履行与第一次工作分配有关的任务；②发展和展示技能和专长，为提升或进入其他领域的横向职业成长打基础；③根据自身才能和价值观，根据组织中的机会和约束，重估当初追求的职业，决定是否留在这个组织或职业中，或者在自己的需要、组织约束和机会之间寻找一种更好的配合。

（5）职业中期（25岁以上）。此阶段的主要任务是：①选定专业或进入管理部门；②保持技术竞争力，在自己选择的专业或管理领域内继续学习；③承担较大责任，确定自己的地位；④开发个人的长期职业计划。

（6）职业中期危险阶段（35~45岁）。主要任务为：①现实地估计自己的进步、职业抱负以及个人前途；②接受现状或者争取看得见的前途，做出具体选择；③建立良好的人际关系。

（7）职业后期（40岁至退休）。此时的主要任务是：①成为一名良师，学会发挥影响，指导、指挥别人，对他人承担责任；②扩大、发展、深化技能，或者提高才干，以担负更大范围、更重大的责任；③如果求安稳，就此停滞，则要接受和证实自己影响力和挑战能力下降的现实。

（8）衰退和离职阶段（40岁至退休）。此阶段的主要职业性任务有：①学会接受权力、责任、地位的下降；②基于竞争力和进取心下降，要学会接受和发展新的角色；③评估自己的职业生涯，着手退休。

（9）离开组织或职业（退休及以后）。在失去工作或组织角色之后，面临两大问题或任务：①保持一种认同感，适应角色、生活方式和生活标准的急剧变化；②保持一种自我价值观，运用自己积累的经验和智慧，以各种资源角色，对他人进行传帮带。

需要指出的是，施恩虽然基本依照年龄增大顺序划分职业发展阶段，但并未囿于此，其阶段划分更多地根据职业状态、任务、职业行为的重要性。正如施恩教授划分职业周期阶段是依据职业状态、职业行为和发展过程的重要性，又因为每人经历某一职业阶段的年龄存在个体差异，所以，他只给出了大致的年龄跨度，并且职业阶段上所示的年龄有所交叉。

（二）施恩的职业锚理论

1. 职业锚的概念

1978年，施恩提出职业锚理论。职业锚是指人们选择和发展职业所围绕的中心，也就是人们在职业生涯中所认定的那些至关重要的东西或价值观。职业锚也是自我意向的一个习得部分。个人进入早期工作情境后，由习得的实际工作经验所决定，与在经验中自省的动机、价值观、才干相符合，达到自我满足和补偿的一种稳定的职业定位。职业锚强调个人能力、动机和价值观三方面的相互作用与整合，是个人同工作环境互动作用的产物。

职业锚的概念，包括以下方面：

（1）职业锚以员工的工作经验为基础。人在面临各种各样的实际工作与生活情境之前，不可能真切地了解自己的能力、动机和价值观，以及在多大程度上适应可行的职业选择。新员工只有在工作若干年，习得工作经验后，才能选定自己稳定的长期贡献区。

（2）职业锚不是员工根据各种测试出来的能力、才干或者动机、价值观，而是在工作实践中，依据自省和已被证明的才干、动机、需要和价值观，现实地、准确地进行职业定位。

（3）职业锚是员工自我发展过程中的动机、需要、价值观、能力相互作用和逐步整合的结果。

（4）职业锚是个人稳定的职业贡献区和成长区。员工以职业锚为其稳定源，可以获得该职业工作的进一步发展，以及个人和家庭生命周期的成长、变化。此外，职业锚本身也可能变化，员工在职业生涯的中、后期可能会根据变化了的情况，重新选定自己的职业锚。

2. 职业锚的类型

职业锚理论中包括五种类型：自主型职业锚、创业型职业锚、管理型职业锚、技术型职业锚、安全型职业锚。在20世纪90年代，又发现了三种类型的职业锚：挑战型、生活型、服务型职业锚。施恩将职业锚增加到八种类型，并推出了职业锚测试量表。职业锚问卷是国外职业测评运用非常广泛且有效的工具之一。它是职业生涯规划咨询、自我了解的工具之一，能够协助组织或个人进行更理想的职业生涯发展规划。

自主/独立型（Autonomy/Independence Competence）：自主/独立型的人希望随心所欲地安排自己的工作方式、工作习惯和生活方式，追求能施展个人能力的工作环境，最大限度地摆脱组织的限制和制约。他们宁愿放弃提升或工作扩展机会，也不愿意放弃自由与独立。

创造型/创业型（Entrepreneurial/Creativity Competence）：创造型/创业型的人希望使用自己的能力去创建属于自己的公司或创建完全属于自己的产品（或服务），而且愿意去冒风险，并克服障碍。他们想向世界证明公司是他们靠自己的努力创建的。他们可能正在别人的公司工作，但同时他们在不断地学习以及评估将来的机会。一旦他们感觉时机到了，他们便会自己走出去创建自己的事业。

管理型（General Managerial Competence）：管理型的人追求并致力于职务晋升，倾心于全面管理，掌握更大权力，肩负起更大责任。具体的技术工作或职能工作仅仅被看作是通向更高、更全面管理层的必经之路。

技术/职能型（Technical/Functional Competence）：技术/职能型的人追求在技术/职能领域的成长和技能的不断提高，以及应用这种技术/职能的机会。他们对自己的认可来自他们的专业水平，他们喜欢面对来自专业领域的挑战。一般多从事工程技术、营销、财务分析、系统分析、企业规划等工作。

安全/稳定型（Security/Stability Competence）：职业的安全与稳定是这类职业锚员工的追求、驱动力和价值观。他们可以预测将来的成功从而感到放松。他们关心财务安全，例如：退休金和退休计划。稳定感包括诚言、忠诚以及完成老板交代的工作。尽管有时他们可以达到一个高的职位，但他们并不关心具体的职位和具体的工作内容。

服务型/奉献型（Service/Dedication Competence）：服务型/奉献型的人一直追求

他们认可的核心价值，例如：帮助他人，改善人们的安全，通过新的产品消除疾病。他们一直追寻这种机会，即使这意味着变换公司，他们也不会接受不允许他们实现这种价值的工作变换或工作提升。

挑战型（Pure Challenge Competence）：挑战型的人喜欢解决看上去无法解决的问题，如战胜强硬的对手，克服无法克服的困难障碍等。对他们而言，参加工作或职业的原因是工作允许他们去战胜各种不可能。新奇、变化和困难是他们的终极目标。

生活型（Lifestyle Competence）：生活型的人喜欢允许他们平衡并结合个人、家庭和职业的需要的工作环境。他们希望将生活的主要方面整合为一个整体。正因为如此，他们需要一个能够提供足够的弹性让他们实现这一目标的职业环境，为此甚至可以牺牲他们职业的一些方面，如：提升带来的职业转换，他们将成功定义得比职业成功更广泛。

持有不同职业锚的人士会选择不同的工作和生活，但并无优劣之分。只要在适宜的工作环境中，就能充分发挥自己的特长，创造出相应的生涯辉煌。

九、泰德曼的七步决策历程

泰德曼（Tiedeman）结合金斯伯格和舒伯的观点，提出了生涯决策由确立目标、实施与调整两个阶段组成，这两阶段又可分成七个步骤[①]。

1. 确定目标阶段

个人在进行职业决策时，首先要确定职业目标。确定职业目标，可以按照以下四个步骤进行。

（1）试探：根据个人所学的专业及兴趣爱好、职业理想，考虑不同的选择方向和可能的目标。

（2）具体化：列出所有可能目标对自己来说存在的优点和缺点，在分析的过程中，明确方向和目标实现的阻碍。

（3）选择：选定一个能接触目前困扰的目标。

（4）明确化：对选择目标进行重新审视，确定是否是自己想要的，并且可以通过努力实现的，发现问题，修正、调整准备要行动的目标。

2. 实施与调整阶段

将选择的方案付诸行动，落实于现实生活，然后评估其结果，并根据个人对结果的满意程度，对方案做调整或改变。具体分为以下三个步骤。

（1）入门：执行自己的选择，获得新经验；在新环境中争取他人的接纳。

（2）转化：调整心态和步伐，投入角色，全心全意，全力以赴。

（3）整合：个人的信念和集体的信念达到平衡。

---

① 谢守成，郎东鹏，等. 大学生职业生涯发展与规划［M］. 武汉：华中师范大学出版社，2009.

十、盖蒂的 PIC 模型

以色列职业心理学家盖蒂（Gati）提出 PIC 模型，这是一种系统的职业决策方法。PIC 是排除阶段（prescreening）、深度探索阶段（in-depth exploration）和选择阶段（choice of the most suitable alternative）的缩写。

PIC 模型的理论基础是排除理论，决策方案的选择通常都是多属性的，在选择过程的每一阶段，要挑选出某一属性或某一方向，根据其重要性对之做出评价，对不符合决策要求的属性予以排除，直到剩下某种未排除的方面或属性时，再做出最后的选择。

（1）排除阶段：职业世界为人们提供了大量的接受教育培训和工作的机会，但我们在对职业做出选择时，可能会感到困惑。为了消除困惑，本阶段的目的就是根据个人偏好，排除那些与个体偏好不兼容的职业，从而得到少量的、可操作的方案选项。

（2）深度探索阶段：通过对可能方案的深度探索，产生合适的方案，确定既有希望又适合个体的职业。

（3）选择阶段：基于对所有合适方案的评估和比较，挑选最合适的方案。

综合上述的生涯教育相关理论，可以得到以下总结和启示。

金斯伯格和舒伯主要是从心理的角度，研究分析不同年龄阶段的个体对自身生涯发展的认识、向往和态度。而格林豪斯和施恩的关注点在于不同年龄阶段个体在生涯发展中面临的任务。但四者有一个共同点，就是都把儿童和青少年作为生涯发展的前阶段的对象。由于儿童和青少年年龄相对较小，身心发展还不够成熟，对他们进行生涯指导和教育是十分必要的，有利于他们未来的成长和发展。

生涯决策同样对于个体的人生发展有着极大的影响，正确的生涯决策可以帮助和促进个体发展和成功。泰德曼、盖蒂等提出的生涯决策步骤虽然有一定差别，但他们都强调自我认识与分析、审时度势，选择和规划都以由大到小的方式慢慢缩小范围，使得目标一步步具体化、明确化。中小学生涯教育应根据个体所处的生涯发展阶段，完成不同的发展任务，从而促进个体生涯水平的发展。

第三章 生涯指导课程的意义与操作

第一节 生涯指导课程

目前，生涯教育在学校的实施主要分为三个方面：一是面向全体学生的生涯课程，二是针对个体所进行的生涯辅导与资讯，三是通过社区协助完善学校教育。其中，生涯课程又可分为生涯灌注课程（以灌输生涯知识为主体）和生涯指导课程（以活动体验为主体）。美国著名生涯规划专家舒伯认为，生涯指导课程是促进学生生涯发展的最好方式。生涯指导课程是一门融合多门学科和多个领域的综合性课程，学生通过这门课的学习可以提升生涯发展意识，激发对自我、职业与教育环境的探索，提升生涯能力，学会进行生涯定向、选择，并在此基础上合理规划未来、付诸实践。

一、国外进展

20 世纪 60 年代末至 70 年代初，美国联邦教育署署长马兰提出生涯教育是全民的教育，从义务教育到高等教育以及继续教育的整个过程中都需要发展。这种教育兼顾学术和职业功能，旨在教育下一代在心理上、职业上及社会生活上得到平衡与成熟的发展。自此，学生指导制度成为学校教育中一个相对独立的工作系统。目前，英法日等发达国家以及中国台湾、香港等地基本形成了以学业指导、生活指导、生涯指导为主的学生指导体系。

许多发达国家通过立法来保障普通高中开设职业生涯规划课程，课程有完整的课程计划、课程教材及课程评价体系，配套全国性的指导网络，配备专门的指导教师和专家。自美国颁布了《国家职业发展指导方针》起，美国的小学、初中和高中增设了职业生涯规划辅导课程，帮助学生们形成职业生涯意识、提高兴趣、树立正确的职业观和价值观。

英国颁布"1997 年教育法案"，要求高中学生必须接受职业生涯教育，学校必须保证学生得到充分和必要的辅导。同年，开始实行普通高中的职业生涯规划教育并推行职业生涯教育证书制，后经过不断修正和完善，英国的职业生涯规划课程管理体系已经发展成熟。英国普通高中配备专门的职业生涯规划教师全面负责学生职业规划，提供职业培训，组织职业演讲等活动，并且随时为学生提供最新的职业信息，帮助其实现职业生涯目标。

2003 年日本针对社会职业课程的不足和社会需求的不同，加大了对职业生涯课程体制的全面改革，在强化基础教育的同时，加大职业教育培训。日本几乎所有的高中都要根据不同的年级制订不同的课程方案，来进行不同程度的职业生涯规划辅导。普通高中学校通过参观、学习、调查、讨论等活动，进行研究，制订自己的职业生涯规划并开展与各学科相关的实习。日本通过开设高中职业相关的课程和选择科目，学校职业生涯规划课程管理已然形成了一定的实践模式。

二、国内进展

《国家中长期教育改革和发展规划纲要（2010—2020 年）》第 12 条提出，要建立学生发展指导制度，加强对学生的理想心理学业等多方面的指导，以此来全面提高学生素质。2014 年国家出台了有关高考改革的三个文件，提出高考改革重点在于坚持学生自主选择，为每个学生提供更多的选择机会，促进学生发展学科兴趣与个性特长，从而提高学生的综合素质，办好面向未来的基础教育，促进高中高校人才培养的有效衔接。

在学术上，自 20 世纪 80 年代以来，我国一些学者已开展了一系列职业生涯规划的理论研究，并发表了诸多有见解的成果。蒋文立在 1992 年发表《中学职业指导的改革与发展》，强调职业指导的重要性随社会发展而提升。梁淑琴对普通高中学生的职业生涯规划进行研究，发现他们对自我的认识不足，职业规划意识淡薄，甚至教师都没有相关职业培训意识，鲜少对学生进行相关职业教育。陈幼平和郑涌（2007）对普通高中学生的职业抱负开展调查，发现普通高中学生对于未来择业过于理想化，缺乏现实的职业生涯规划意识，同时他们接受到的职业规划知识很有限。这些研究结果反映，对于中学职业生涯指导课程，我国目前仍缺乏明确的行政规定和监督。

与此同时，中学生涯指导课程缺乏统一标准、生涯教育体系尚未健全、缺乏有效的教育评估方法等问题亟待解决。

第一，相对于大学而言，中学生生涯教育发展相对滞后。很多学校并未将其纳入常规课程当中，部分学校甚至没有开展过生涯指导方面的课程和活动，生涯指导方面完全处于空白阶段。根据海淀区教育科学研究院的调查研究，即便是在处于基础教育改革前沿的北京市海淀区，仍有近 80％的学校没有生涯指导的固定课时与专门的授课形式。

2012 年 9 月，中国青少年研究中心联合日本青少年研究所、韩国青少年开发院以及美国艾迪资源系统公司发布的《中美日韩高中生毕业去向和生涯教育研究报告》显示，中国高中生的职业与毕业指导多由班主任来承担，受过专业教师指导的高中生仅占 1/4。相比之下，在美国、日本、韩国，均有七成以上的受访高中生接受过专

业教师的生涯规划指导。调查还显示，中国的学生对生涯规划教育有着深层次的需求，中国高中生最希望从学校获得生涯规划指导，帮助其发现职业兴趣和能力倾向。而目前高中阶段的生涯指导工作普遍专业性不强，甚至很多学校缺乏相关指导和教育，直接导致学生对高考志愿填报和大学所学专业产生迷茫。

从中学对学生指导的内容看，学校对学生的学业指导和生活指导远超过生涯指导。这类指导的主要依据是学生学科的成绩，而不是学生的个性特质、职业兴趣。这种指导只是告诉学生在学习成绩已定的情况下选择怎样的毕业出路，这是短视的、功利化的，算不上科学、有效的学生生涯规划指导，不能真正满足学生成长需要和社会发展需要，高中阶段生涯规划指导的提质增效已迫在眉睫。

第二，即使是在已经开展中学生涯指导教育的学校，也存在教师缺乏相配套的课程资源和指导，导致他们对学生生涯课程的目标理解不到位，对生涯课程要培养学生哪些意识、技能、情感态度、价值观等没有清晰的认识，更缺乏对生涯指导的大局观和整体把握。教师授课时，往往根据自己的兴趣和经验摸索进行课程内容的设计，想讲什么就讲什么，想到哪里就讲到哪里，使得课程实践处于混乱、分散、重复开发的状态，缺乏系列性和系统性，课程也难以再开发和利用，这不仅很难保证生涯指导课程的实际效果，还可能造成教育资源上的浪费。

第三，生涯课程的参考教材体现着生涯指导课程的基本理念、内容选择、实施方式。然而，现在市面上虽然有一些生涯指导课程的参考教材，但生涯指导课程涉及的学科很广，涵盖了身体健康、心理健康、生命、休闲、婚恋教育、职业生涯教育等多个领域。如何从这些领域中选出中学生最迫切需要的内容，是值得课程设计者思考的问题。目前很多教材容易受到作者学科倾向的限制：要么理论性过强，难以应用于实际的中学课堂；要么内容零散混乱，缺乏脉络和体系。例如，有的生涯指导书籍中只涉及生涯指导中自我认识的部分，有的仅侧重于生涯指导中环境探索的部分，有的只是泛泛地谈论职业生涯理论而缺乏课程实施的指导性意见。这样的参考教材未考虑学生当前心理发展特点和心理需求，不但没有为学生提供有针对性的生涯指导，反而使得生涯学习变成了一种"学习负担"。

第四，生涯指导课程的效果有待考究。虽然有一些学校生涯指导课程开展得如火如荼，这些课程看似热闹，但实际质量和科学性如何，是否真正解决了学生的问题，均不得而知。我国生涯教育起步较晚，这个学科本身涉及面又很广，加上师资力量欠缺、教师素质能力良莠不齐等诸多现实问题，导致很难保证生涯指导课程的科学性、有效性和实用性。课程评价是基础教育课程改革与发展的重要组成部分和重要制约因素之一。课程评价起着规范、管理、提升课程改革与发展的功能，它作为一种重要的制度或规则体系在左右着现实的课程开发活动。因此，当前亟需建立科学的生涯指导课程评价标准和手段，从而更好地促进学生成长、教师提升和生涯教育的科学发展。

总之，我国生涯指导课程管理研究起步较晚，理论不够充分，国家教育行政部门亦没对职业生涯规划课程的管理进行明确规定，所以，大部分地区普通高中开展职业生涯规划课程不够系统，实际效果不太明显。

第二节　生涯指导课程的基本内容

一、生涯指导课程的基本内容和操作步骤

生涯指导课程大体上可以分为以下三个方面。

（一）生涯唤醒与自我认知

生涯唤醒与自我认知是中学生涯指导课程的基础和根本。通过唤醒生涯发展意识，让学生认识到自己生命的意义和真正想要的东西，通过科学认知的方法和手段，对自己的个性特质、职业兴趣、性格、能力、价值观等进行全面认识，清楚自己的优势与特长、劣势与不足。系统和多方面地认识自我是学生个性特长得以发展的前提。

（二）教育认知与职业探索

职业指导课程是中学生涯规划教育的核心部分。现代生涯具有自身的区域性、行业性、岗位性等特点。学生要对行业现状和发展前景有比较深入的了解，比如人才供给情况、平均工资状况、行业的非正式团体规范等以及该行业对特殊能力的需求情况。

（1）探索当前学校教育与未来自己感兴趣的高校专业，提高对专业发展方向的认可度，建立对学业规划的能力。

（2）认识社会发展，开展职业探索与体验。通过探索体验，让学生了解社会发展趋势，融入社会，培养社会需要的决策能力、创造能力、社交能力、实际操作能力、组织管理能力、自我发展的终身学习能力、心理调适能力以及社会责任担当。

（三）生涯规划与管理

中学生依然要以学习为主，生涯规划与管理是中学生涯指导课程当下的重点。其中包括：高中学业规划管理，即指导学生了解高中课程学科知识体系和学习要求的差异，更好地适应高中阶段的学习；高中生涯规划管理，即如何挖掘自身学习潜能、发展学科特长，寻找适合高中阶段和自身特点的学习方法和策略等。

二、生涯指导课程的操作步骤

生涯指导帮助学生对自己未来的生涯做有目的、有计划、有系统的安排，但绝不是定下一成不变的计划去实践和完成，而是在个人的兴趣、能力、价值观、性格

等的基础上，充分考虑环境的阻力与助力，有弹性地为自我生涯前进的路途找到方向。生涯指导课程的主要操作步骤主要包括以下几个方面（图 3-1）。

图 3-1　生涯指导基本步骤

（1）生涯觉察：了解生涯规划的概念、步骤和意义，树立生涯规划的意识。

（2）自我认知：包括对自己的兴趣、能力、价值观、性格等方面乃至自身生理情况的认识。

（3）环境探索：包括对教育资源、职业及社会需求的分析，明确自身与教育资源的契合关系，充分利用学校、家庭及社会环境以促进自我发展。

（4）生涯定向：通过自我与环境的组合分析，确立自己的职业目标，同时将自己的长远目标分解为具体、可操作的中期目标和短期目标。

（5）生涯准备：根据阶段性目标制订相应的生涯规划行动方案，采取积极行动，逐一完成和实现阶段性目标，不断朝着总目标努力。生涯准备的核心在于行动，如果没有行动，再好的计划也无法落实。

（6）生涯反思：生涯规划实施方案在实施的过程中会出现很多内外环境的变化，因此生涯指导课程更关注学生自省与批判态度的养成，帮助学生根据发展的需要进行定期反馈、调整和修正，以逐步实现生涯目标。

第三节　生涯指导课程的课程形式

"没有课程，教育便没有了借以传递其要旨、传达其意义、传播其价值观的媒介或工具。"因此，可以把课程看作是教育的"心脏"。课程的重要地位既调动了众多研究者积极参与探讨的兴趣，也成为他们在研究中根本无法回避的问题[1]。

由于生涯指导课程并不属于国家必修课程，很多学校没有专门的课时用以开设

---

① 菲利普・泰勒. 课程研究导论 [M]. 北京：春秋出版社，1989.

这门课。但因为新高考的推进和广大中学生及其家长的需求，中学生生涯指导教育刻不容缓，因此很多学校利用不同的课程形式开设和完成生涯指导内容的教学。

目前，除了正式纳入课表的生涯指导课程以外，生涯指导课程还有其他不同的课程形式。

一、心理课

教育部在《中小学心理健康教育指导纲要（2012 年修订）》中指出中学心理健康教育的重点内容之一是：帮助学生"在充分了解自己的兴趣能力、性格特长和社会需要的基础上，确立自己的职业志向，培养职业道德意识，进行升学就业的选择和准备，培养担当意识和社会责任感"。心理课的目标在于提高全体学生的心理素质，充分开发他们的潜能，培养学生乐观向上的心理品质，促进学生人格的健全发展，课程的重点之一就在于认识自我和进行内部探索，因此，心理课是目前很多学校开展生涯指导教育的课程载体和主要实施途径。

二、班会课

开展生涯发展指导的基本原则是面向每一个学生，关注每个学生的个性化发展需要。班主任是生涯教育实施的主力军，是生涯教育的一线决策者，是学生学业生活的成长导师，在中学生生涯发展指导工作中起着举足轻重的作用。班主任每周一次的班会课，主要承载着学校对学生的学业指导、生涯指导、人生观与理想指导和生活指导。班主任可以归纳班级学生的综合特点及需求，请学校安排生涯规划指导的专家辅助制订生涯教育的实施方案；可以通过带领家长走进班会课，给家长植入生涯教育的观念和分享生涯教育的重要意义；可以与各学科教师联动起来，探讨和研究不同学科在职业中的实际情况，搭建融合学科与职业的平台，达到中学生对选考、选校、选专业进行准确定位的目的。

三、研究性学习课程

研究性学习是指学生在教师的指导下，从学习生活和社会生活中选择和确立研究专题，主动获取知识、应用知识、解决问题的活动。在研究性学习的过程中，学生需要亲身参与实践活动的全部过程以获得知识、得出结论和形成产品。生涯指导课程中有很重要的一部分就是要开展社会调查，了解周围环境。两类课程可以充分结合起来，学生可以在研究性学习课程中开展社会调查，深入高校、企事业单位探索专业与职业的现状和发展变化；教师也可以与当地高校合作开发生涯指导的选修课程，并开展学生个性化研究性学习活动指导。

同时，研究性学习课程强调学生在自主研究过程中小组内的成员的分工和合作，发挥小组成员各自的特长优势，在自己擅长的领域内做出自己的贡献，同时提高自己的综合能力。这种合作学习的模式已经具备了现代企业公司中小队团队协作的特征，因此教师可以在研究性学习的课堂上，组织学生以小组合作的形式开展访谈、调查或实践，锻炼学生的合作意识、沟通能力、人际交往、领导才能、创新能力等。

四、与综合实践活动课程的融合

2001 年颁发的《基础教育课程改革纲要（试行）》规定，从小学至高中设置综合实践活动并作为必修课程。《纲要》强调，学生通过实践，增强研究和创新意识，学习科学研究的方法，发展综合运用知识的能力，增强学校与社会的密切联系，培养学生的社会责任感。因此，学校利用综合实践活动课程组织学生走向社会，进入企事业单位做体验实践，或通过访谈等了解各个行业的现状，了解各种职业的工作意义，职业所需的资格和能力，职业环境要求等，完全符合《纲要》的要求。同时，结合学生需求，学校邀请专家校友和家长志愿者进校，利用综合实践活动课程开设以理想人生、社会发展、职业专业介绍等为主题的职业生涯讲座，学生可以从中选择适合自己发展的兼职生涯导师。

五、与信息技术课的结合

生涯指导课程可以尝试与信息技术课相结合，提高学生信息收集的能力和范围，拓宽学生的职业规划边界。在当代，网络已然成为大部分人获取信息的重要途径之一。对于中学生而言，如何能在有限的时间里收集和获取社会各类职业的内容和信息，成为他们困惑和关心的问题。因此在信息技术教育中，可以结合生涯指导教育的内容开展教学工作。在信息技术课上，学生可以通过访问一些招聘网站，了解不同职业所需要的知识、技能、身心条件，对不同职业的工作内容、环境、工作方式、发展前景等形成初步认识，从中选择一些自己感兴趣的职业与自己的个人特质进行匹配，从而选出自己未来职业发展的目标与对象。同时，学生还可以利用网络上的一些权威量表测量和分析个人职业倾向，这种检测结果相对准确和客观，能够帮助学生做出科学的判断。

第二部分

中学生涯指导
课程的实践探索

第四章 全面认识自我

对于尚未步入社会、正在接受教育的青少年来说，如何面对未来的世界，实现自我的发展一直是教育的目标之一。中学生涯指导课程旨在帮助当代中学生不断发现自我、发展自我和实现自我，而这一切都绕不开学生的自我认识的发展和提升。每个人对自己的性格、兴趣、能力和价值观等诸多方面都会形成自己的看法，这些看法综合在一起就形成了一个人的自我认识。当一个人在进行生涯选择和规划的时候，首先要清楚自己的情况，比如自己是个怎样的人、喜欢什么样的事情、具备怎样的天赋、看重什么样的事物等，这样才能更好地发展和实现自我，才能更好地抉择走向成功的职业发展之路。因此，本章主要介绍如何全面认识自我，主要从性格、兴趣、能力及价值观四方面进行探索。

第一节　性格探索

人的鲜明特征是他个人的东西。从来不曾有一个人和他一样，也永远不会再有这样一个人。

——高尔顿·奥尔波特

一、性格的概念

在日常生活中，我们常听到这样的话："我是一个乐观的人""我很热情""我不爱说话"等。这些实际上都是一个人对自己性格特征的觉察，显示了不同个体的倾向性。那么，性格究竟是什么呢？从心理学意义上讲，性格是一个人相对稳定的心理倾向和行为方式。例如，一个内向的人宁愿周末待在家里而不愿意参加同学聚会，而外向的人则会认为与他人交往要比自己独处在家愉快得多。同样，一个乐观的人往往在遭遇不幸后依然期待好事会降临，一个悲观的人却可能会因为下雨而变得更加悲伤。可见，性格使得个体不同于他人，每个人不同的性格特征可以通过个体与环境、社会群体的互动得以体现。性格主要表现的是人们对待现实与周围世界的态度。

在青少年期，个体的性格具有可塑性。一旦步入成年，个体的性格就逐渐形成并且具有稳定性。俗语说："江山易改，本性难移"，说的就是性格一旦形成就难以改变。但是，性格并非一成不变。在某些特殊情况下，比如当个体遭受了重大创伤或者经历了意外事故、自然灾难等重大生活事件时，这个人可能会判若两人。中学阶段，是青少年打造自身性格的重要阶段，我们有必要积极引导学生完善和塑造自身的性格。

二、性格的类型

每个人都是独一无二的，每个人的性格都是丰富多彩的。世界上很难找得到一个能够包含每一个个体性格特征的分类系统。但是，仍然有不少心理学家毕生致力于寻找一个科学、客观的分类系统，以便更好地理解人的行为和态度。目前，人们普遍接受的性格分类主要有以下三种。

第一种分类按照个体的心理倾向划分，分为外倾型和内倾型。我们常听到他人说这个人外向，那个人内向，这是最为普遍的性格类型。一般而言，外倾型个体重视客观世界，对客观事物及人都感兴趣，容易与他人沟通和交际；内倾型个体重视主观世界，常沉浸在自我欣赏和幻想之中，对自我的兴趣浓于他人，常对他人冷淡或不善于交际。

第二种分类按照个体的独立型程度，分为独立型和顺从型。独立型个体善于独立思考，不容易受到外来事物的干扰和影响，他们往往能够独立地判断事物，在突发、紧急事件中能做到不慌乱，但需要注意的是独立型个体有时会过于坚持自己的主张而将自我意志强加他人，容易固执己见，从而可能会与群体发生冲突。相反，顺从型个体独立性比较弱，常依赖他人，容易受到他人暗示，为人随和、谦虚，易与他人合作，较合群，但是在紧急情况下容易慌乱。

第三种分类按照知、情、意心理过程中的优势方面，分为理智型、情绪型、意志型和理智-意志型四种。理智型个体以自身的理智来衡量一切并支配自己的行动，擅长理性思考，遇事有条不紊，冷静有序；情绪型个体的情绪感受性高，容易体验到深刻的情绪反应，举止行为主要受到自身情绪波动的影响；意志型个体通常有较为明确的目标，意志坚定，会积极主动采取行动完成既定目标；理智-意志型则兼具理智型和意志型两者的特点，善于分析，以目标为导向。

三、性格与职业

（一）性格与职业的匹配

性格和职业有着密切的联系。不同的职业对个体的性格要求不同，比如档案管理、会计、编程等工作偏向于内向者，而销售、公关、传媒等工作则偏向于外向者。因此，我们在选择职业的时候一定要考虑自身的性格因素与职业的匹配。在长期特定的职业生活中，个体也会形成与职业相联系的、稳定的心理特征，即个体的职业性格。与此同时，在职业生涯过程中，个体所受到的专业知识教育、工作实践以及丰富的职业活动都会在一定程度上巩固或改善个体原有的性格特征，从而形成许多适应职业要求的新的职业性格。

面对职业的选择，我们首先要考虑的就是自身的性格特征是否与这个职业相匹配。通常而言，性格类型与职业是否匹配主要有三种情况①。第一种情况是协调，即个体的性格特征与职业性格要求匹配，如性格稳重者从事管理工作，性格独立者从事创造性工作等。这类人在工作中会比较容易产生兴趣和内在满足，能较充分发挥自身的才能。第二种情况是亚协调，即性格特征与职业性格要求相近，个体经过自身努力也能够做好这份工作。与第一种情况不同的是，第二种情况需要个体经历一段时间的适应和调整。第三种情况是不协调，即个体的性格特征与职业性格要求相互排斥，如顺从者从事设计、推销等工作，这类人往往不能很好地胜任工作，也体验不到职业的快乐。由此看来，我们要根据自身的性格特征有的放矢地选择相匹配的职业，在获得较高的职业成就感的同时，能够充分发挥自身的潜能。

（二）职业性格的测验工具

MBTI 全称为 Myers-Briggs Type Indicator，是当前国际上流行的职业人格评估工具之一。该测验的理论基础是瑞士心理分析学家卡尔·荣格（Carl G. Jung）提出的心理类型理论，最早见于《心理类型》一书中。他认为个人在运用心智方面具有不同的倾向，并按其行事，逐渐形成各自的行为模式。个体行为的不同倾向主要有三个维度：（1）认知，人们获取信息的方式，有感觉（Sensing）和直觉（Intuition）两种相反的方式；（2）决策方式，即人们组织获得的信息后得出结论的方法，有思考（Thinking）和情感（Feeling）两种；（3）精力取向，即人们生活动力的来源或个体注意力对外部世界或内心世界的投向，分为外向（Extraversion）和内向（Introversion）两种。凯瑟琳·库克·碧瑞斯（Katherine Cook Briggs）和伊莎贝拉·碧瑞斯·麦尔（Isabel Briggs Myers）母女在这三个维度的基础上补充了一个新维度——生活态度取向，分为判断（Judging）和知觉（Perceiving）两种倾向，从而用四个维度描述个体的行为差异，并以此为依据于 1942 年设计出了第一份 MBTI 量表。MBTI 用四维度偏好二分法来评估一个人的类型偏好，每个维度偏好均由两种不同倾向组成（表 4-1），每个维度的具体含义如下。

表 4-1　MBTI 的四个维度②

维度	维度含义	倾向/偏好
动力维度	个人动力的来源或个体注意力是指向外部世界还是内心世界	外向（E）或内向（I）
信息收集	个人获取信息的方式	感觉（S）或直觉（N）
决策方式	人们获得信息后得出结论的方法	思考（T）或情感（F）
生活方式	个体喜好的或感到舒适的生活方式	判断（J）或知觉（P）

①　梁凯．论性格与职业选择［J］．教育与职业，2006（14）：59－60.

②　陈启晗，何颖．心理测验工具 MBTI 在职业规划上的应用［J］．技术与市场，2018，25（03）：69－71＋74.

1. 动力维度

通常而言，外向者倾向于将注意力和经历投注在外部世界，比如外在的人、外在的物、外在的环境等，他们关注自己对外部世界的影响；而内向者则与之相反，倾向于关注自我的内部状态，比如内在情感和思想等，他们更注重自己的内心体验。

2. 信息收集

感觉型个体更倾向于收集能被客观证实的信息事实，他们的行为往往以实践为基础；直觉型个体则倾向于通过自己的领悟来产生信息，他们强调的是新颖，以理论方式看待事物。

3. 决策方式

思考型个体倾向于在利用信息时以逻辑分析的方式进行，注重事物之间的逻辑关系，习惯于对客观事实进行分析后得出结论；而情感型个体以自己和他人的感受为重，在做决策时容易受到自身对正确与错误的内在信念与价值的影响。

4. 生活方式

判断型个体喜欢有计划、有条理的生活，倾向于以比较有序的方式生活，并对自己的生活进行管理和控制；而知觉型个体会考虑到可能变化的因素，倾向于留有余地，更愿意以比较灵活、随意、开放的方式生活。

每个人在四个维度上有不同的倾向程度，将每一个维度偏好的倾向选出来，取每个维度上偏好类型的代表字母，即可以由四个字母构成属于自己的性格类型，比如"INFJ"表示的是内向直觉情感判断型。四个维度、八种倾向/偏好，最终可以组合成十六种不同的性格类型。需要注意的是，无论哪一种类型或倾向，都无优劣之分，亦无对与错，它只是用来区分个体之间的不同，是每个个体独特的行为和思考方式。另外，同一维度的两种倾向之间并非绝对对立，例如一个人如果在动力维度上是内向的，不表示他就不可能外向。事实上，在一个个体身上，可能同时存在两种倾向，只不过相对而言多数时候他的反应可能是内向的，但在一些特定情况下，他也可能表现为外向。因此，在看待测评结果时，要用客观、全面、多角度的眼光去看待，不要绝对化。

四、性格探索课程设计素材

（一）活动 1：20 个我

活动准备：给每个人准备一张纸和一支笔。

活动流程：

①让学生思考自己的性格特征，撰写 20 个以"我是……"开头的句子。

②时间限制在 10 分钟以内，想到什么特点就写下来。

③请同学对自己写的特征进行分类，可按积极与消极、生理、社会以及心理等不同的方式进行分类。根据分类结果，请学生反思并总结自己更注重的是哪一方面的特质。

注意事项：

①教师需要提醒学生不能写重复的，写下的内容尽可能能够代表自己的特征。

②如果 10 分钟内没有写完 20 个句子，不做勉强。

（二）活动 2：封面人物

活动准备：每个人准备一张彩色卡纸和一支笔。

活动流程：

①学生自由选择一张卡纸，拿一支笔，将卡纸对折。

②教师创设情境，让学生想象自己的生活是一本杂志，书的封面是他崇拜过的人物。

③引导学生思考他的封面人物会有谁，三个即可，并在扉页中间用简笔画画上三个铅笔人，写上他们的名字，在人物上方写上"我的生活志"，下端签上自己的名字以及写上日期。

④打开扉页后，在第二页写上"封面人物故事"，让学生写出自己崇拜封面人物的原因，比如这些人物做过的事情、经历或者身上所具备的某个性格特征等。

⑤教师引导学生分享自己选择他们的理由，让学生找出三者相似的性格特征。

⑥根据所找出的相似特征，让学生当自己的预言家，即可能是学生自己想要成为的人或者自己身上已有的性格，最后可以预言自己的未来。

注意事项：

①彩色卡纸选择颜色比较淡的，颜色过深的纸上写的字可能看不见。

②不会画铅笔人的，改为画一个大头即可。

③提示学生在画的过程中不要过分注意细节。

（三）活动 3：独一无二的我

活动准备：印制一张"独一无二的我"卡片，每人一张，样式如下：

"独一无二的我"卡片

服从 R	看重物质 R	平和 R	坦诚 R	自在 R	害羞 R	勤奋 R
诚信 R	坚持不懈 R	淡定 R	虚心 R	实际 R	喜欢思考 I	独立 I
爱探究问题 I	理智 I	内敛 I	好奇 I	重视方法 I	沉稳 I	批判 I
喜欢科学 I	钻研 I	深谋远虑 I	平易近人 S	受人欢迎 S	喜欢社交 S	乐于助人 S
体贴 S	友善 S	宽容 S	善解人意 S	善良 S	合作 S	守规矩 C
喜欢规律 C	缺乏弹性 C	节约 C	细心 C	保守 C	谨慎 C	有条理 C
按部就班 C	负责 C	善变 A	喜欢变化 A	缺乏条理 A	创造力强 A	理想化 A
情绪化 A	直觉的 A	好高骛远 A	标新立异 A	独创性 A	冲动 A	感性 A
爱冒险 E	精力充沛 E	善于表达 E	大方 E	自信 E	有领导能力 E	活泼 E
主动 E	好表现 E	说服力强 E				
统计	S	E	C	R	I	A
个数						
	理想性格职业					

活动流程：

①每人领取一张"独一无二的我"卡片，每个人圈出符合自己特征的词汇，先不用管词汇后面的字母。

②介绍霍兰德人格类型理论，即霍兰德认为人格可分为以下六种类型：

社会型（S）：其共同特征是喜欢与人交往，愿意教导别人，渴望发挥自己的社会作用。可以匹配喜欢与人打交道的工作并具备从事提供信息、启迪、帮助、培训、开发或治疗等相应能力的职业，如教育工作者（教师、教育行政人员），社会工作者（咨询人员、公关人员）；

企业型（E）：其共同特征是追求权力、权威和物质财富，具有领导才能，做事有较强的目的性。可以匹配喜欢并具备经营、管理、劝服、监督和领导能力的职业，如项目经理、销售人员、营销管理人员、政府官员、企业领导、法官、律师；

常规型（C）：其共同特点是尊重权威和规章制度，习惯接受他人的指挥和领导，喜欢按计划办事，细心、有条理。可以匹配喜欢并具备记录、归档、数据和文字信息处理能力的职业，如秘书、办公室人员、记事员、会计、行政助理、图书馆管理员、出纳员、打字员、投资分析员；

现实型（R）：其共同特点是动手能力强，不善言辞，做事保守，缺乏社交能力。可以匹配喜欢基本操作技能的工作或对体力与物件、机器、工具、运动器材、植物、动物有兴趣并具备相应能力的职业，如技术性职业（计算机硬件人员、摄影师、制图员、机械装配工），技能性职业（木匠、厨师、技工、修理工、农民、一般劳动）；

研究型（I）：其共同特点是抽象思维能力强，肯动脑善思考，不愿动手。可以匹配喜欢智力的、抽象的、分析的、独立的定向任务的职业，如科学研究人员、教师、工程师、电脑编程人员、医生、系统分析员；

艺术型（A）：其共同特点是喜欢新颖的事物，渴望表现自己的个性，实现自身的价值。可以匹配喜欢具有艺术力、创造力、表达能力的工作，具备用语言、行为、声音、颜色等审美、思索和感受能力的职业，如艺术方面（演员、导演、艺术设计师、雕刻家、建筑师、摄影家、广告制作人），音乐方面（歌唱家、作曲家、乐队指挥），文学方面（小说家、诗人、剧作家）。

③学生查看自己的性格倾向的类型：将所圈出的词汇中有后面相同字母的词汇单独统计，并将个数写在卡片底端对应字母的下方。学生参考不同性格类型上的得分，写下自己的理想性格职业。

注意事项：

①教师要提醒学生上述六大类型不是并列的，大多数人可能存在多种组合的倾向。

②活动可以做变式，让他人对自己进行评价，通过自我评价和他人评价进行比较，方便学生更加客观地认识自我的性格特质。

（四）活动4：我的幸运草

活动准备：印制一张"我的幸运草"卡片，每人一张，卡片内容如下：

"我的幸运草"卡片

活动流程：

①学生领取一张"我的幸运草"卡片，写上自己的姓名。

②教师讲解 MBTI 测验的四个维度八个方向的内容，具体可参考本书前述理论部分内容。

③学生理解不同维度的特点后，在不同维度下选择自己属于的类型，并在该类型处的椭圆形里涂上颜色，注意不要盖住字。比如某学生在"动力维度"维度认为自己是属于外向型的，即将"外向型"椭圆框内填充任一颜色即可。其他维度以此类推。

④学生完成自我评估后，将自己的"幸运草"卡片依次递交周围的同学，他人评估后在对应维度的类型空白处涂上适量颜色即可。

⑤学生取回自己的"幸运草"，总结自己被涂到的性格类型，归纳并写下自己的性格代码。

⑥学生相互分享自己的性格代码和心得感受，比如对自己的新发现以及别人眼中的自己与自己的认识是否存在差异，自己可能适合的工作有哪些等。

注意事项：

①教师在讲解 MBTI 过程中尽量举例说明，或准备资料卡下发给学生参考，便于学生理解和学习。

②在交换卡片给他人评估时可前后左右四人一组，按顺时针或逆时针方向轮流传递即可。

③他人评估时涂颜色的面积不要太大，约占空白处五分之一即可。

（五）活动5：照镜子

活动准备：A4白纸若干张。

活动流程：

①两人一组，领取一张A4白纸，在白纸上写上"镜子"两个大字。

②一人将白纸盖住脸，作为镜子。另一人面对白纸，与镜子展开两段对话。对话内容如下：

（第一段对话）

镜子：我是一枚神奇的镜子，能够看到你身上最重要的特点。请问你想知道什么呢？

对方：我想知道你现在看到的我是什么样子的？

镜子：通过与你心灵的对话，我看到了你是一个……的人（说出对方的三个特点即可）。

（第二段对话）

镜子：我是一枚神奇的镜子，能够看到你的过往和未来。请问你想知道什么呢？

对方：我想知道我未来可能从事的工作是什么？

镜子：在我照到未来的时间里，我看到你成为了一名……祝贺你！

③两人交换"镜子"白纸，互换角色再进行一轮演练。

④学生分享自己的收获，"镜子"看到的自己和自己的未来是自己期待的吗？为什么？

注意事项：

①扮演镜子的同学在说话时尽量保持声音平稳、温和。

②注意提醒学生在对话过程中不可以说伤人、攻击他人的话语。

（六）活动6：我的左右手

活动准备：每人一张白纸和一支笔。

活动流程：

①每人在白纸上画上自己左右手的轮廓。在右手手指头内写上最欣赏自己的五个特质，在左手指头轮廓内写上自己的缺点或不足之处，并在作品旁边签名。

②将学生分组，4～5人一组，在小组内分享自己的左右手，并讨论如何改进不足。

③小组内的学生自由走动，将画有左右手的纸放在桌上，随机走到某人的作品面前，在手掌中央写上一句鼓励的话语。之后学生取回自己的作品，发表自己的感受。

注意事项：

①在画自己的左右手时，如果学生想不到5个优点或者缺点，可不做强制性要求。在小组内分享环节，可根据他人观察到自己的优点或缺点，再进行补充填写。

②小组内讨论如何改进不足时，可提示学生将关键词写在左手掌心，便于课后实践。

③撰写鼓励的话语时，每个人不需要把小组内的成员都写完，写2～3名同学即可。

附录：生涯指导课《性格面面观》教案

一、教学目标

1. 知道性格对职业的影响，认识性格与未来职业生涯的关系。
2. 了解自己的性格，会整合自己和他人的评价，能够全面认识自身性格。
3. 懂得性格可以自我调适和优化，掌握性格优化的方法。
4. 积极投入探索和整合自身性格的活动中。
5. 激发优化自身性格的热情和动机。

二、教学重点、难点

（一）教学重点

1. 通过自我探索的活动，使学生更加全面地了解自己的性格，正确评估自己性格上的优劣势。
2. 小组共同制作"性格优化蛋糕"，掌握性格优化的方法。

（二）教学难点

学生整合自己和他人眼中的性格，正确评估自己性格上的优劣势。

三、教学准备

1. "我的性格花"学习单。
2. "性格优化蛋糕"学习单。
3. 彩笔。
4. "性格优化食材"材料。

四、教学过程

教学过程

一、导入：面试定工作（3分钟）

教师：假如你是一位事业有成的商人，想新开一家餐厅，正巧唐僧师徒四人来应聘，你会如何安排他们？

餐厅服务人员有：收银员、洗碗工、服务员、采购、保安、保洁员、经理。

学生畅所欲言，说出自己的答案和理由。

教师小结并引出课题：在刚才的活动中，我们发现刚刚发言的同学对唐僧师徒四人有着不同的工作分配。我们这样的工作分配主要是基于什么原因呢？（学生会联想到性格对工作分配的影响）看来性格对于我们未来的职业发展是很重要的。那么我们的性格是怎样的？我们了解自己的性格吗？我们希望了解自己的性格吗？今天我们就一起来探索自己的性格吧。

二、主题活动环节1：我的性格花（22分钟）

教师：性格这么重要，我们如何全面认识自己呢？接下来我们通过"我的性格花"活动来开启探索之旅吧。

续表

教学过程

教师引导学生通过"我的性格花"活动来全面探索自己。具体操作如下：

①教师先请学生在花的中心写下姓名，然后填写第一个花瓣，用三个形容词来描述自己的性格。

②学生填写后，将自己的性格花按照顺时针方向传递给小组里的下一位同学，请他们在第二个花瓣上用两个形容词描述他眼中的你是怎样的。

③写完的同学再传递给下一位同学继续填写。经过一轮传递后，学生拿到自己的性格花。在比对自己和别人对自己性格的评价后，学生填写第三个花瓣，写下自己希望继续保有的性格以及自己希望优化和完善的性格。

④学生在第四个花瓣上写下自己的梦想职业以及该职业所需的性格。

教师：请同学们拿到自己的性格花之后，思考下面两个问题：

①我对自己的认识和别人对我的认识有什么不同？

②我身上哪些性格适合梦想职业，哪些需要做出优化才能更好地从事梦想职业？

学生根据性格花上的内容，思考总结，分享自己的感受和期待。

三、主题活动环节 2：定制性格优化蛋糕（12分钟）

教师：在"我的性格花"活动中，我们写了自己希望改变的性格，也谈到了自己梦想职业需要的性格。如果我们的梦想职业需要调适和优化自己的性格，从而更好地适应和从事这份职业，你愿意做一些调整吗？你们知道哪些方法能优化我们的性格吗？

教师提供"性格优化食材"，请学生按照自己认为的重要程度挑选食材和分配食材比例，创意设计和制作自己的"性格优化蛋糕"。

学生积极参与，认真思考，设计并制作个性化的"性格优化蛋糕"。学生以小组为单位在黑板上张贴、展示"性格优化蛋糕"，并在全班分享自己的制作方法以及自己最看重的"性格优化食材"。

四、总结与提升（3分钟）

教师请学生用一句话总结本节课的收获。

教师总结：认识自己的性格，并且有意识地优化它，能让我们的人生更完善，能让我们的职业发展更顺利！

附件1：我的性格花

我的性格花

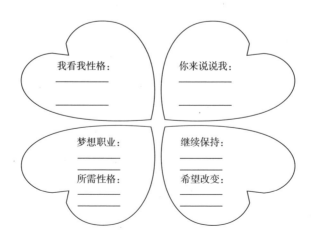

附件 2：性格优化蛋糕及食材

我的性格优化蛋糕

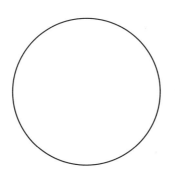

性格优化食材：

（1）看书开阔视野，（2）积极角度看世界，（3）全面了解自己性格，（4）有意识地自我锻炼，（5）培养健康情绪，（6）乐于交际与人为善，（7）取人长补己短，（8）坚持到底不放松。

第二节 兴趣探索

学问必须合乎自己的兴趣，方才可以得益。

——莎士比亚

一、兴趣的概念

兴趣的英文单词是"interest"，来源于拉丁语动词"interesse（之间）"，意思是把两个本来有距离的东西联络起来的事物，它是我们积极探究某种事物的认识倾向。每个人或多或少都会有自己的兴趣爱好，比如有的人喜欢唱歌跳舞，有的人喜欢看书绘画，有些人喜欢玩游戏与聊天等。当人们从事这些活动的时候，往往会体验到乐趣和满足感，这反过来又会进一步促进人们在这个事物上的进一步探索和关注。所以兴趣是一种自觉自愿的心理和行为倾向。

一般而言，兴趣往往是因为人们出于某种需要，对某件事或某项活动进行接触后产生的。正是出于对偶然未知事物的好奇，想要一探究竟，并为此花费大量的时间和精力去积极观察、从事相关活动，个体的兴趣才得以形成。但兴趣并非一件轻松的事情，单纯的喜欢但不愿为之努力的事物或活动不能被称为兴趣，只有那些我们愿意为之付出巨大努力、不断坚持的事物或者活动才是个体的兴趣。兴趣能够带给人兴奋感和创造力。当人们对某一个事物产生浓厚的兴趣时，他一定会对这个事

物保持充分的关注，并长时间进行积极的探索。比如一个人对绘画非常感兴趣，那么他可能会在空余时间不断进行绘画活动，积极参加各种书画展，临摹和学习他人作品，在这一过程中体验到快乐和成就感。

二、兴趣的类型

正如俗语所说，萝卜青菜，各有所爱。个人的爱好因人而异，不一而同。概括而言，兴趣的类型主要有以下三种。

第一种是按照兴趣的内容，可分为物质兴趣和精神兴趣。物质兴趣主要指人们对舒适的物质生活的迷恋，比如在衣食住行方面的喜好和追求，对奢侈品、美食或收藏品等的关注和痴迷。精神兴趣主要指人们对文化、科学和艺术的迷恋和追求，比如对写作、绘画、作曲、唱歌、书法、摄影、发明创造等活动的热爱和不断探索。

第二种是按照兴趣的性质，可分为直接兴趣和间接兴趣。直接兴趣是指对活动过程的兴趣，比如有的人喜欢跳舞唱歌，在进行舞蹈编排和唱歌表演过程中能够全神贯注，享受肢体动作的柔美和歌声的曼妙，内心能够获得极大的愉悦和满足。间接兴趣是指对活动过程所产生的结果的兴趣，比如有的人喜欢跑步，但是他并非对跑步本身感兴趣，而是为了强身健体，让自己有一个健康的体魄，是跑步之后的结果对他有吸引力。需要注意的是，直接兴趣和间接兴趣是相互联系、相互促进的。如果没有直接兴趣，个体在活动过程中就会感到枯燥和乏味，而如果没有间接兴趣，个体容易缺乏目标，过程就会很难长久地持续下去。只有将两者有机结合在一起，才能充分调动个体的积极性和创造性，使其明确目标，持之以恒，获得成功。

第三种是按照兴趣的结构特征，可分为个人兴趣和情景兴趣。个人兴趣主要是在个人知识、经验的基础上发展而来的，是个体内在和固有的。情景兴趣主要是个体在外部条件或者刺激下产生的短暂型兴趣，会随着外部条件的变化或者刺激的消逝而减弱或消失。个人兴趣和情景兴趣并非毫无关联，两者会相互影响。在一定条件下，情景兴趣可以转化为个人兴趣，同时，它也影响着个人兴趣，将个人兴趣进行强化，使之持续下去。

三、兴趣与职业

（一）职业兴趣

在职业发展方向中，有一个非常重要的参考因素就是，做自己感兴趣的事情。对此，人们常常感叹道：如果能够从事自己感兴趣的工作，那么人生就是完美的。著名的兴趣与测量专家爱德华将兴趣比喻为一艘船的舵，认为兴趣决定着一个人生涯发展的方向。可见，兴趣与我们的职业生涯发展是密切相关的，比如有的人喜欢与人打交道，有的人喜欢与机器或电脑等物品打交道，有的人喜欢动手操作，有的喜欢动脑思考，有的人喜欢热闹，有的人喜欢独处……这些兴趣爱好都会直接或间接影响到我们对职业的选择，影响到我们职业生涯的发展。

职业兴趣是一个人在职业方面的兴趣表现，即个人有从事相关工作的愿望和兴趣，在职业选择过程中对某些职业具有比较稳定而持久的情绪表现。职业兴趣是人们取得职业成功的催化剂和推动力，能够最大程度上调动人们的潜能，使其为此付出艰苦卓绝的努力，以取得事业上的成功。那些为了工作而不辞辛苦、废寝忘食的人，往往是对自己的职业有着浓厚的兴趣。显然，如果我们在未来报考大学填写志愿、毕业选择工作时对自己的职业兴趣有所了解，选择符合我们职业兴趣的方向，那么我们的内心就会拥有源源不断的动力，促使我们全力以赴、满怀热情地去从事相关的工作，因此容易胜任并做出成绩，在未来也会拥有更大的发展空间。

（二）职业兴趣的测验工具[①]

1. 霍兰德职业兴趣量表

美国心理学家霍兰德认为，职业兴趣是"人格的一个重要方面"，表现为个体对特定活动的偏好及擅长，而这些会激发和维持个体的目标定向行为。据此，他提出了著名的职业兴趣六边形模型，并将职业兴趣划分为现实型（R）、研究型（I）、艺术型（A）、社会型（S）、企业型（E）和常规型（C）六种类型。根据所提出的职业兴趣模型，霍兰德（1977年，1985年）先后编制了以职业条目作为评价内容的职业偏好量表（Vocational Preference Inventory，VPI），测试结果会得到六个分数，分别代表了六种职业兴趣类型的强弱。"霍兰德代码"是取三个排列分数最高的码。因此，在"霍兰德代码"中所呈现出来的是个体最强势的三个类型，表示这三个类型较常被使用。与之对应的分数较低的三个类型，则是较少被使用的类型。

（1）现实型（Realistic）：偏好与物体打交道，喜欢摆弄和操作工具，机械、电子设备等具体有形的实物；不喜欢和人打交道的活动，厌恶从事教育性、服务性和说服性的职业。可以匹配喜欢基本操作技能的工作或对体力与物件、机器、工具、运动器材、植物、动物有兴趣和相应能力的职业，如技术性职业（计算机硬件人员、摄影师、制图员、机械装配工），技能性职业（木匠、厨师、技工、修理工、农民、一般劳动者）。

（2）研究型（Investigative）：偏好对各种现象进行观察、分析和推理，并进行系统的和创造性的探究，以求能理解和把握这些现象；他们不喜欢组织、领导方面的活动，不喜欢要求劝说和机械重复的活动。可以匹配喜欢智力的、抽象的、分析的、独立的定向任务的职业，如科学研究人员、教师、工程师、电脑编程人员、医生、系统分析员。

（3）艺术型（Artistic）：偏好模糊、自由和非系统化的活动，并在这些活动中创造艺术作品，完成自我表现；他们不喜欢明确、秩序和系统化的活动。艺术型的人

---

① 罗峥，薛海平，李姝颖，邢悦盈. 职业兴趣测验在高中生学业生涯规划指导中的应用 [J]. 教育科学研究，2019（08）：66—72.

想象丰富，看重美的品质。可以匹配喜欢具有艺术力、创造力、表达能力的工作，具备用语言、行为、声音、颜色等审美、思索和感受能力的职业，如艺术方面（演员、导演、艺术设计师、雕刻家、建筑师、摄影家、广告制作人），音乐方面（歌唱家、作曲家、乐队指挥），文学方面（小说家、诗人、剧作家）。

（4）社会型（Social）：偏好对他人进行传授、培训、教导、治疗和咨询等方面的社会服务活动；不喜欢与材料、工具、机械等实物打交道。可以匹配喜欢与人打交道的工作并具备从事提供信息、启迪、帮助、培训、开发或治疗等相应能力的职业，如教育工作者（教师、教育行政人员），社会工作者（咨询人员、公关人员）。

（5）企业型（Enterprising）：对领导角色和冒险活动感兴趣，喜欢从事领导他人实现组织目标或获取经济收益的活动。可以匹配喜欢并具备经营、管理、劝服、监督和领导能力的职业，如项目经理、销售人员、营销管理人员、政府官员、企业领导、法官、律师。

（6）常规型（Conventional）：偏好对数据资料进行明确、有序和系统化的整理工作，如按既定的计划规程保管记录，填写整理书面和数字的资料，使用文字和数据处理设备等协助实现组织目标或获取经济收益；不喜欢模糊、不正规、非程序化的或探究性的活动。可以匹配喜欢并具备记录、归档、数据和文字信息处理能力的职业，如秘书、办公室人员、记事员、会计、行政助理、图书馆管理员、出纳员、打字员、投资分析员。

在六边形模型中，每一种职业兴趣类型都有两种与之相邻、相隔、相对关系的类型，相邻的两种类型说明它们有很多相似之处，相隔的两种类型说明有部分相似之处，相对关系说明两者相同点很少。霍兰德认为，个体如果能够从事与其职业兴趣相似的职业，他们的工作热情将会大大提高，会更积极地投入工作。

2. 个人球形职业兴趣量表简版

个人球形职业兴趣量表以特雷西和朗兹（Tracey & Rounds）的个人球形职业模型结构为理论基础。该模型包括三个维度：处于赤道的人物/事物维度和资料/观念维度，处于南北两极的名望维度，三个维度两两正交构成球形。在人物/事物维度和资料/观念维度所构成的平面圆周上分布着八种基本的职业兴趣，即社会促进、管理、商业细节、数据加工、机械、自然/户外、艺术和助人，低名望和高名望维度分别占据了南北半球。这八种基本兴趣的特点如下。

（1）社会促进（Social Facilitating, SF），具有这类兴趣的个体喜欢类似于帮助、推销和处理资料信息的服务类活动，乐于同别人交往，善于处理人际关系。相关的职业包括社会服务主管、人事主管、宣传部主管、售货员、旅游代理商和有氧运动教练。

（2）管理（Managing, MA），具有这类兴趣的个体喜欢管理企业和团体，计划和组织活动，喜欢类似信息处理、问题解决和制订决策的工作；善于社会交往和与人交流并且组织、协调和监督他人。相关的职业包括办公室经理、部门经理、销售员、销售主管和酒店经理。

（3）商业细节（Business Detail, BD），具有这类基本兴趣的个体喜欢做统计、评估、估算、通告和预算活动。相关的职业包括金融分析家、银行审查主任、成本核算员、注册会计师。

（4）数据加工（Data Processing，DP），具有这类基本兴趣的个体喜欢运用系统程序进行数据的分析和解释，喜欢解决技术问题。相关的职业包括电气工程师、电脑程序员和微电子技术员。

（5）机械（Mechanical，Me），具有这类基本兴趣的个体喜欢操作机械、学习和设计机械装配原理，以及维修。相关的职业包括飞机养护师、汽车修理工、航空技术员、建筑工程师和机械师。

（6）自然/户外（Nature/Outdoors，N/O），具有这类基本兴趣的个体喜欢研究植物和动物，学习生命科学的知识，喜欢户外的活动。相关的职业包括植物学家、森林维护员、海洋学家、动物驯养师、兽医。

（7）艺术（Artistic，A），具有这类基本兴趣的个体喜欢影视、表演和文学艺术。相关的职业包括美术家、音乐家、作曲家、诗人、导演和作家。

（8）助人（Helping，H），具有这类基本兴趣的个体喜欢帮助他人，喜欢为他人进行教导，提供支持和咨询的活动。相关的职业包括学校辅导员、社会工作者、幼儿教师、心理咨询师、医生和教育心理学家。

特雷西设计开发了个人球形职业兴趣量表（Personal Globe Inventory，PGI），并于2002年公开发表。该量表包含三个分量表：活动分量表（共118题）、能力信念分量表（共118题）和职业名称分量表（共108题），分别提供给个体三个信息：一是你喜欢的职业，二是你能够胜任的职业，三是你的职业类型。考虑到原版本PGI题目太多，且计分、计算繁琐，特雷西在原有理论结构的基础上，编制了个人球形职业兴趣的简版量表（PGI－40）。该简版量表共40道题目，测评结果能够提供受测者在八个职业兴趣量表分数和高、低名望职业兴趣量表分数，共计10个分量表得分。

四、兴趣探索课程设计素材

（一）活动1：谁和我一样

活动准备：空旷场地。

活动流程：

①让学生围成一个圈站好，回忆自己从小到大最喜欢做的事情。

②任选一名同学首先朝向中心向前迈一步，表达出自己的喜好，表达句式为"有没有谁跟我一样喜欢……"。大家对此做出回应，如果有跟提问者相似的经历就向前迈一步，如无则原地不动。之后提问者对向前迈步的同学表达感谢后向后退回，其余同学也陆续向后退一步。

③可按照学生意愿继续进行下一轮表达，直到大部分同学都分享了自己的喜好后可停止活动。

④邀请学生分享自己是如何发现自己的喜好的，以及在这个过程中的感受和收获。

注意事项：

①如果人数较多，可以围成两个同心圆。

②如果场地不够，也可让学生坐在座位上，以起立的方式进行回应。

（二）活动 2：我的快乐时刻

活动准备： 每人准备一张白纸和一支笔。

活动流程：

①每人准备一张白纸，在白纸顶端写上"我的快乐时刻"。注意不要写姓名。教师让学生回忆自己空余时间最喜欢做的事情（3～5件），并写在白纸上。

②全班分组，每个学生将写好后的纸条对折两次放在小组中间的桌面上，打乱顺序每人抽一张。

③组内每个同学依次朗读出快乐的事情，大家据此猜测卡片的作者，并说明猜测的理由。

④学生领回自己的卡片，勾出自己最喜欢做的一件事，并说明理由。

⑤小组派代表进行分享，比如自己在活动流程中的感受，对自己的新发现，他人眼中自己的兴趣是什么等。

注意事项：

①在撰写时为避免凭字迹辨认出作者，可以建议大家将自己的书写稍作调整。

②组内猜测时，如果三次大家都没有猜出来可请作者现身。无论猜测正确与否，都是作者在他人眼中的呈现，可以引导作者思考他人对自己的兴趣观察和自我眼中的有什么区别。

（三）活动 3：分院帽

活动准备： 印制分院帽介绍卡，每组一张，样式如下：

"分院帽介绍卡"卡片

创造学院 人人都爱创作，自由、创意表达自我，可画、可写、可演、可唱，一切皆表达。

深思学院 人人都爱思考，喜欢探索抽象的、深奥的问题，理解人类、宇宙的无穷奥秘。

秩序学院 人人都爱固定的、有秩序的活动，如有序和系统化地整理数据资料、文字信息。

社会学院 人人都爱社交，乐于合作和帮助他人，愿意凭己之力给他人带来幸福和温暖。

巧手学院 人人都爱户外活动或操作机器，热爱与物体打交道，喜欢体力活和技术活。

雄心学院 人人都爱领导他人，用自己的力量影响他人，渴望达成目标、取得一番成就。

活动流程：

①教师介绍"Fun School"是一所著名的学校，一共有六个学院。它们分别是创造学院、深思学院、秩序学院、社会学院、巧手学院以及雄心学院。每个学院里人们学习和培养的内容非常不一样。在这个"Fun School"里也有一项分院帽，它与哈利·波特魔法学校里那顶古怪的尖帽子一样，就是把不同的人分配到适合他的学院去。等会儿分院帽会给大家介绍每个学院的特点。现在请大家根据自己的第一印象自由选择自己想去的学院，并坐在同一纵列上。

②教师对教室进行位置划分，将不同纵列的小组分成六组，每组代表一个学院，学生根据自己的选择对应入座。

③当所有学生完成选择后，学生分享自己选择来这个学院的原因是什么，有什么共同点。

④教师变声为"分院帽"介绍各学院的特点和要求。

⑤学生了解各学院的特点后，可进行第二次选择，即是否转院。想转院的学生可离开当前所在学院直接坐到想转学院位置处。

⑥教师给每个学院的学生下发一张"分院帽介绍卡"卡片，总结不同学院的特点，提炼出三个关键词即可。

⑦学生分享自己的感受，比如两次选择是什么？选的学院是否一致，为什么离开或者继续留在原来的学院？如果可以选三个，会怎么选？这次选择对自己有什么启发，如对自己未来选择职业等是否有帮助等。

注意事项：

①当学生第一次自由选择结束后，在小组内进行讨论时可选出一名记录员记录大家的共同点。

②如果学生不能很好地理解学院的特点，可举例"杰出院友"进行辅助解说，比如创造学院的"下笔如有神"作家、深思学院的"思维不死"哲学家、秩序学院的"机器人式"秘书、社会学院的"蜡烛"老师、巧手学院的高级工程师以及雄心学院的"风云"政治运动领袖。

③六大学院对应的是霍兰德职业兴趣量表的六大类型，教师在介绍各学院时可参考前文相关理论。

（四）活动 4：兴趣星空

活动准备：印制"兴趣星空"卡片，每人一张，卡片内容如下：

活动流程：

①学生领取一张"兴趣星空"卡片，在半圆形框内写上自己的姓名。

②教师带领学生回忆从小到大或从小学到初中，学生在生活和学习中感兴趣的事情有哪些，自己平时把空闲的时间花在什么事情上，做什么事情感到比较开心，时间流逝特别快等。

③学生将自己回忆到的感兴趣的事情写在星星框内，注意写关键词就好。

④学生前后左右几个人一起分享自己的兴趣星空，将自己最喜欢的圈出来，预测自己未来可能从事的职业。

"兴趣星空"卡片

⑤学生分享自己的感受，对自己是否有了新的认识，有什么事情是自己想继续坚持，甚至未来希望以此为工作的？有没有自己知道但还没有体验过的事情，现在的打算是什么，多体验还是培养已有兴趣？自己是否能恒久坚持其中的某些兴趣等。

注意事项：

①教师在引导学生回忆过往经历时，可提示学生从衣食住行、吃喝玩乐、上课与课间、环境或文化等多方面进行思考，能拓宽学生的思路，找到更多可能感兴趣的事情。

②分享环节通过他人的分享，如果发现自己也喜欢，可自行添加到自己的兴趣星空图上。

③学生在标记自己最重要的兴趣时，可以但不限于做记号、涂色、连线、添加文字或表情等皆可。

（五）活动 5：我的学科兴趣雷达

活动准备：印制"我的学科兴趣雷达图"卡片，每人一张。卡片样式如下：

活动流程：

①每人领取一张"我的学科兴趣雷达图"卡片，写上自己的姓名。

②学生思考在自己的学习生活中，自己最喜欢哪些学科和活动。对卡片上已有的学科进行 0～7 的等级评分，处在雷达中心的"0"分表示自己对该学科的喜欢程度是非常不喜欢，最外周"7"分表示自己对该学科非常喜欢。从雷达中心点往外依次 6 个同心圆，对应的喜欢程度依次增加。

③同桌两人分享自己的"学科兴趣雷达图"，并根据对方对不同学科喜欢程度的评估及自己对同桌以往的了解，预言同桌未来可能成为什么样的人才。

"我的学科兴趣雷达图"卡片

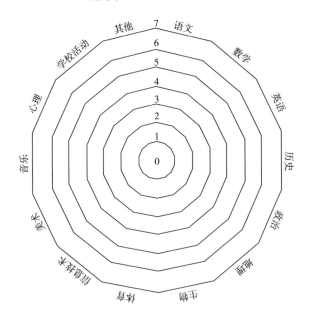

④学生分享自己最喜欢的学科是什么以及自己在这一学科上付出的努力，同桌的未来预言是否是自己期待的职业，以及未来可以做什么来继续发现或维持自己的学科兴趣等。

注意事项：

①学生对不同学科的喜欢程度评估结束后，可将不同学科的喜欢程度连线或进行涂色，便于比较对不同学科的喜欢程度。

②教师在总结时可强调学科兴趣不一定是一开始就有的，有些同学可能上了这个课才知道。所以尝试很重要。

（六）活动 6：兴趣与学科对对碰

活动准备：每人印制一张"兴趣与学科对对碰"卡片，卡片样式如下所示：

"兴趣与学科对对碰"卡片

我喜欢的活动	对应的学科	未来可从事的职业（1）	未来可从事的职业（2）
1.			
2.			
3.			
4.			
5.			
6.			

活动流程：

①每人领取一张"兴趣与学科对对碰"卡片，思考自己喜欢做的事情或者活动，写在表格第一列。

②同桌之间相互讨论该活动属于哪一学科，比如"喜欢打游戏"对应的学科可能是"信息技术"，"喜欢唱歌"对应的学科可能是"音乐"，并将答案写在卡片上。

③学生根据自己写下的感兴趣的活动以及对应的学科思考未来可能从事的职业，并写下来。

④学生分享自己的感受，比如自己感兴趣的活动是什么，对应的学科以及未来想从事的职业是什么，自己现在对各个学科的喜好是否符合自己未来职业的发展，以及如果偏科会对自己的发展有什么影响等。

注意事项：

①学生在撰写第一列"我喜欢的活动"时注意提示学生尽量写具体，比如喜欢与朋友一起打游戏（非简单的"打游戏"），或者喜欢看中文小说（非简单的"看书"）等，这样更好聚焦到不同的学科。

②教师需提醒学生某一活动与学科对应并非一对一的关系，也可能存在一对多的情况，所以当同桌之间进行讨论时，可进行思维拓展，将相关学科都写上去。

③对于"未来可从事的职业"同样也存在很多可能性，学生只需将自己最想要从事的两个职业写上去即可。

附录：生涯指导课《兴趣是金》教案

一、教学目标

1. 促进学生了解职业兴趣对专业和职业选择的重要性。

2. 通过体验活动，鼓励学生探索自己的职业兴趣。

3. 帮助学生理解兴趣类型与职业选择的关联。

二、教学重点、难点

1. "我的兴趣树"活动中，找到自己感兴趣的活动相关的职业。

2. 理解兴趣类型与职业选择的关系。

三、教学准备

1. "我的兴趣树"学习单。

2. 职业名单选择学习单。

3. 彩笔。

4. 学生按小组围坐。

四、教学过程

教学过程

一、导入（2分钟）

教师：同学们，从今天开始，我们将正式进入生涯指导的大门。我们将从"个人因素""环境因素""自我调控"三个方面开启我们的生涯规划之路。大家想想看，这三个方面是不是基本涵盖了我们的人生呢？今天我们首先要了解我们相对熟悉的"个人因素"。我想问问大家，关于个人因素，你对自己了解多少呢？你对自己的了解足够多吗？

教师请学生分享自己的观点后，引出著名心理学家弗洛伊德的冰山理论，即人对自己的认识只是冰山一角。

教师：今天我们就从我们的兴趣出发，来探索那座属于我们的"冰山"吧！

二、热身（5分钟）

（一）小张的纠结

教师出示案例《小张的纠结》，请学生阅读并讨论。

小张刚刚结束高考，却很不开心。他喜欢学习考古专业，但是妈妈说考古辛苦且没有前途，非要他选金融，可是他对金融完全没有兴趣。他不知道该如何选择。你会给他什么建议呢？

教师请不同观点的学生分享自己的观点。

（二）头脑风暴

教师呈现另外两段材料：

第1段：有人说，如果人能从事自己感兴趣的工作，那么，人生就是天堂。

第2段："我和你没有什么差别。如果你一定要找一个差别，那可能就是我每天有机会做我最爱的工作。如果你要我给你忠告，这是我能给你的最好忠告了。"

——沃伦·巴菲特

教师询问学生兴趣与工作的关系，引导学生了解兴趣对于专业和职业选择的重要性，引发学生探索自身兴趣的积极性。

三、主题活动：兴趣是金（20分钟）

（一）我的幸福树

教师发放学习单，请学生回想以前生活过的所有时光，想象那些曾经吸引过自己的任何活动或工作，无论这些兴趣今天看起来是多么离奇和荒唐。然后按这些兴趣出现的早晚进行排序，并标出它们持续时间的长短和强烈程度等级。最后找出持续最长、程度最强烈的2～3项兴趣，并填在学生页的苹果上，并用彩笔装饰自己的苹果树。

教师请小组成员相互分享自己的兴趣树，挖掘这些兴趣的共同之处，发现自己的职业兴趣和动力，讨论这些兴趣与未来职业的关系。

（二）游戏"逃生的选择"

教师讲解游戏规则，提供职业清单，请学生做出选择。

游戏规则：假设你所生活的城市即将发生巨大的灾难，你即将躲进一个防空洞内过三个月的封闭式生活。幸运的是，你可以找几个人做伴，但是由于防空洞的容量有限，你只能从陌生人群中选择7个人和你做伴。如果这些人是喋喋不休而且只知道某个专业的人士，那么你希望他们是从事什么职业的人？也就是说，在未来的三个月里你只能日复一日地和同行的7个人就他们的工作内容、职业生活等进行交流，所以你只能挑选那些职业经历让你感兴趣的人。

教师视学生的参与程度可以进一步缩小职业范围，如只能选3个人。

教师请学生分享自己选择了哪几个职业，并请他们说明理由。

续表

教学过程

（三）介绍心理学理论

教师：刚才我们每一位同学都做出了自己的选择，那么我们选择的背后到底代表着什么意义呢？接下来我们一起来看看著名心理学家霍兰德的职业兴趣类型理论。

兴趣类型		代表职业
现实型	爱劳动，有操作机械的能力，喜欢做与物体、机械、工具、动植物有关的工作，是勤奋的技术专家	军事工作者、机械工、技工、电工、家电维修工、制造工、野生动物管理员、特种工程师、农业工作者、渔业林业工作者、无线电报务员、火车司机、机械制图员
研究型	有数理能力和科学研究精神，喜欢观察、学习、思考、分析和解决问题，是重客观的科学家	实验员、生物学家、化学家、社会学家、工程设计师、物理学家、程序设计员、气象学家、天文学家、药剂师、地质学者、数学家、科研人员
艺术型	有艺术、知觉、创作的能力，喜欢运用想象力和创造力，从事美感的创作，是表现美的艺术家	作家、艺术家、音乐家、诗人、漫画家、演员、戏剧导演、作曲家、乐队指挥、室内装潢师、摄影师、音乐教师、记者、编剧、雕刻家
社会型	有教导、宽容以及与人温暖相处的能力，喜欢与人接触，以教学和协助的方式增加他人的知识、自尊心和幸福感，是教育或社会工作者	社会学者、导游、咨询人员、社会科学教师、学校领导、公共保健护士、社会工作者、福利机构工作者、心理咨询师、宗教工作者、娱乐工作者
传统型	有敏捷的文书和计算能力，喜欢处理文书或数学资料。注意细节，按照指示完成琐碎的事，是谨慎的事务工作者	会计、银行出纳、图书管理员、记录员、秘书、档案文书、计算机操作员、法庭速记员、成本估算员、税务员、核算员、办事员
企业型	有领导和说服他人的能力，喜欢以影响力、说服力和人群互动，追求政治或经济上的成就，是有自信的领导者	商业管理者、律师、推销商、市场经理、销售经理、体育运动策划者、采购员、投资商、电视制片人、保险代理

教师采访学生活动后的心情，询问他们的兴趣类型与未来职业期待是否匹配。

四、总结与展望（3分钟）

教师：通过大家的分享，我们发现，有些同学已经有了清晰明确的兴趣，并打算将其发展为自己长期的职业，这非常好，希望能继续保持；有些同学对于自己的兴趣还不够明确，这并不要紧，因为我们还有足够长的时间去发现我们的兴趣所在，只要我们继续保持关注自己的兴趣和发展方向就好！下节课见！

附件 1："我的兴趣树"学习单

我的兴趣树

让你感到高兴、喜欢并希望自己常常从事的活动	与该兴趣相关的专业或职业

附件 2：职业名单选择

学校领导、商业管理者、火车司机、导游、音乐家、社会工作者、机械工、图书管理员、律师、诗人、推销商、市场经理、生物学家、家电修理工、作家、打字员、化学家、无线电报务员、销售经理、核算员、演员、物理学家、心理咨询师、体育运动策划者、采购员、咨询人员、雕刻家、记者、药剂师、社会学者、投资商、养殖员、编剧、气象学者、林业工作者、农业工作者、作曲家、技工、地质学者、娱乐工作者、电视制片人、漫画家、电工、艺术家、保险代理、野生动物管理员、宗教工作者、乐队指挥、特种工程师、会计、数学家、公共保健护士、银行出纳、秘书、档案文书、计算机操作员、法庭速记员、成本估算员、税务员、统计员、制造工、办公室职员、社会工作者、福利机构工作者、戏剧导演、室内装潢师、摄影师、音乐教师、实验员、社会学家、工程设计师、程序设计员、天文学家、科研人员、军事工作者、机械制图员

第三节　能力探索

> 运气永远不可能持续一辈子，能帮助你持续一辈子的东西只有你个人的能力。
>
> ——俞敏洪

一、能力的概念

古人云：能者多劳，庸者多闲。大意是指能干者做事情多，劳累也多，平庸者则能做的事情少，平日较为清闲。什么是能者？能者是在某些方面与他人相比，表现更突出的人。日常生活中，我们常夸人"有才能"，其实也是在说对方在某些方面有过人之处。这里的过人之处就是我们自己表现出来的能力。心理学家将能力定义为个体能顺利完成某种活动必须具备的个性心理特征，它是人的素质的核心内容和综合表现，直接影响着人们的活动效率。

能力的形成受到先天遗传因素和后天环境、教育和实践活动等因素的共同影响。比如有的人天生就对数字敏感，很容易记住电话号码或者联想到与数字有关的故事和内容，有的人则需要通过后天的努力和学习才能看懂数字，经常容易念错或者念反等。需要注意的是，我们所擅长的技能并不等同于能力，两者具有本质区别。技能是个体顺利完成某种任务的行为方式，主要由个体以近乎自动化的外在动作表现出来，具有可观察性和可操作性。而能力则以个人内在化思维方式为主，是个体内心思维活动的过程，非外在肌肉运动的过程。比如就绘画而言，领会物体的结构以及光线的作用属于能力范畴，整齐的排线和流畅的线条则属于技能范畴。技能和能力既相互区别，又相互联系。首先，技能的形成是以一定的能力为前提的，一个人掌握技能的难易程度和速度快慢有赖于能力的发展。其次，技能的掌握有助于能力的形成和发展，只有在技能的实际使用过程中，能力才能更顺利地形成和提高。

二、能力的类型

能力对个人成长的重要性是不言而喻的。人们常常会根据我们能做好或做不好什么来认识和评价我们。能力有很多种，一个人不可能掌握所有的能力。因此，我们要准确看待自己的能力倾向，既不妄自菲薄，也不自视过高，有针对性地培养和积累新的能力。具体而言，能力的类型主要有以下三种。

第一种是一般能力和特殊能力。一般能力指在不同种类的活动中共同表现出来的能力，比如观察力、记忆力、抽象思维概括力、想象力和创造力等，一般能力的综合体就是人们所说的智力，适用范围广泛，是大多数活动都需要的基本能力。特殊能力是指在某种专业活动中表现出来的能力，比如艺术表演能力、数学建模能力、组织管理能力、领导能力等均属于特殊能力。一般能力是特殊能力的重要组成部分，同时也是各种特殊能力形成和发展的基础。

第二种是模仿能力和创造能力。模仿能力是指仿效他人的言行举止而引起的与之相类似的行为活动的能力，使人迅速掌握知识、适应环境，有助于实现个体的社会化。创新能力是指产生新思想，发现和创造新事物的能力。一个具有创造力的个体往往容易打破思维定式、传统观念和习惯所带来的束缚，在习以为常的事物和现象中发现新的联系和规律，创造性地提出新的思想和产品。人们常常是先模仿，后创造。创造能力是在模仿能力的基础上得以发展的。

第三种是加德纳（Howard Gardner）提出的多元智能理论，将智能分为八类：语言-言语智能、逻辑-数学智能、身体-运动智能、视觉-空间智能、音乐-节奏智能、自知-内省智能、人际-交往智能、自然-环境智能。不同智能类别的表现特征、偏好及擅长的领域和典型的职业如表 4-2 所示。

表 4-2　加德纳的多元智能理论[①]

智能类型	表现特征	偏好、擅长领域	典型职业
语言-言语	对语言的掌握和灵活运用的能力	文学、外语、历史、社会科学	诗人、作家、教师、演说家、律师
逻辑-数学	对逻辑结构关系进行理解、推理和思维表达的能力	数学、科学、经济学、计算机编程	数学家、科学家、经济学家、工程师
音乐-节奏	感受、辨别、记忆、表达音乐的能力	音乐、舞蹈	歌手、音响师、指挥、作曲家、演奏家、舞蹈家
视觉-空间	对色彩、形状、空间位置等要素的准确感受和表达的能力	绘画、工艺、摄影、雕塑	飞机导航员、棋手、雕刻家、建筑设计师、画家、视觉艺术工作者
身体-运动	身体的感知觉、协调、平衡能力，能够表现出高水平的运动的力量、速度和灵活性等	舞蹈、喜剧影视表演、体育、烹饪	运动员、教练、健身指导、舞蹈家、厨师
人际-交往	对他人的标签、语言、手势、动作的敏锐感知以及相应地做出有效反应的能力	文学、心理学、社会学、政治	教师、临床医生、心理咨询顾问、推销员、社会工作者、政治家、护士
自知-内省	认识、洞察和反省自身的能力	心理学、文学、哲学、宗教	作家、心理医生、宗教职业者、哲学家
自然-环境	辨别动植物以及敏锐感知自然界其他事物（如云、石头等）的特征的能力	天文、自然地理、环境保护、旅游	地质工作者、环保工作者、旅行家、生物学家、天文学家

---

① 刘瑞晶，等. 职业生涯规划理论、案例与实训［M］. 北京：中国人民大学出版社，2015.

三、能力与职业

（一）职业能力

在求职面试时，应聘者的能力往往是面试官特别感兴趣的部分，他们常常会问这样一句话："你能做什么？"或者面试题目大多聚焦于考核应聘者的能力。可见，个体的能力对其职业的选择和生涯的发展都是至关重要的。这里所谈到的能力特指个体的职业能力，即能成功完成某种职业活动所必须具备的个性心理特征。它是个体在职业选择过程中与个体所从事的职业活动相适应并不断发展的，可以通过外显的行为和绩效加以测量。

不同的职业在工作性质和内容上也存在较大的差异，对从业者的要求也不尽相同。比如外科医生对动作能力的要求很高，从事建筑设计行业则要求较高的数学逻辑思维能力，如果让动手能力很差的个体去做外科医生，或者对数字不敏感的个体去从事建筑设计行业，不难想象他们几乎会很难胜任这一工作。因此，在选择职业时我们要注意能力与职业的匹配，同时我们也要重视职业能力的开发和培养。对中学生而言，无论未来我们将接受何种层次、何种性质的专业教育，实质上都是一种为受教育者从事某种职业而进行的职业准备教育。换言之，即使到了硕士研究生、博士研究生层次，也都是具有职业性质的教育。因此，在中学阶段，我们就要有意识地培养自身的职业能力，让自己最终能够成功拥抱理想的职业。需要注意的是，个人的能力类型有所不同，同样的能力也有强弱之分，我们要善于挖掘自身的优势能力，充分发挥自身的潜力和禀赋。做到了这一点，我们的职业生涯也就成功了一半。

（二）职业能力的测验工具[①]

一般职业能力倾向成套测验是目前比较普遍的能力倾向测验。一般能力倾向成套测验（General Aptitude Test Battery，简称 GATB）是美国劳工部就业保险局自1934 年起花了 10 年时间编制而成的。该测验的技术路线分为两个方面：一为工作分析，二为因素分析。在工作分析方面，选取了美国 2 万个企业中 7 万 5 千种职务，分析筛选出 20 种职业能力模式和 10 种不可缺少的能力倾向。同时，研究人员又对当时应用于选择士兵、招聘雇佣等领域的 50 多种测验进行因素分析，分析归纳确定了 10 种与职业关系密切并有代表性的能力因素。于是，通过上述两类分析，最终确定了15 项分测验来测验这 9 种相应的能力因素，其中 11 种为纸笔测验（分别为圈内打点测验、记号计入测验、形状相配测验、名称比较测验、图案相配测验、平面图判断测验、计算测验、词义测验、立体图判断测验、句子完成测验和算术应用测验），4 种为操作测验（分别为插入测验、转动测验、组装测验和拆卸测验）。该测验适用于 14 岁以上人群。通过对被试者实施 15 个分测验，经过相应测验一定加权组合，可获得 9 种能力倾向，它

---

① 戴忠恒．一般能力倾向成套测验简介及其中国试用常模的修订 [J]．心理科学，1994（01）：16 - 20＋63．

们是：智力（G）、言语能力（V）、数理能力（N）、书写知觉（Q）、空间判断能力（S）、形状知觉（P）、运动协调（K）、手指灵巧度（F）和手腕灵巧度（M）。我国学者戴忠恒在 20 世纪 90 年代对 GATB 进行过修订，并构建了中学生常模。

四、能力探索课程设计素材

（一）活动 1：揭秘班级明星

活动准备：印制一张"班级明星"卡片，每组一张，样式如下：

"班级明星"卡片

最佳运动员	最闪亮歌星	最美舞者
魔方最强者	绘画能手	人缘最佳者
学习王者	手工艺人	幽默大王
奉献之星	科学达人	

活动流程：
①全班分成三大组，每组领取一张"班级明星"卡片。
②组内成员讨论班上哪些同学符合卡片上明星的特征，并将同学的名字写在卡片对应方框处。小组可以在空白方框处自行填充相应的明星，比如在写字或某学科方面比较突出者。
③各小组依次分享本组明星提名人，并简述理由。获得两票及以上者当选为该明星，不足票数者保持提名人状态。
④获奖明星发表感言，分享自己的成功经验，即怎样能让自己在这方面有较好的表现。

注意事项：
①在准备材料内教师可视情况给明星学生准备奖品，比如奖牌、大红花或者爱心折纸等。
②补充的明星类别可以指导小组写本组的同学。

（二）活动 2：最强所在

活动准备：无。
活动流程：
①全班分成四组，要求每组人数尽量均衡。
②小组轮流站起来接龙："××我最强"（比如"画画我最强"）。小组内的每一名同学都要说，内容必须符合实际情况。
③在接龙之前每组有 1 分钟的时间讨论和准备。
④接龙开始后，3 秒没有接上的同学需要表演一个节目，用时最短的小组可指定用时最长的小组复述出本组每个同学的最强所在。

注意事项：

①教师注意引导学生在找最强所在时，不是要求找到自己比别人更厉害之处，而是自己身上最擅长的地方，也就是自认为自己在哪一方面做得最好。

②对于3秒没有接上的同学如果不愿意表演节目，可以向小组成员表示抱歉，表示自己会继续努力加油即可。

（三）活动3：我的能力轨迹图

活动准备：印制一张"我的能力轨迹图"卡片，每人一张，样式如下：

"我的能力轨迹图"卡片

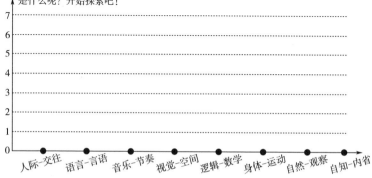

请在下面的坐标轴中创作自己的能力轨迹图，其中，横坐标代表了8种不同的能力，纵坐标表示自己擅长的程度，0分表示非常不擅长，7分表示非常擅长。我最擅长的是什么呢？开始探索吧！

活动流程：

①每人领取一张"我的能力轨迹图"卡片，写上自己的名字。

②教师介绍加德纳的多元智能理论，即加德纳将智能分为了八类：语言-言语智能、逻辑-数学智能、身体-运动智能、视觉-空间智能、音乐-节奏智能、自知-内省智能、人际-交往智能、自然-观察智能。各种智能的表现特征及偏好见前文表4-2。

③学生根据自己的实际情况完成能力轨迹图的绘制，分享自己的收获，比如自己最擅长的是什么，自己最想要拥有的能力是什么，以及自己如何培养这方面的能力等。

注意事项：

①教师要提醒学生上述八大智能是平等的，智能是发展的、可培养的，不同智能、不同程度的组合，通过智能组合发挥作用。智能组合有差异，但无优劣之分。智能组合中有强势智能，每人都有潜能，有优势领域。

②在时间允许的情况下，活动可进行第二阶段训练，即让学生选用不同颜色的笔重新绘制一条理想的能力轨迹图，并与现在拥有的能力进行对比，有意识地培养自己的能力。

（四）活动4：火眼金睛

活动准备：每人一张白纸和一支笔，印制一张"优势智能"卡片，两人一张，裁剪成不同智能的小卡片，卡片内容如下：

"优势智能"卡片

语言-言语智能	对语言有独特领悟能力,能写得一手好文章,也能与人侃侃而谈,话语富有幽默和哲理
逻辑-数学智能	思维缜密,善于推理。能够像名侦探柯南一样,理性分析事件,找到问题或规律所在
身体-运动智能	身体各部位极具创造性。可通过肢体自由表达思想,也可通过双手的创作制作出精美的艺术作品
音乐-节奏智能	音乐的感受性非常高,对于音乐的节奏、创作、演奏具有极高的敏锐性,能在短时间内识别音调或节奏
人际-交往智能	能够读懂他人脑袋里的真实想法和念头,与周围的人建立温暖的关系
自知-内省智能	对自己的特点比如性格、能力、兴趣非常了解,也明白自己的情绪来源,能很好地照顾自己、接纳自己
自然-环境智能	对自然界的一切充满好奇,喜欢与大自然亲近,喜欢观察和探索身边的动植物
视觉-空间智能	空间感受力强,能够感受到周围空间中线条、颜色、方位等的细小特征,能高效识别空间的变换

活动流程:

①学生在白纸上写上名字,在白纸上画出三个框,分别写上标题:非常符合的智能、比较符合的智能、想要拥有的智能。

②学生两人一组,领取一张优势智能卡片。一人先对比自身情况,选出"非常符合的智能"和"比较符合的智能",将智能卡片放在白纸相应方框处,并把优势智能的卡片内容简单地写在白纸对应方框内。

③之后,对方根据该生选出来的"非常符合的智能"和"比较符合的智能"卡片中选出 3 张你认为最符合他/她的优势智能卡片,并说明理由。

④在一方完成自选和对方推荐优势智能后,两人互换角色。之后进行讨论,分享自己最想要拥有的智能,并撰写下来。

⑤学生进行分享,比如对自己的优势能力有怎么样新的认识,自己现在拥有的是否是自己想要的智能等。

注意事项:

①在进行该活动前,教师要简单介绍加德纳的多元智能理论。

②在选择卡片时,可提醒学生不需要将所有的智能都进行选择,挑符合自身情况的即可。

③对方为自己挑选优势智能时要说明的理由尽量以事实为根据。

(五)活动 5:我能做什么

活动准备:每人一张白纸和一支笔。

活动流程:

①学生思考从小到大,自己会做哪些事情。之后用 10 个陈述句来描述自己的能力,句式为"我能……"。比如"我能独立策划一个班级活动"或者"我能短时间内将魔方复原"。

②学生对写下的 10 项事情进行排序，自己在哪件事情上做得最好，稍差一点的是哪一件，按照 1～10 的顺序进行排列，并将序号写在对应事情的旁边。做得最好写 1，其次写 2，依此类推。

③学生分享自己写下的事情，归纳出自己拥有的能力，并分享自己是如何获得该能力或成就的。

注意事项：

①写下的事情不一定要与工作相关，可以是自己取得的成就或他人肯定自己的事情。

②归纳能力的时候，一件事情可能对应多种能力，比如策划班级活动中就有组织能力、语言能力、领导能力等。

（六）活动 6：组合拼图

活动准备：印制一张"正方形拼图"卡片，样式如下，并按方框内的线条裁剪成不同形状的小卡片。

"正方形拼图"卡片

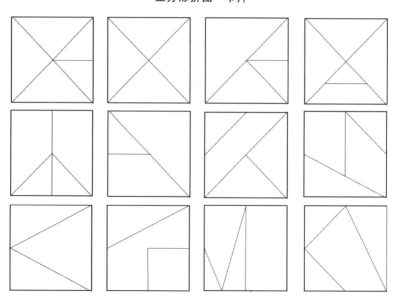

活动流程：

①学生前后左右四人一组，每人领取一张裁剪好的小卡片。每组需要完成的任务是拼出一个正方形，并且每组的大小要一致。

②小组内部四人可进行语言沟通，不可以跨组进行言语交流。组员也不能跨组去拼其他组或者邀请他人来本组帮忙。

③不同组之间可以互赠卡片，即将本组的卡片无条件赠送给他人。需要注意的是，在赠送卡片过程中双方不能进行言语沟通，但可以通过眼神或者手势等暗示对方你想换哪张卡片。

④完成任务的小组立马举手，教师记录时间，将时间写在黑板上。最后公布各

组所花的时间，用时最短的小组为胜。

⑤之后教师打乱小卡片，每人重新抽选进行第二轮挑战，教师鼓励各组打破自己的纪录。小组完成后，教师公布进步最大的小组。

⑥学生分享自己的感受，思考自己在活动流程中发挥了哪些能力，是如何让小组获胜或取得进步的。

注意事项：

①如果班级人数过多，可打印"正方形拼图"两张，每人领取1～2张小卡片。

②教师引导学生思考自己发挥的能力时可以提示学生在这个过程中表现出来的有观察能力（如察觉到其他小组的需要）、领导能力（如带领小组解决问题）、操作能力（如不说直接动手拼）、空间能力（如对特殊形状敏感）、语言能力（如与小组成员有效沟通）、人际交往能力（如热心主动将卡片给他人）等。

附录：生涯指导课《我的多元智能》教案

一、教学目标

1. 促进学生了解能力对专业发展和职业生涯的重要性。
2. 通过体验活动，鼓励学生挖掘自己的多元智能。
3. 探索自己渴望拥有的多元智能以及提升行动。

二、教学重点、难点

1. 了解多元智能以及找到自己擅长、想要的能力。
2. 有意识培养和提升自己的优势智能，开展行动。

三、教学准备

1. "能力强项分布图"学习单。
2. 彩笔。
3. 学生按小组围坐。

四、教学过程

教学过程
一、导入（1分钟） 教师：同学们，欢迎来到生涯课堂。在前面的课程中我们已经了解到了自己的性格和兴趣，知道了自己有怎样的特点，喜欢什么样的事情。在进行生涯选择时，我们还有一个非常重要的因素要考虑，即我擅长做什么。就让我们一起走进今天的课堂，一起探索我的多元智能吧！
二、热身（5分钟）： （一）说出我的成就 教师介绍规则，随机点一名同学回答。对方起立后分享自己最有成就的故事，比如某次比赛或者某次活动得到的荣誉。接着该生爆下一名同学，3秒内下一名同学没有回答则需要自爆自己期待获得怎样的特异功能。第2名同学结束后点名第3名同学，继续游戏。

续表

教学过程

（二）活动分享

教师邀请学生分享自己的感受，之后进行小结：这些学生所提到的成就事件，与他们擅长的能力是密不可分的。接下来让我们一起走进"我的多元智能"，挖掘自己的优秀所在。

三、主题活动：多元智能星球（20分钟）

（一）小组接龙

教师说明游戏规则：小组轮流站起来接龙"～～我最强"，每名同学都要说，小组准备1分钟，3秒没接上或者用时最长组获得"奖励"。

游戏结束后教师邀请学生思考并回答：

(1) 我们每个人的能力优势对我们有什么用呢？

(2) 我自己最厉害的地方比别人弱很多，还算优势吗？

(3) 我们每个人都有能力优势吗？我好像找不到擅长的！

教师小结：不清楚自己能力优势，并非自己没优势。长期以来我们习惯与他人比较，造成了对自己优势的忽略，最终埋没了。我们每个人都有自己独特的能力优势，我们要有意识地去培养。

（二）认识多元的智能星球

教师介绍加德纳的多元智能理论：加德纳是哈佛大学教授，美国发展心理学家，研究人类认知能力的发展。1983年，提出多元智能理论，认为人类具有8种智能。接着出示8张相应的活动图片，让同学依次猜出来8种能力以及对应的活动或事务。

教师邀请学生在小组内部展开讨论：

(1) 这么多不同的智能每个人是否都有？如果没有的话能否培养？

(2) 这些智能相关的职业选择是什么？不同的职业需要的智能是单一的还是多元的？

之后教师邀请学生上台做分享。

（三）名人的星球之旅

教师：刚刚我们学习了加德纳的多元智能理论，现在有一些名人要分配到这个智能星球上。大家想一想这些名人要去哪个智能星球呢？出示名人名单：玄奘、爱因斯坦、梵高、杨丽萍、TFBOYS、马丁·路德·金、董卿以及达尔文。

邀请学生对名人与多元智能之间进行匹配，了解智能与职业的关系。

教师揭示每个名人所代表的多元智能，介绍每一项多元智能对应的特点和相关的职业名人。强调每个人的多元智能并非固定，是可以学习、教导和提升的。具体内容见附件2：参考资料《多元智能理论内容》。

教师邀请学生回答总结在前面的学习中自己所期待或者擅长的能力类型是什么，询问其能力类型是否与自己未来的职业发展相匹配。

四、课堂实践：我的五彩能力圈（12分钟）

教师给每人下发一张能力强项涂卡，要求学生独自完成，限时5分钟。

完成后邀请小组分享并思考：

(1) 每个人是否只能在某一方面擅长？至少拥有几种智能呢？

(2) 不同能力之间会有什么联系呢？

(3) 要怎么才能提升自己的能力呢？

教师需要做简单说明，不同智能涉及的方面有很多。比如人际—交往智能就包含理解和关心他人、与他人交流、分工、合作等内容，每个人擅长的可能不一样，比如老师我比较擅长理解和关心他人，足球运动员可能更擅长合作等。同样的，在语言—言语智能上，有的人可能擅长倾听，有的人看书比较快，有的人看得慢但是表达不错。从而引导学生在自我能力强项涂卡上写上具体的技能。

五、总结与展望（2分钟）

教师：在这节课中，我们主要探索了自己的能力，我们知道了能力的类别有很多种，学习了加德纳的多元智能，也看到了能力可以表现为多种不同的活动形式。相信大家从名人星球之旅的活动中看到了我们擅长的能力与我们未来职业的发展是息息相关的。我很高兴看到大家开始有意识地觉察自己擅长的能力，很多同学在五彩能力圈中都画出了自己擅长的不同能力水平。不擅长的能力，大家也不要灰心，可以通过今天在课堂上想到的提升办法，努力去提高自我。相信大家一定会越来越朝理想的自己靠近！下节课见！

附件 1："能力强项分布图"学习单

1. 以下是加德纳的多元智能饼图。圆心代表 0，往外走每一圈代表一个等级，共 8 个等级。请根据自己的实际情况，评估自己的八大能力。可涂上不同的颜色。在每个象限的空白处写上自己在该能力上擅长的方面，具体可参考附件 2。

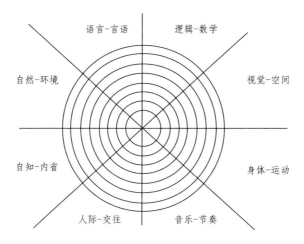

2. 针对能力卡这个活动，我的新发现是……（具体说明如：我发现自己的能力跟想读的专业相差较远，我还想再培养……能力，我觉得自己可以通过进行……的活动来提高，或我发现自己人际交往能力不错，未来可以选择……之类的工作等）。

_____

_____

_____

_____

附件 2：参考资料《多元智能理论内容》

1. 言语-语言智能（Verbal－Linguistic intelligence）

这种智能主要是指听、说、读、写的能力，表现为个人能够顺利而高效地利用语言描述事件、表达思想并与人交流的能力。这种智能在记者、编辑、作家、演讲家和政治领导人等身上有比较突出的表现，例如由记者转变为演说家、作家和政治领导的丘吉尔。

2. 逻辑-数学智能（Logical－mathematical intelligence）

这种智能主要是指运算和推理的能力，表现为对事物间各种关系如类比、对比、因果和逻辑等关系的敏感，以及通过数理运算和逻辑推理等进行思维的能力。这种智能在侦探、律师、工程师、科学家和数学家身上有比较突出的表现，例如相对论的提出者爱因斯坦。

3. 音乐-节奏智能（Musical－rhythmic intelligence）

这种智能主要是指感受、辨别、记忆、改变和表达音乐的能力，表现为个人对音乐包括节奏、音调、音色和旋律的敏感以及通过作曲、演奏和歌唱等表达音乐的能力。这种智力在作曲家、指挥家、歌唱家、演奏家、乐器制造者和乐器调音师身上有比较突出的表现，例如音乐天才莫扎特。

续表

4. 视觉-空间智能（Visual—spatial intelligence）
这种智能主要是指感受、辨别、记忆、改变物体的空间关系并借此表达思想和情感的能力，表现为对线条、形状、结构、色彩和空间关系的敏感以及通过平面图形和立体造型将他们表现出来的能力。这种智能在画家、雕刻家、建筑师、航海家、博物学家和军事战略家的身上有比较突出的表现，例如画家毕加索。
5. 身体-运动智能（Bodily—kinesthetic intelligence）
这种智能主要是指运用四肢和躯干的能力，表现为能较好地控制自己的身体，对事件能够做出恰当的身体反应，以及善于利用身体语言表达自己的思想和情感的能力。这种智能在运动员、舞蹈家、外科医生、赛车手和发明家身上有比较突出的表现，例如美国运动员迈克尔·乔丹。
6. 自知-内省智能（Intrapersonal intelligence）
这种智能主要是指认识、洞察和反省自身的能力，表现为能够正确地意识和评价自身的情绪、动机、欲望、个性、意志，并在正确的自我意识和自我评价的基础上形成自尊、自律和自制的能力。这种智能在哲学家、小说家、律师等人身上有比较突出的表现，例如哲学家柏拉图。
7. 人际-交往智能（Interpersonal intelligence）
这种智能主要是指与人相处和交往的能力，表现为觉察、体验他人情绪、情感和意图并据此做出适宜反应的能力。这种智能在教师、律师、推销员、公关人员、谈话节目主持人、管理者和政治家等人身上有比较突出的表现，例如美国黑人领袖、社会活动家马丁·路德·金。
8. 自然-环境智能（Naturalist intelligence）
这种智能主要指观察自然界中事物的各种形态，对事物进行辨认和分类，能够洞察自然或人造系统的能力，表现为能够辨识植物，对自然万物分门别类，并能运用这些能力从事生产的能力。这种智能在生物学家、生态学家、化学家、植物学家等人身上有比较突出的表现，例如生物学家达尔文。
注意：加德纳指出人身上可能还存在其他智能，只要有足够证据支持，可在框架中增加它们。

第四节　价值观探索

有价值的东西只有对懂得的人才有意义。

——古罗马剧作家普劳图斯

一、价值观的概念

生活中我们经常面临各种各样的选择，比如哪些是对的、哪些是错的，哪些重要、哪些不重要等。我们会根据自己心目中对周围事物的是非、善恶的态度和看法来做出选择。正如俗语所言："人人心中一杆秤。"这杆秤实际上就是我们的价值观。《辞海》中将价值观定义为：关于价值的一些信念、倾向、主张和态度的系统观点，起着行为取向、评价标准、评价原则和尺度的作用。简单来讲，价值观是指一个人对周围客观事物（包括人、事、物）的认知、理解、判断或抉择。在特定的时间、地点、条件下，人们的价值观总是相对稳定和持久的。

价值观是后天形成的，是通过社会化培养起来的，我们所在的家庭、学校以及所处的生活环境等都会对个人价值观的形成起到决定性的作用。中学生正处在价值观形成的关键时期，但是由于生活经验的匮乏以及身心发展的速度不一，他们的价值观还不稳定，容易受到外在因素的影响。随着知识的增长和生活经验的积累，中学生的价值观逐步确立起来，这之后便具有相对的稳定性。但是在特定的环境下，尤其是在经历了一些重大生活事件后，人们的价值观完全改变也是有可能的，比如2020年感染了新冠肺炎差点失去生命的人，可能会改变以往的价值观，将健康放在首位。

二、价值观的类型

价值观是一个多元结构的系统，它包含认知、情感和行为多种成分，每个人或多或少都具有多种成分，只是相对强弱程度不同而已，由此也就构成了不同种类的价值观。不同的学者研究价值观的角度不同，将价值观分为以下几种类别。

德国著名哲学家斯普兰格在《人的类型》一书中提出了六种类型的价值取向，分别是：理论的价值、经济的价值、审美的价值、社会的价值、政治的价值和宗教的价值。相应地，人们的价值观可分为六种，如表 4-3 所示。

表 4-3　斯普兰格价值观的六种类型

类型	价值观特点
理论型	重视以批判和理性的方法寻求真理
经济型	强调有效和实用
审美型	重视外形与和谐匀称的价值
社会型	强调对人的热爱
政治型	重视拥有权力和影响力
宗教型	关心对宇宙整体的理解和体验的融合

美国心理学家罗基奇（M. Rokeach）[①] 认为价值观可分为两类，一类是终极性价值观（terminal values），即人们期望存在的最终目的，也就是一个人希望通过一生的努力而实现的终极目标；另一类是工具性价值观（instrumental values），指的是人们偏爱的行为方式或实现终极价值观的手段，主要表现在道德和能力两个方面。这两

① Rokeach，M. Beliefs，Attitudes，and Values. San Francisco：Jossey—Bass，1968，p. 16.

类均由十八项价值信念组成，比如终极性价值观主要包括"舒适自在的生活""有成就感""平等""自由""幸福""内心的和谐""自我尊重""社会认可""真正的友谊""智慧"等；工具性价值观主要包括"能力""勇敢""宽容""独立""服从""利他性""责任感""诚实""礼貌""自我控制"等。

我国学者黄希庭等人[①]根据我国实际需要，把价值观分为人生价值观、政治价值观、道德价值观、职业价值观、人际关系价值观、审美价值观、婚恋价值观、宗教价值观、自我价值观和幸福价值观十类，其中人生价值观是价值观体系中的核心。

三、价值观与职业

（一）职业价值观

"职业价值观"又称为"工作价值观"，是指人生目标和人生态度在职业选择方面的具体表现，即一个人对职业的认识和态度，也是个人对职业目标的追求和向往。它是个体价值观的重要组成部分，同时也是人们选择不同职业的重要依据，它往往决定了人们的职业期望，影响着人们就业的稳定性和投入程度。由于每个人的身心条件、年龄阅历、教育状况、家庭影响、兴趣爱好等方面的不同，人们对各种职业有着不同的主观评价，这些评价就形成了人的职业价值观，并影响着人们对就业方向和具体职业岗位的选择。比如有的人看重职业活动的内容、价值等本质过程，有的则注重职业活动的薪酬、福利等结果，有的则重视职业活动的领导方式、企业文化等环境特征。现如今，选择职业是青少年未来必须面对的一个挑战，而职业价值观作为个体的一种内心尺度，支配着他们的行为、态度和信念等，对他们的职业生涯规划和未来职业发展具有重大的影响。因此，了解和认识自身的职业价值观，并确立正确的职业价值取向，对中学生未来的生涯发展至关重要。

需要强调的是，每个人在进行职业选择时，通常会从多个价值角度对职业进行衡量，而不会只是某一种职业价值取向占绝对主导地位，因此，我们要对自己的职业价值取向进行综合分析，在做职业选择时要从自己看重的几种价值观倾向来综合衡量，做到不盲从、不跟风，树立积极、健康、科学的职业价值观。

（二）职业价值观的测验工具

职业价值观的测量随着国外研究职业价值观的热潮一并兴起，最主要的测量方式还是量表的形式，国外已经有了许多成熟的、被广泛应用的量表。如舒伯（Super，1970）编制的职业价值量表（Work Values Inventory，WVI）、明尼苏达重要性问卷（Minnersota Importance Questionnaire，MIQ）、高登（Gordon，1975）的职业价值观量表（Occupational Valus Inventory，OVI）。这当中以舒伯的职业价值量

---

① 黄希庭，张进辅，李红．当代中国青年价值观与教育［M］．成都：四川教育出版社，1994.

表影响最大①。我国学者宁维卫最先修订了舒伯的职业价值观量表②。此后，凌文辁等（1999）③ 根据文献资料编制了符合中国情况的包含 22 条项目的职业价值观问卷。

舒伯总结了 15 种最为普遍的职业价值观，代表着不同群体在工作中所重视和追求的 15 个方面，具体如下所示。

（1）利他主义。工作的目的和价值在于为大众的幸福和利益尽一份力。

（2）美的追求。工作的目的和价值在于不断地追求美的东西，得到美感的享受。

（3）创造发明。工作的目的和价值在于能发明新事物、设计新产品或产生新思想。

（4）智力激发。工作的目的和价值在于不断进行智力开发思考、探索新事物、解决新问题。

（5）独立自主。工作的目的和价值在于充分发挥自己的独立性和主动性，按自己的方式、步调或想法去做，不受他人的干扰。

（6）成就满足。工作的目的和价值在于不断创新，不断取得成就，不断得到领导和同事的赞扬或不断实现自己想要做的事。

（7）声望地位。工作的目的和价值在于所从事的工作在人们心中有较高的社会地位，从而使自己得到他人的重视与尊重。

（8）管理权力。工作的目的和价值在于获得人或事的管理权，能指挥和调遣一定范围内的人或事物。

（9）经济报酬。工作的目的和价值在于获得优厚的报酬，使自己有足够的财力去获得自己想要的东西，使生活较为富足。

（10）安全稳定。在工作中要有一个安稳的局面，不会因为奖金、工资、调动工作或领导训斥等而经常提心吊胆、心烦意乱。

（11）工作环境。工作的目的和价值在于能在宜人的环境里工作（不太冷，也不太热，不吵闹也不脏乱）。

（12）上司关系。在一个公平并且能与之融洽相处的管理者手下工作，和老板相处融洽。

（13）同事关系。能与喜欢的人接触并共事，工作中的社交生活比工作本身要重要得多。

（14）多样变化。工作的目的和价值在于工作的内容经常变化，使工作和生活显得丰富多彩，不单调枯燥。

（15）生活方式。工作的目的和价值在于能按照自己所选择的生活方式生活，并成为自己所希望成为的人。

---

① 王晨怡．上海大学生职业价值观调查研究［D］．上海：上海师范大学，2015．
② 宁维卫．中国城市青年职业价值观研究［J］．成都大学学报（社会科学版），1996（04）：10-12＋20．
③ 凌文辁，方俐洛，白利刚．我国大学生的职业价值观研究［J］．心理学报，1999（3）：342-348．

四、价值观探索课程设计素材

（一）活动1：我来当船长

活动准备：每人准备一张纸和一支笔。

活动流程：

①教师讲授故事发生的背景：在远古时代，地球上曾发生过一次造成全人类毁灭的大洪水。只有极少数的人得以存活下来。在这场史前的大洪水将人类吞没之际，一个老工匠打造了一只坚固的木船，谁如果登上了这只船就能活下来。但是等候上船的有6个人，而船的空间有限，只能够容纳3个人。老工匠说完这些就断气了，剩下的6个人相互看了一眼，各自低头思忖。你觉得谁该上船呢？

②教师介绍6位等船的人物，即著名的哲学家、成功的发明家、热爱艺术的画家、深受爱戴的医生、重量级政客以及德高望重的道士。请学生担任船长，独自思考后选择3名乘客上船，按先后顺序排列，并写下来。

③前后四人一组讨论自己的选择，并得到一个统一的结果，每人可在小组讨论后修改自己的选择。

④组内达成共识后，派代表分享本组的决定并简述讨论的过程。

⑤教师针对学生发言进行总结，讲述这6位人物所代表的象征意义，即斯普兰格价值观的6种类型（详见表4-3），其中著名的哲学家、成功的发明家、热爱艺术的画家、深受爱戴的医生、重量级政客以及德高望重的道士依次对应的是理论型、经济型、审美型、社会型、政治型及宗教型。

注意事项：

①小组讨论过程中有的小组可能比较难达成统一，教师可提醒该组不要强求统一。在分享中可对此进行分享，即每个人的价值观是不同的，不可将自己的价值观强加于他人。

②无须所有的小组都进行分享，教师可视情况选择达成统一的小组以及没有达成统一的小组各1~2即可。

（二）活动2：我的五样

活动准备：每人准备一张纸和一支笔。

活动流程：

①每人准备一张白纸，在白纸顶端，写下"××的五样"。这个××就是学生自己的名字。请大家认真思考，用笔在白纸上写下你生命中最重要的五样东西。时间为5分钟。

②5分钟后指导学生放弃其中的一样东西，指导语为："假如现在你因为遇到一些变故，不得不放弃你职业中已有的一样东西，你会选择放弃哪一样呢？每个人在你写的五样东西当中，划去相对不那么重要的一样，只剩下四样。请注意把它彻底抹去，注意体会此时你的心情是怎样的，用笔记下你的感受，并写明你为什么首先

去掉这一样。"

③待学生陆续完成后，继续划去第二项。指导语为："很不幸，你又遇到人生的第二个低谷，这次你被迫要同时放弃其中的两项，请你好好想想，然后作出抉择……请将剩下的四类当中，再划去一样，仅剩三样。用笔记下你的感受和放弃的原因。"

④接下来划去第三样，指导语为："生活有时就是如此不公，它竟不允许你同时拥有仅剩的两样，为此你只有再次面临艰难的选择……继续划去一样，只剩两样。注意完全抹去，并再次用笔记下你的感受和放弃的原因。"

⑤最后剩下两样时，告诉学生再划去一样，只剩下最后一样。请学生写下你最终留下这一样的理由和感受。

⑥学生分享自己写下的五样东西以及放弃的顺序，在整个过程中的感受等，体会每个人不同的职业价值观，并找到生命中的重要事物。

注意事项：

①注意在划去的时候，告诉学生不能只是在一旁做个小记号，放弃就意味着彻底割舍。引导学生用笔把它全部删除。

②放弃过程中学生可能表示明确反对或拒绝，可视情况采取画圈或者打叉的温和方式。

③分享环节注意强调每个人的价值观是不一样的，不可对他人的选择进行评价或攻击。

（三）活动 3：艰难的抉择

活动准备： 无。

活动流程：

①教师介绍《奇葩说》第五季第七期辩题："高薪不喜欢和低薪很喜欢的工作，你选择哪个？"学生思考 1 分钟，在心中做出选择。

②教室从中间过道一分为二，左边为"高薪不喜欢"，右边为"低薪很喜欢"。学生自由站队，分成两组进行辩论。

③两组各推选出一名队长，用 5 分钟商量陈词。准备好后双方队长各进行 2 分钟陈词。之后是自由提问时间，两组轮流向对方组提问，每次只能问一个问题，同组成员均可回答，自由提问时间为 3 分钟。

④最后由双方的组长进行总结。总结结束后，学生可再一次重新站队。

⑤学生分享，自己一开始的选择是什么，是否有改变原来的想法，选择的理由是什么等。

注意事项：

①在队长进行陈词时，如果时间还没有到，可以让同组的成员继续补充。

②注意自由提问时不可进行言语攻击，需尊重对方选手。同时强调，正反方的选择没有对错而言，每个人的价值观不同而已。

（四）活动 4：魔法商店

活动准备： 拍卖槌一个，在彩色硬卡片上写上拍卖的物品（拍卖物品共 16 个，详见活动过程），每人印制一张"魔法商店的拍卖会"卡片，卡片内容如下：

"魔法商店的拍卖会"卡片

* 店家声明：商店卖出的都是未来的珍贵愿望，买越多，赚越多！请尽情享受吧！

拍卖物品	价值观	预估价	成交价	备注
a. 消除世界上现有的偏见与不公平。				
b. 成为慈善基金主人，帮助穷人、病人和动物。				
c. 成为有社会影响力的名人。				
d. 在自己的行业成为精英。				
e. 只需享受，一切需要和欲望都自动得到满足。				
f. 可轻松理解哲学与文学、数学和理论物理。				
g. 可自由安排自己想做的事，而不受他人约束。				
h. 成为世界首富。				
i. 成为某一国家的领导者。				
j. 拥有一段完美爱情并最终所爱的人走在一起。				
k. 可以免费欣赏到一切音乐、戏剧、艺术品。				
l. 拥有魔力衣橱，有各种服饰/装饰品/发型。				
m. 活到 100 岁而不曾生病。				
n. 得到可以免除心理困扰的药物。				
o. 拥有藏书和信息最完备的私人图书馆。				
p. 拥有一个可持续一生的坚定的信仰。				

活动流程：

①教师创设游戏情境：在这个世界上存在着一个魔法商店，在魔法商店购买到未来可以实现的愿望。你们知道后，就像一群勇敢的探索家，踏上了寻找魔法商店的旅途。走了很久之后，你们来到了一个非常古老、神秘的森林。一位好心的天使看到了你们，听了你们的遭遇之后，给了你们每人一粒宝石和一张前往魔法商店的地图。你们来到了魔法商店，店主是个贪婪的老头，告诉你们商店里只有 16 个愿望，数量有限，谁出的价最高就能够得到这个物品，并且说一粒宝石可以在他这里兑换成 1 万元。

②介绍店主老头叮嘱的注意事项，即游戏规则：（1）宝石换取的 1 万元归本人所用，不得转借他人。（2）每次叫价最低 1000 元，叫价三次无人加价则价高者得。（3）若多人出最高价抢同一物品，则采用剪刀石头布模式。（4）卖出物品概不退换，也不可二手转卖。否则召回。

③教师组织拍卖会，拍卖物品如下：

a. 消除这世界上现有的偏见与不公平。（公正）

b. 成为慈善基金主人，帮助穷人、病人和动物。（人道主义）

c. 成为有社会影响力的名人。（认可）

d. 在自己的行业成为精英。（成就）

e. 只需享受，一切需要和欲望都自动得到满足。（快乐）

f. 可轻松理解哲学与文学、数学和理论物理。（智力）

g. 可自由安排自己想做的事，而不受他人约束。（自主）

h. 成为世界首富。（财富）

i. 成为某一国家的领导者。（权力）

j. 拥有一段完美爱情并最终与所爱的人走在一起。（爱）

k. 可以免费欣赏到一切音乐、戏剧、艺术品。（艺术）

l. 拥有魔力衣橱，有各种服饰/装饰品/发型。（外表吸引力）

m. 活到 100 岁而不曾生病。（身体健康）

n. 得到可以免除心理困扰的药物。（心理健康）

o. 拥有藏书和信息最完备的私人图书馆。（知识）

p. 拥有一个可持续一生的坚定的信仰。（信仰）

④拍卖结束后，学生分享自己的感受和拍卖结果，比如我买到什么，为什么买它？除了它，我本来还想买什么？面对最终的这个选择，我是否为此后悔？在整个拍卖过程中，我的心情如何？等等。

⑤教师揭示拍卖活动中的 16 个愿望实际上代表了 16 种不同的职业价值观，分别为公正、人道主义、认可、成就、快乐、智力、自主、财富、权利、爱、艺术、外表吸引力、身体健康、心理健康、知识和信仰。

注意事项：

①时间充裕的话可让学生在"魔法商店的拍卖会"卡片的备注一栏重新排序，并与之前的拍卖进行对比，分享自己新的感受和启发。

②分享环节注意提问什么都没有拍到的学生，他们可能会比较失落。

（五）活动 5：渔夫与银行家的对话

活动准备： 每人一张白纸和一支笔。

活动流程：

①教师讲授《渔夫与银行家的对话》的故事[①]，故事内容如下：

银行家在一个沿海小渔村碰到了刚刚靠岸的一艘小渔船。船上只有一个渔夫，船上载着几条大大的金枪鱼。银行家夸奖渔夫捕的鱼质量好，并且问他捕到这些鱼需要多少时间。

渔夫回答说："要不了多少时间。"

银行家接着问，"那么为什么不多干一会儿，多捕一些鱼呢？"

渔夫说："这些鱼足够一家人吃的了。"

银行家又问道："那你剩下的时间都做些什么呢？"

---

① 恩里克·加西亚，朱慧卿. 渔夫与银行家的对话 [J]. 青春男女生（妙语），2006（06）：7.

　　渔夫说："我会睡个好觉，钓钓鱼，陪我的孩子们玩耍，陪陪我的妻子玛丽亚，每天晚上我都会到村子里去，和朋友们吃吃饭，弹弹吉他。我的生活非常充实。"

　　银行家说："我是哈佛大学的工商管理硕士，也许我可以帮你。你应该花更多的时间捕鱼，挣钱买一艘更大的渔船，用这艘渔船挣来的钱再买更多的渔船，这样你就拥有一支船队了。你不用再把自己打来的鱼全卖给中间商，而是直接卖给加工商，或者自己做批发零售。你可以离开这个小村子，到墨西哥城，然后到洛杉矶，到纽约，让公司的业务发展壮大。"

　　渔夫问道："但是这要花费多少时间呢？"

　　银行家回答："15～20 年吧。"

　　渔夫接着问道："然后怎么样呢？"

　　银行家笑了笑说："到时候你就可以申请上市，向公众出售公司的股份。你会成为富翁，拥有数百万财产。"

　　"数百万……然后怎么样呢？"

　　银行家说："然后你就可以退休了。你搬到海边的一个小镇上，可以一觉睡到下午，钓钓鱼，陪孩子们玩耍，陪陪妻子，每晚到镇上和朋友们吃吃饭，弹弹吉他。"

　　渔夫回答说："难道这些不是我现在就已经在做的事吗？"银行家无言以对。

　　②学生分享自己是如何看待渔夫现在的生活，以及如果自己是渔夫，会如何选择，是否会听从银行家的建议，两者相比自己更喜欢哪一种生活，渔夫现在的生活还是银行家描述的生活等。

　　③教师总结学生的分享，提出工作价值观的概念，之后介绍舒伯的 15 种职业价值观，学生拿出白纸，思考自己的理想工作是什么，最重要的三个价值观是什么并进行分享。

　　注意事项：

　　①渔夫与银行家的对话可以课前让两名学生排演一下，课上展示，效果更好。

　　②舒伯的 15 种价值观见前文职业价值观测量部分内容。学生思考自身职业价值观部分时，也可先让学生自由撰写，再介绍舒伯的分类，之后再对自己所选的价值观进行相应调整或补充。这样学生的印象可能会更为深刻。

（六）活动 6：最后一年

　　活动准备：每人准备一张纸和一支笔。

　　活动流程：

　　①教师告诉学生，受到某种特殊致命病毒的感染，我们的生命只剩下最后一年了。但是这段时间内，我们的身体并无任何异常反应，我们也可自由行动和思考，我们仍然需要工作来维持生活。请学生思考自己将如何选择工作，以顺利度过这仅剩下的一年。

　　②学生认真思考后，将自己想要做的事情尽可能多地写在纸上。

　　③前后四人一组进行交流和分享，之后可派代表进行发言和总结。

　　注意事项：

　　①此活动需要营造较好的氛围，学生在思考时教师可播放悲情舒缓的音乐。

②活动时间在 20～30 分钟内，注意分享阶段可让学生根据自己想要做的事情，总结归纳自己的职业价值观。

附录：生涯指导课《我的职业价值观》教案

一、教学目标

1. 促进学生了解价值观对生涯发展的重要性。
2. 通过体验活动，鼓励学生澄清自己的价值观。
3. 帮助学生探索自己的职业价值观与理想职业之间的关系。

二、教学重点、难点

1. 在"魔法商店"活动中，澄清自己的价值观。
2. 理解价值观与理想职业的关系。

三、教学准备

1. "魔法商店的拍卖会"学习单。
2. 拍卖槌。
3. 学生按小组围坐。

四、教学过程

教学过程
一、导入（2 分钟） 教师：同学们好，欢迎来到今天的生涯课堂。在上课前老师有个问题想问大家。如果你手上有 20 元钱，你会用它来干什么？老师这里有一些选项，比如攒起来、买杂志、学习用具、零食、装饰品、鲜花。 邀请 1～2 名同学回答即可。 教师导入课题：他们的这个选择说明了什么呢？这就是我们今天要探讨的一个话题：我的价值观。
二、热身（5 分钟）： （一）什么是价值观 教师展示三句话，提问学生什么是价值观，是否有对错之分等。展示的三句话为： （1）人活着是为了挣钱。 （2）无论出于什么样的目的，战争都是罪恶的。 （3）一个人的名誉比生命还重要。 教师价值观就是我们在生活和工作中所看重的原则、标准或品质。价值观来自内心感受的评价，没有对错，只有真实与否。 （二）理想工作 教师介绍在接下来的活动中，我们有一个准备工作要做。请大家先思考一下我心目中的理想职业有什么特点，并写出三个以上的形容词，填在学习单顶部相应位置处。 教师下发学习单，学生填写相应的理想职业。活动结束之后再来解谜。

续表

教学过程

三、主题活动：魔法商店的拍卖会（20分钟）

（一）教师创设游戏情境

在这个世界上存在着一个魔法商店，在魔法商店购买到未来可以实现的愿望。你们知道后，就像一群勇敢的探索家，踏上了寻找魔法商店的旅途。走了很久之后，你们来到了一个非常古老、神秘的森林。一位好心的天使看到了你们，听了你们的遭遇之后，给了你们每人一粒宝石和一张前往魔法商店的地图。你们来到了魔法商店，店主是个贪婪的老头，告诉你们商店里只有16个愿望，数量有限，谁出的价最高就能够得到这个物品，并且说一粒宝石可以在他这里兑换成一万元。

（二）教师介绍游戏规则：店主老头叮嘱的注意事项

（1）宝石换取的1万元归本人所用，不得转借他人。

（2）每次叫价最低1000，叫价三次无人加价则价高者得。

（3）若多人出最高价抢同一物品，则采用石头剪刀布模式。

（4）卖出物品概不退换，也不可二手转卖。否则召回。

（三）之后教师组织开展拍卖会。拍卖物品如下：

1. 消除这世界上现有的偏见与不公平

2. 成为慈善基金的主人，帮助穷人、病人和动物

3. 成为有社会影响力的名人

4. 在自己的行业成为精英

5. 除了享受什么也不必做，一切需要和欲望都会自动得到满足

6. 可以轻松地理解哲学与文学著作、抽象数学和理论物理

7. 可以自由安排自己想做的事，而不受他人约束

8. 成为世界首富

9. 成为国家领导人

10. 拥有一段最完美的爱情并最终和对方走在一起

11. 可以免费欣赏到世界上一切音乐、戏剧、演出和艺术品

12. 拥有一个魔力衣橱，有各种服饰/装饰品，可以随意改变发型

13. 活到100岁而不曾生病

14. 得到可以免除心理困扰的药物

15. 拥有一个藏书和信息最完备的私人图书馆

16. 拥有一个可持续一生的坚定的信仰

（四）拍卖结束后，教师邀请学生小组内进行讨论和分享

1. 我买到什么，为什么买它？除了它，我本来还想买什么？

2. 我为什么最终做了现在的这个选择，现在为此后悔吗？

3. 在拍卖过程中，我的心情如何？

4. 我为什么什么也没买到？现在是否知道自己最想要什么？

5. 怎样得到它呢？

（五）教师组织学生进行第二轮游戏进阶版

1. 请对愿望进行重新排序，并与之前的拍卖进行对比。

2. 我有什么样的新发现、新启发？

（六）教师小结

活动中拍卖的16个愿望实际上代表了八种不同的职业价值观，分别为快乐、爱、财富、权力、外表吸引力、艺术、智力、知识。在你拍卖的过程中，哪些是你觉得不重要的，哪些是你觉得不能放弃的。经过这么一轮游戏下来，相信大家对自己的职业价值观有了比较清晰的认识。那现在请回过头看一下自己最开始写的理想职业，它体现了你哪些价值观呢？这些价值观大家有没有买到？可见，一个人的理想职业并不能完全满足我们的全部价值观。

续表

教学过程

四、总结与展望（2分钟）

教师：在这节课中我们主要探索了自己的职业价值观，我们知道了比较普遍的八种职业价值观，也通过活动探索了自己看重的职业价值观。在与理想职业的对比中，相信很多同学已经看到很少有工作能够完全满足一个人所有的重要价值观，生活中亦是如此。因此，在生涯发展过程中，我们总是要不断地做出妥协和放弃，这是不可避免的，也是必要的。但是最重要的一点是，我们需了解自己在学习和生活中最想要的是什么。了解自己的价值观，才能知道如何取舍。今天的课就到这里，下节课见！

附件1："魔法商店的拍卖会"学习单

《魔法商店的拍卖会》

*店家声明：商店卖出的都是未来的珍贵愿望，买越多，赚越多！请尽情享受吧！

拍卖物品	价值观	预估价	成交价	备注
1. 消除这世界上现有的偏见与不公平				
2. 成为慈善基金的主人，帮助穷人、病人和动物				
3. 成为有社会影响力的名人				
4. 在自己的行业成为精英				
5. 除了享受什么也不必做，一切需要和欲望都会自动得到满足				
6. 可以轻松地理解哲学与文学著作、抽象数学和理论物理				
7. 可以自由安排自己想做的事，而不受他人约束				
8. 成为世界首富				
9. 成为国家领导人				
10. 拥有一段最完美的爱情并最终和对方走在一起				
11. 可以免费欣赏到世界上一切音乐、戏剧、演出和艺术品				
12. 拥有一个魔力衣橱，有各种服饰/装饰品，可以随意改变发型				
13. 活到100岁而不曾生病				
14. 得到可以免除心理困扰的药物				

续表

拍卖物品	价值观	预估价	成交价	备注
15. 拥有一个藏书和信息最完备的私人图书馆				
16. 拥有一个可持续一生的坚定的信仰				

经过一番惨烈的厮杀，我是否买到了东西？

☐是，我买到的是：＿＿＿＿＿（填序号）；

我买它（们）是因为我认为：＿＿＿＿＿＿＿＿＿＿＿＿＿＿＿＿＿＿＿＿。

☐否，我的遗憾是：＿＿＿＿＿＿＿＿＿＿＿＿＿＿＿＿＿＿＿＿＿＿＿＿。

整个拍卖过程中，我发现：＿＿＿＿＿＿＿＿＿＿＿＿＿＿＿＿＿＿＿＿＿＿。

通过对比和重新排序，我发现自己最看重的三个价值观是＿＿＿＿＿＿（填序号）。

通过今天价值观的探索，我发现价值观对我的影响有哪些方面？

第五章 探索外部环境

一个人要想在生涯发展上取得成功，即找到适合自己的职业，做出一番成就，离不开个体积极、有效的职业生涯探索。职业匹配理论的创始人帕森斯（Parsons，1909）提出，个体在职业发展过程中的探索对象既包括自身的兴趣和能力，又包括与职业相关的信息，在此基础上才能进行个体与职业的合理匹配。这里，职业信息探索实际上是对外部环境的探索。毋庸置疑，我们每个人都生活在一定的环境中，个人的成长与发展都与环境息息相关。个体在进行生涯规划时，只有对环境因素有了充分了解，才能做出与之相适应的生涯规划，使自己的职业理想得以实现。一般而言，环境探索主要是探索外在的工作世界，包括不同行业的特征、所需的能力、就业的相关渠道、工作的具体内容、行业发展前景以及岗位的薪资待遇等。当前，中学生主要是通过家长、老师和自身主动的信息搜集来认识当前的职业环境的。因此本章主要涉及家庭对职业的影响、升学途径、大学及专业探索以及职业等内容的介绍，下面一一进行探讨。

第一节　解码我的家庭

孩子长大成人以后，社会成了锻炼他们的环境。学校对年轻人的发展也起着重要的作用。但是，在一个人的身上留下不可磨灭的印记的却是家庭。

——宋庆龄

家庭作为社会的基本单位，是我们每个人成长成才的第一站。从我们呱呱落地的那一刻开始，家庭便成为我们身心发展的重要场所。布朗芬布伦纳（Bronfenbrenner）在其人类发展生态学理论中指出，有四大生态结构影响着人类的发展，即微环境系统、中环境系统、外环境系统和大环境系统。其中，微环境系统是指在特定的物理与物质环境中，处于发展中的人所经历、体验的活动、角色和人际关系模式。他认为，家庭是对个人发展有最直接影响的微环境系统。在青少年成长成才的十几年里，家庭都在潜移默化地影响着其性格、态度、价值观等的形成，这些都会对孩子未来生涯的发展产生举足轻重的影响。正如一些学者指出来的，家庭环境对孩子的职业

发展之所以重要，是因为在家庭环境中复杂地交织着几种重要的、影响孩子职业发展的力量，而且家庭系统的独特之处还在于，其对孩子职业发展的影响结合了环境与遗传的力量，而不仅仅是环境本身①。

青少年的职业发展是一个终身的过程，家庭环境是一组强大的力量，不断塑造和成就着孩子的未来。一般而言，家庭是由多种因素组合而成的，比如家庭经济地位、父母受教育水平、父母职业等，这些被称为家庭的静态特征。与之相应的，家庭也具有动态特征，比如父母教养方式、亲子依恋、家庭期望等家庭成员之间的多种互动形态②。这些因素或多或少会对青少年的生涯发展产生影响。

一、家庭静态特征的影响

（一）家庭经济地位

家庭经济地位主要通过家庭的月收入进行衡量，它对青少年的职业生涯发展具有一定的影响。一般而言，经济地位高的家庭，其所处的社会阶层也相对较高，拥有更多的社会资源。生活在这种家庭中的青少年，可以在职业认知、职业决策等方面得到更多、更有效的指导，对自我及职业有着更清晰和更自信的认识，对于月薪的期望也越高。而来自低经济地位家庭的青少年，由于缺乏社会资源，并且父母的受教育程度往往也会较低，通常难以得到有效的生涯指导，从而对自我的认识相对模糊，对未来的职业规划及定位等感到迷茫③。

有趣的是，家庭经济地位除了直接对个体的职业生涯发展产生影响外，还可以通过自我概念这一中介变量对其产生间接影响。有研究表明，即使青少年生活在家庭经济地位较低的家庭，父母也能够通过鼓励孩子积极主动学习、发展完善自我概念，对他们的职业生涯产生积极影响。在现实生活中也存在很多经济收入低的家庭，孩子反而更加积极主动，并且认识到学习是帮助家庭摆脱困境的有效途径，从而会有更好的学业表现。因此，对于来自低经济地位家庭的青少年，在帮助他们消除因贫困所带来的不利影响的同时，也要去维护和增强因贫困而带来的积极因素④。

（二）父母受教育程度

研究表明，父母受教育程度可以显著影响到子女的学业成绩和职业生涯规划，比如在子女学业表现、担任学生干部、是否继续深造等方面给予更多的帮助和指导，也会让他们更加关注未来的生涯发展⑤。父母受教育程度所带来的家庭文化资源可以在代际传递，且越优势的文化资源，其代际传递性越强。来自父母文化程度高（如本科和研究生）

① 侯志瑾. 家庭对青少年职业发展影响的研究综述 [J]. 心理发展与教育，2004（03）：90－95.
② 付新元. 家庭因素对大学生职业生涯规划的影响 [J]. 品牌（下半月），2015（01）：162.
③ 胡文燕. 家庭环境对大学生职业生涯规划的影响及对策 [J]. 科技资讯，2015，13（22）：224－225.
④ 赵小云. 大学生的生涯适应力及其与家庭社经地位的关系 [J]. 现代教育管理，2012（02）：111－114.
⑤ 李锋亮，侯龙龙，文东茅. 父母教育背景对子女在高校中学习与社会活动的影响 [J]. 社会，2006（01）：112－129＋208.

的家庭的子女，通常在学习和生活中对于职业生涯会更加好奇，比如更积极主动地探索具体的职业内容；在遇到相关问题时，更倾向于寻求父母、学校的帮助。与此同时，教育程度高的父母由于自身知识储备更加丰富、眼界更宽，也可以给予子女更加有效的帮助。父母受教育程度较低的家庭往往无法提供更丰富、更广阔的生活圈，从而阻碍子女开阔眼界、提升交际能力，遇到问题时，子女往往更加被动，不善于主动寻找帮助等[①]。

（三）父母职业

父母职业会对子女未来的职业生涯规划产生一定影响。首先，父母的职业背景会影响到子女对于职业的选择和期望。当父母对自身工作感到满意的时候，青少年更可能希望从事与父母相同的职业，并且在日常的交流过程中，父母也会通过语言、情绪、态度等有意或无意地向子女分享自身职业的状况，从而影响青少年对职业生涯的认知[②]。比如有研究发现，当父母在政府机关或事业单位工作并且有中等以上收入时，其子女更愿意从事和父母相同的工作；而当父母在农村或者工厂从事收入较低的工作或者父母是成功的创业者的时候，其子女更可能选择高风险高回报的职业，如创业或者企业管理者[③]。其次，从事不同职业的父母对于青少年的职业生涯发展的关注度也有所不同。有研究发现父母在政府、高校、企事业单位等从事管理、技术、研究等工作的家庭，往往也更加关注子女的职业生涯发展，并且有能力给出恰当的指导。这些家庭中的青少年对职业生涯有着较高的关注度[④]。

二、家庭动态特征的影响

（一）父母教养方式

父母教养方式是指父母在培养子女、与子女沟通互动的过程中逐渐形成的一种稳定的模式，包括教养观念、教养行为和对子女的情感表达。教养方式反映了亲子交往的实质，并且显著影响到子女的社会化进程。美国著名心理学家鲍姆林德（Baumrind）通过观察，提出父母教养方式分为权威型、专制型和纵容型三种，它们对青少年的职业生涯认识产生不同的影响。

（1）权威型，这种类型的父母会更加关注和更加关爱子女的身心成长，在日常生活中更多地以平等的方式与子女沟通交流，会顾及子女自身的感受，不会将自己的观点强加给子女。权威型父母在家庭决策中会鼓励子女积极表达自己的想法和观点，给予适当的要求和指导。这种类型的父母培养的青少年往往具有更加出色的社会能力和认知能力，

---

① 殷秀萍，姚娣，王平．家庭文化在高校学生职业生涯发展中的影响［J］.经济师，2012（03）：112＋114.
② 杨永宁，王建国．父母与子女职业生涯发展的关系初探［J］.青少年研究（山东省团校学报），2009（01）：33－36.
③ 钟卓良．父母对大学生职业生涯规划的影响［J］.文教资料，2014（32）：125－126.
④ 董金秋，高婷．大学生生涯适应力与家庭背景的相关性分析［J］.北京青年研究，2017，26（04）：28－38.

对于学习、就业等问题有着更加清晰的认识，能够形成更加有效的职业生涯规划。

（2）专制型，这种类型的父母对子女的发展有着较高的期待，会更加严格地要求子女，但往往会忽视子女自身的个性化需求，更期望子女无条件听从和遵照父母的意愿。这种教养方式下的青少年自我表达的需求受到压抑，更可能产生逆反心理，为了对抗父母而表现出更多的焦虑、退缩等情绪和行为。他们对职业生涯的认识往往也很模糊，缺乏主动的规划和探索。

（3）纵容型，这种类型的父母在教养子女时过分溺爱，对子女的要求不加区分地予以满足。虽然溺爱的父母可以让子女感受到亲情的温暖，但并不能够有效帮助子女完成社会化的任务。在子女出现错误的观念和行为时，无法给予有效的指导。在职业生涯规划上，这类教养方式下的子女往往由于缺乏信心和责任感而无法做出有效的职业决策，在生涯规划和未来的工作中也缺乏应对困难的心理准备和方法。

（二）亲子依恋

亲子依恋是指有相当强度的持续的情感联结。亲子依恋一般来说有安全型、回避型、矛盾型三种类型。依恋理论认为，安全型的依恋关系可以使儿童以照看者为"安全基地"，放心地探索周围的事物。而青少年的职业探索活动也具有类似特点：当他们确信当自己遇到困难与危险的时候可以随时获得父母的支持与帮助，他们便会放心地继续进行职业探索。也就是说，安全型依恋可以推动子女职业探索行为的发展[①]。

（三）家庭氛围

家庭氛围是指家庭成员在日常的生活交流中所感受到的亲子关系、人际关系、成员间的凝聚力等。青少年的心理和行为发展会受到家庭氛围的显著影响，比如亲子关系和谐、成员之间相亲相爱的家庭氛围为青少年提供了更加安全和积极的身心发展环境，有利于青少年形成乐观、自信的性格。此外，亲密度高的家庭还能在学业发展、人际交往等方面为青少年提供有效的指导，从而帮助青少年形成良好的职业生涯规划。相反，当家庭氛围不和谐时，如父母婚姻破裂、家庭暴力等，其子女容易焦虑和感到不安。在这种家庭氛围下，父母更关注解决自身的矛盾和问题，容易忽视或者难以照顾到子女的需求，这种氛围下的青少年的安全感更低，感情更加脆弱，缺乏自信，对于未来的职业也可能缺乏有效的认识[②]。

三、家庭特征的测验工具

（一）父母教养方式问卷

罗宾等人（Robinson，Mandleco & Hart）在1995年编制了父母教养方式与维度

---

① 杨永宁，王建国. 父母与子女职业生涯发展的关系初探［J］. 青少年研究（山东省团校学报），2009（01）：33 - 36.

② 胡文燕. 家庭环境对大学生职业生涯规划的影响及对策［J］. 科技资讯，2015，13（22）：224 - 225.

问卷（Parenting Styles and Dimensions Questionnaire，PSDQ）以测量父母教养方式。问卷共 62 题，测量维度主要是鲍姆林德提出的权威型、专制型、纵容型三类教养方式。其中，权威教养共 27 题，有四个维度，分别为：民主参与、温暖接纳、容易相处、理解引导，如"我通过鼓励孩子谈论他/她的行为会产生的后果，帮助孩子理解他/她的行为会产生的影响"；专制教养共 20 题，包括专断惩罚、体罚、言语敌意与命令四个维度，如"当孩子的行为不符合我的期望时对他/她责骂和批评"；纵容教养共 15 题，包括缺乏坚持性、忽略不当行为、缺乏教养自信三个维度，如"我说了要惩罚孩子，但实际没有那么做"。问卷采用 5 点计分，得分越高表示相应的教养方式被家长使用的频率越高[①]。

（二）亲子依恋问卷

阿姆斯登和格林伯格（Armsden & Greenberg）在 1987 年编制了父母与同伴依恋问卷（Inventory of Parent and Peer Attachment，IPPA），该问卷是依据依恋理论而编制的，从依恋关系的情感和认知两个方面进行测量，旨在评定青少年依恋品质，包括"父亲依恋""母亲依恋""同伴依恋"三个分量表的问卷。各量表都由 25 个项目组成，采用五级评分，由"信任""沟通""疏离"三个维度构成，有反向计分题项。测量父母依恋方式时，可选其中的"父亲依恋"和"母亲依恋"两个分量表。因为量表测验法的施测和计分较为简便，因此应用较为广泛[②]。

（三）家庭环境量表

莫斯（Moss）等在 1981 年编制了家庭环境量表（Family Environment Scale，FES），它将家庭环境分为亲密度、情感表达、矛盾性、独立性、成功性、知识性、娱乐性、道德宗教、组织性、控制性 10 个因子。我国学者邹定辉、费立鹏等人在 1991 年据此修订了中文版（Family Environment Scale-Chinese Version，FES-CV），对不符合中国文化的两个分量表进行了修改，即独立性和道德宗教观。中文版问卷共 90 道是非题，包括 10 个分量表，分别为：（1）亲密度维度，测量的是家庭环境中的家庭成员关系是否和谐、融洽；（2）情感表达维度，测量的是家庭成员之间互敬互爱和彼此尊重的程度；（3）矛盾性维度，测量的是家庭成员之间争吵、发脾气以及不愉快情绪出现的频率；（4）独立性维度，测量的是全部家庭成员主动完成任务、承担家庭责任、自尊自信的程度；（5）成功性维度，测量的是家庭成员把某一项工作或任务看成是竞争的程度；（6）知识性维度，测量的是家庭成员们对于社会生活、各种知识等的把握和了解程度；（7）娱乐性维度，指家庭成员是不是经常集体外出，参加各种类型的娱乐活动；（8）道德宗教观维度，测量的是家庭成员间对宗教、伦理以及价值的重视程度；（9）组织性维度，测量的是家庭成员有计划、有目的地开展和实施家庭活动的程度；（10）控制性维度测量的是家庭成员们在日常的生活中，

① 张雪．父母教养方式与幼儿问题行为：亲子依恋与祖辈共同养育的作用［D］．武汉：华中师范大学，2018.
② 陈燕．青少年亲子依恋、心理韧性与问题行为的关系［D］．济南：山东师范大学，2019.

按确定规矩和要求做事情的程度①。

四、家庭探索课程活动素材

（一）活动 1：家庭职业树

活动准备：印制一张"我的家庭职业树"卡片，每人一张，样式如下：

"我的家庭职业树"卡片

活动流程：

①每人领取一张"我的家庭职业树"卡片，回忆并写下家庭亲人所从事的职业，以五等级制评估自己对该职业的喜爱程度。

②引导学生对所填写的家庭职业进行思考，比如家族中从事最多的职业是什么，自己最喜欢的职业是什么，家人希望自己从事的职业是什么，以及自己感兴趣的职业等。

③以小组为单位，讨论和分享自己的感受，总结自己感兴趣的职业与家庭职业可能存在的关联。学生看到家庭职业对自己的影响，学会合理思考自己的职业选择。

---

① 邹定辉，周远东，费立鹏．心理卫生评定量表手册［J］．中国心理卫生杂志（增刊），1999：139 - 142，3.

注意事项：

①需引导学生区分对家人的喜爱与对职业的喜爱，避免学生在选择自己感兴趣的职业时出现偏差。

②学生对家人从事的职业可能并不清楚，可以布置适当家庭作业，邀请学生对家人进行职业访谈。

（二）活动2：时间定格的故事

活动准备： 印制一张"时间定格"卡片，每人一张，卡片内容如下：

"时间定格"卡片

_____的时间定格

照片
粘贴

拍摄时间：_____

照片主人：_____

从事职业：_____

照片的故事：

_____

_____

_____

_____

活动流程：

①学生领取一张"时间定格"卡片，课下与家庭成员一起翻阅家庭相册，了解相册背后的故事。

②选择一张在家庭某一成员职业发展过程中最重要的照片，写下该照片的故事以及对其的影响。

③学生进一步了解该家庭成员选择职业的原因，在从事该职业的过程中是否遇到重大挫折或困难，最后是如何克服的，以及该职业具体的工作内容和性质等。学生完成"时间定格"作品。

④课堂上与他人分享自己的"时间定格"作品，并思考对自己可能产生的影响。

注意事项：

①如果没有找到对应的照片，也可以自己画一张或者现拍一张。

②学生在进行家人人物访谈时，可选择自己感兴趣的职业。

③如果涉及已故的家庭成员，可通过他人的转述了解其从事职业背后的故事。

（三）活动3：生命影响轮

活动准备：白纸若干，每人准备一支笔。

活动流程：

①每人拿一张白纸，在纸的中央画一个圆圈代表自己，在圆圈中间写上自己的名字，并写出自己的三个最重要的特质。

②在圆圈周围画上大小不等的圆圈代表影响自己的重要他人，在圆圈上写上他的称呼，比如"爷爷""奶奶"等。可根据影响程度及关系的亲疏决定圆圈的大小和远近。

③在周围的每个圆圈内写上该重要他人的三个明显特质和所从事的职业。

④依据自己的喜好给写上的每个特质做上标记，可用"❤"表示喜欢，用"×"表示不喜欢。

⑤思考重要他人在特质和职业方面对自己的影响，选出三个对自己影响最大的人或者特质，将感受和思考与他人进行分享。

注意事项：

①可引导学生思考重要他人的特质与其从事职业的匹配性，探寻自己未来可能的生涯方向。

②除了用远近或者大小来表示对自己的影响程度及关系亲疏外，还可以通过圆圈轮廓的粗细来表示。另外，标记特质时也可选用自己喜欢的任意方式进行标记。

（四）活动4：原生家庭图

活动准备：每人印制一张"原生家庭图"卡片，样式如下：

"原生家庭图"卡片

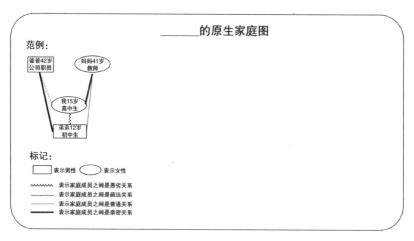

活动流程：

①每人领取一张"原生家庭图"卡片，在标题一栏写上自己的名字。

②根据原生家庭卡片的标记，思考自己的家庭成员，并将其一一画出来。其中，圆圈代表女性，方框代表男性，依据出生次序排列。如果有人去世，可打个叉。在方框或者圆圈内写上该成员的称呼、年龄和职业。

③在每个人的框外写上该人的3～5个特征，可以是积极的特征，也可以是消极的特征。

④描绘家庭关系，将人物之间用线条连接起来，根据人物之间关系的亲疏程度用不同的线条表示。波浪线"～～～～"表示关系恶劣，虚线"——————"表示关系疏远，细线条"——"表示关系普通，粗线条"——"表示关系亲密。

⑤分享自己的收获，比如家庭成员中谁对自己影响最大，自己的哪些特质是受谁的影响，对自己新的认识是什么，自己期待改变的方向是什么等。

⑥教师总结学生的分享，强调原生家庭会对我们的性格、人际关系等方面产生较大的影响，但最终的决定权在自己手上，个人的自主意识才是最强大的武器，只要努力你就可以成为你想成为的人。

注意事项：

①在完成原生家庭图的过程中完全凭借自己的第一印象和感受，无须过多思考。

②在学生分享环节，注意保护好该生，引导他人不要随意评价，保持尊重与倾听的态度。

（五）活动5：家庭画像[①]

活动准备：每人准备一张 A4 白纸和一支笔。

活动流程：

①带领学生深呼吸3～5次，让学生放松下来。

②学生将白纸平放在桌面上，构思一幅家庭画像。要求画里面包含家里的每一个人，大家在一起做一些事情。内容可以是家庭发生的任何事情，可以是家人常做的事情，也可以是自己喜欢做的事情。

③学生思考后完成创作，根据自己的回忆作画即可，可按自己喜好进行涂色或不涂。

④学生分享作画的内容和感受。

⑤教师讲解莫斯将家庭环境分为亲密度、情感表达、矛盾性、独立性、成功性、知识性、娱乐性、道德宗教、组织性、控制性10个因子的不同特征，引导学生归纳和思考自己家庭的环境，觉察家人对自己的影响。

注意事项：

①提醒学生在作画过程中不要有压力，画得不好、不像都没有关系，只要用心画就好。

②强调任何人不能对任何作品进行评价，用心去感受就好。

③在创作过程中教师需要留意个别学生可能出现的情况，比如家庭特殊的孩子不愿意作画或者撕掉画纸等，可以让他们把自己的感受表达出来，不强求作画。

（六）活动6：生命之河

活动准备：每人印制一张"生命之河"卡片，样式如下：

---

① 谷敏. 艺术治疗取向的美术教育活动初探［D］. 北京：首都师范大学，2014.

"生命之河"卡片

_____的生命之河

源头 ··· 现在阶段

活动流程：

①每人领取一张"生命之河"卡片，选择一个放松的方式坐好。

②学生闭上眼睛，教师引导学生想象自己乘着小船，在河流上缓缓漂着。河流将自己从现在慢慢地、一点点地带到过去比如初中、小学、幼儿园的日子，一直到出生。回忆自己在过去的这些日子里体验到的感受（比如快乐、悲伤、烦恼等），经历的事情以及与家人的关系等。之后引导学生慢慢睁开眼睛，回到现在。

③学生将自己在回忆中看到的故事在画面上画出自己的生命之河。卡片上的虚线是参考线，根据自己情绪的波动可画在虚线的上方或下方。一般而言，画在上方代表河流高涨，可以是快乐的阶段，也可以是情绪失控的阶段；画在下方代表河流的水流失，可表示伤心、难过、悲伤等消极的时间段。

④全班分组进行组内分享，分享自己的生命之河的状态。

⑤教师总结，根据舒伯的"生涯彩虹图"理论，介绍人一生中可能扮演的角色，并结合家庭成员的角色思考不同角色之间的影响及转换，让学生看到家庭成员之间角色的相互影响和促进。

注意事项：

①学生在分享过程中注意保护个人隐私，可选择一部分内容公开。

②为了更好地让学生进入想象和回忆，可播放舒缓音乐使学生更好地放松。

附录：生涯指导课《我的家庭烙印》教案

一、教学目标

1.帮助学生了解家庭因素对专业和职业选择的影响。

2. 通过体验活动，鼓励学生思考自己家庭成员的职业。

3. 带领学生探索职业选择的不同途径。

二、教学重点、难点

1. 在"我的家庭职业树"活动中，仔细思考与回忆尽可能多的家庭成员的职业。

2. 尝试排除干扰因素，做出职业选择。

3. 了解职业探索的不同途径和方法。

三、教学准备

1. "我的家庭职业树"学习单。

2. 彩笔。

3. 学生按小组围坐。

四、教学过程

教学过程

一、导入（2分钟）

教师：同学们，在之前的课程里，我们一起对自己的兴趣、性格、能力、价值观进行了探索。我们对自己有了更深的了解，所以今天我们要开始了解我们所处的环境了。我想问问大家，我们从小到大最早接触且接触时间很长的环境是哪里呢？（同学们回答"家庭"）

教师：对啊，家庭是我们成长的"起跑线"，父母是我们的第一任老师。父母和其他家庭成员对我们的影响是潜移默化的。所以，今天我们一起来聊一聊家庭成员的职业在我们身上留下的烙印。

二、热身活动：你了解你的梦想职业吗？（10分钟）

教师：说到职业，你了解你的梦想职业吗？我看到有的同学点头，有的同学摇头，那么我们接下来看一段材料，看看大家对职业的了解有多少。

材料：《职业》杂志和搜狐教育频道共同开展的《大学生就业职业指导现状》（2005年）调查表明，在参加调查的9778人中，对于"你是否了解想要进入的行业发展前景"，只有27.4%的人曾经向业内人士咨询过该行业的情况，52%的人没有研究过。对于"你是否了解目标公司的选才要求和用人标准"，"不清楚"的人占了23.9%，33.9%的人回答"还行吧，大概能想象"。

教师：可见，即使是大学生，很多人都对梦想职业不太了解，这可能让我们入错行呢。那么，你有相对比较熟悉的职业吗？你对这个职业的了解源自哪里呢？（学生多回答来自于家庭）

教师：对，家庭会影响我们的职业选择方向、职业情感、职业趋向性和职业多样性。下面我们一起来做个活动，描绘我们的家庭职业树吧。

学生在学习单中不同树枝上写下家庭成员职业，归纳家庭成员的职业特点，思考自己的职业方向。

三、主题活动：探索我的职业（25分钟）

（一）活动1：吐槽大会

教师邀请学生分享自己的学习单，并请学生以幽默的方式讲述家庭成员对职业的认识以及他们对孩子职业的期许。

（二）活动2：我的职业选择

教师请学生写下3～5个让你心动的职业，请他们评估现实的干扰因素，删掉不合适的职业，看看剩下的合适的职业是什么。

干扰因素1：你身边重要他人（家人、朋友）对你择业的影响。

干扰因素2：你的经济状况对择业的影响。

教师请学生分享他们的职业选择，并询问他们应该如何了解这个职业。

（三）开启通往职业的大门

教师问：除了家庭职业探索之外，我们还可以通过哪些方式去探索向往的职业？

续表

教学过程

教师请学生分享后，请他们继续思考除了家庭职业探索之外，还可以通过哪些方式去探索向往的职业。教师请学生小组讨论之后，请小组代表来分享。

教师和学生一起总结了解职业的途径：

1. 通过书籍、杂志、网络等查找相关资料；
2. 访谈从事相关职业并有一定工作经验的人；
3. 通过一些实地见习、实习或担任志愿者的机会了解实际工作情况。

四、总结与展望（3 分钟）

教师：今天我们一起探索了家庭对我们未来职业选择的影响，也很认真地思考了我们未来的职业方向，还了解了探索自己梦想职业的途径和方法。下课后，我们可以运用今天我们所学的方法，完成以下两个小任务。

回家后，询问父母：1. 当初是怎么选择他们的职业的。2. 利用课余时间，查找梦想职业的信息，下节课分享自己的收获。

附件 1：我的家庭职业树学习单

我的家庭职业树

请在亲人头像旁边写下他/她与你的关系、职业。对该职业的喜欢程度，用♥表示，1 颗♥表示不太喜欢，5 颗♥表示特别喜欢。

我的工作思考：

你的家族中从事最多的职业是什么？_____

你的家人的职业集中在哪些领域（技术、管理、服务、研究）？_____

你的家人希望你从事的职业是什么？ _____

你会考虑的职业是什么？为什么？ _____

你绝不会考虑的职业是什么？为什么？ _____

你自身感兴趣的职业是什么？ _____

你看重的职业能使你获得什么？ _____

第二节　了解升学途径

人不光是靠他生来就拥有一切，而是靠他从学习中所得到的一切来造就自己。

——歌德

青少年在求学阶段所接受的教育，与其未来入职到何种性质的工作单位、从事怎样的职业存在着密切的联系。随着我国高等教育大众化程度的进一步提高，高中教育进入了普及化阶段。而教育改革的深化，尤其是新高考改革，引发了高中教育定位的探讨。正如我国学者石中英所提出的，随着社会的发展，我国普通高中教育已由传统上的"双重任务"——为升学做准备、为就业做准备——演变为"五项任务"，这五项任务按照其优先性秩序排列如下：为成人做准备（人格教育）、为未来公民做准备（公民教育）、为终身发展做准备、为升学做准备、为就业做准备。[1] 可见，生涯教育既要直面当前高考所面临的紧迫问题，同时也要放眼未来，培养学生以选择能力为核心的初步人生规划能力，不断适应未来世界的不确定性及变化的能力。作为高中生，首要了解的便是高等学校的招生方式。只有这样，才能结合自身情况提前做好准备，选择适合自己的升学路径，顺利完成人生的初步选择，不断发展和成就自我。下面就高中生的升学途径做具体介绍。

一、高校招生类别

在新高考综合改革之前，高中生可报考的科类主要有六大类，分别是文史类、文科艺术类、文科体育类、理工类、理科艺术类和理科体育类。高考综合改革后，高中生的报考科类改为了三大类，即普通类、艺术类和体育类。其中，艺术类和体育类不能兼报，但是艺术类、体育类考生可兼报普通类（以浙江省为例）。高校招生的类别大多数为普通类招生，其他类型的招生常被称作特殊招生，两者在报考方式和选拔方式上有所不同。

---

① 　石中英．关于当前我国普通高中教育任务的再认识［J］．清华大学教育研究，2015（1）：6 - 12.

（一）普通类招生

普通类招生考试是绝大多数高考生选择的升学方式。高考改革前采取文理分科，考试科目主要有四门，即语文、数学、外语和理综（或文综）。高考改革后取消了文理分科，绝大多数省份采取"3＋3"的考试模式，即三门必考科目（语文、数学和外语）和三门选考科目（物理、化学、生物、政治、历史和地理六门科目中选择三门考试）。在考试细节上，改革后外语考试增加了听力考试，在高中阶段有两次考试机会，并且物理、化学、生物、政治、历史和地理六科考试排在高考之后而非同一天，考试成绩以等级（A、B、C、D、E五个等级）呈现，在一定程度上有助于减轻考试压力，更注重学生平时的积累。

（二）特殊类招生

特殊类招生并没有严格意义上的定义，一般是指普通高校招生中的一些特殊类型或者特殊政策。大多数特殊类型招生仍要求考生参加全国统一高考并按规定程序录取；个别特殊类型招生（如保送生、体育单招等）不需要参加全国统一高考，采取单独的选拔录取方式。入学后，特殊类型招收的考生待遇一般与普通类考生相同。根据阳光高考网站发布的信息，特殊类招生类别主要有以下几种：

1. 高校专项计划

高校专项计划，又称"农村学生单独招生"，旨在帮助成绩优良的农村学生更畅通地考上"好大学"，主要招收边远、贫困、民族等地区县（含县级市）以下高中勤奋好学、成绩优良的农村学生。2020 年，全国共有 95 所高校承担高校专项计划，考生需要登录高校专项计划报名系统报名申请。高校专项计划（农村学生单独招生）实施区域由有关省（区、市）根据教育部文件要求，结合本地实际情况确定。

2. 强基计划

强基计划的指导思想和原则是服务国家战略，招收一批有志向、有兴趣、有天赋的青年学生进行专门培养，为国家重大战略领域输送后备人才。强基计划主要选拔有志于服务国家重大战略需求且综合素质优秀或基础学科拔尖的学生。通俗来说，强基计划选拔主体是高考成绩优异的学生和少数在某个领域具有突出才能的人才，重点在数学、物理、化学、生物及历史、哲学、古文字学等相关专业招生。报考学生需要参加普通高校招生全国统一考试（以下简称"高考"），将考生高考成绩、高校综合考核结果和综合素质评价等折算成综合成绩（其中高考成绩所占比例不得低于85%），从高到低顺序录取。对极少数在相关学科领域具有突出才能和表现的考生，可破格入围。录取后高校采取导师制、小班化等培养模式。目前这一计划处于起步阶段，在部分"一流大学"建设高校范围内开展试点。

3. 保送生

符合保送条件的学生应向有关学校或部门提出保送申请，提交高中学业水平成绩和综合素质档案。高校或相关部门经审核确认并通过多级公示后，可参加有关高校组织的保送生综合考核。通过大学综合考核，合格后即可进入大学就读。已确认保送录取的学生无需再参加普通高校招生全国统一录取。根据教育部等有关部门规定，4类人员具备高校保送资格，分别是中学生学科奥林匹克竞赛国家集训队成员、部分外国语中学推荐优秀学生、公安英烈子女、退役运动员。这4类保送资格中，省优秀学生、公安英烈子女、退役运动员具有保送资格比较容易理解；而"部分外国语中学推荐优秀学生"类别比较难以理解，它主要指高校要安排外国语言文学类专业招收外国语中学推荐保送生，并向国家"一带一路"战略发展所需非通用语种专业倾斜。

4. 艺术类招生

艺术类专业指艺术类院校招生的专业或者普通高校的艺术类专业，比如音乐、美术、舞蹈和表演等。报考这类专业的考生须通过艺术专业考试。专业考试包括校考和省级统考两种形式。取得艺术专业考试合格证的考生还须参加高考，按艺术类院校的录取原则录取。此外，艺术类专业考生一般还可兼报除提前批次外的其他批次的普通类专业（生源所在地招办另有规定的除外）。

5. 高水平艺术团招生

高水平艺术团主要招收艺术团首席表演者或对幼功要求高的相关专业项目的艺术团成员。考生参加艺术测试合格后，可在高考中享受降分录取的优惠政策。考生被高校录取后进入普通专业学习，并利用课余时间参加文艺排练和演出。目前有53所高校招收高水平艺术团，且招生计划不超过本校上一年度本科招生计划总数的1%。

6. 高水平运动队招生

报考高水平运动队的考生竞技水平要达到较高的程度。考生要经过报名、测试、高考等几个环节的严格筛选，才能被高校顺利录取。2020年全国有283所高校具有招收高水平运动队资格。教育部对高水平运动队招生项目也有明确的规定，各校招生人数不超过本校上一年度本科招生计划总数的1%。

7. 体育类招生

根据教育部《普通高等学校本科专业目录（2012年）》，教育学门类下设体育学类，其中包括体育教育、运动训练、社会体育指导与管理、武术与民族传统体育（注：原民族传统体育）、运动人体科学5个基本专业，还有运动康复（可授教育学或理学学士学位）和休闲体育两个特设专业。此外，在管理学门类的工商管理类下设有体育经济与管理专业。有些高校还开设了新闻学专业（体育新闻方向）。报考体育类专业的考生，要按生源所在省级招办要求，参加所在省（直辖市、自治区）招生办公室统一组织的体育专业考试，同时也要参加全国统一高考，考生依据招生办公室公布的院校招生专业目录和学校招生章程填报志愿。

8. 其他特殊类型招生

其他特殊类型招生，包括军队院校招生、空军招飞、海军招飞、民航招飞、公安（刑警、司法）类招考、公费师范生、免费医学生，一般除高考成绩达到要求外，政治条件、体格条件和相关具体要求也要符合具体院校的要求，具体可到阳光高考信息平台查询相关院校的招生简章。

二、高校招生的特殊方式

除了上面介绍的统一招生外，综合素质评价招生也是高校招生录取的特殊方式。一般来说，综合素质评价在考生填报志愿和录取时都是独立批次，需要提前报名，因此不会影响到其他批次的录取。另外，综合素质评价还有一个面试环节，对考生的自我表达、逻辑表达能力及心理承受能力要求较高。

综合素质评价招生是新高考综合改革采取的基于"两依据一参考"的综合素质评价录取机制，着力选拔具有学科特长、创新潜质、全面发展的优秀学生。学生可通过相关高校招生网查看综合素质评价招生简章（例如，浙江大学 2018 年浙江省"三位一体"综合素质评价招生简章）和特殊类型招生报名平台，了解综合素质评价招生的招生对象、招生计划及专业、报名方式、选拔程序、时间安排、录取办法等相关信息。

三、其他升学途径

（一）港澳台高校招生

自 2011 年起，有关港澳高校可在全国 31 个省、直辖市、自治区招收自费生。内地考生报考港澳高校，必须符合中国政府有关赴港澳就读的规定，要求参加当年的高考。港澳各大高校为成绩优异的考生提供丰厚的奖学金，但是能拿到全额奖学金的是很小一部分考生，绝大多数考生需要自费。目前，在内地招生的 21 所港澳高校有两种招生方式：一种是香港中文大学和香港城市大学 2 所高校采用的统招方式，另一种是香港大学等 13 所香港高校和澳门大学等 6 所澳门高校采用的独立招生方式。内地的学生和家长们可以直接查询港澳高校的网站，获取该校招生的各项信息。

目前，台湾高校只面向北京、上海、江苏、浙江、福建、广东、湖北及辽宁八省市的高中应届毕业生，大陆其他地区的考生暂时还不能报考台湾高校。报考台湾高校的考生可登录大学院校招收大陆地区学生联合招生委员会网站（https：//rusen. stust. edu. tw）进行网络报名，同样也需要参加全国统一高考。

（二）出国留学

随着我国教育改革的进展以及国家经济水平的提升，出国留学已经成为广大学子寻求自身发展的重要途径，在留学大潮中，高中生所占比例逐年上升。一般而言，高中生可通过就读国内中学所办的国际部或者直接向海外大学申请，赴海外留学。对于有出国留学意愿的高中生而言，除了一些硬件准备，例如留学专业和留学国家的选择、资金的准备等之外，还需要一些软件准备，例如文化准备和生活能力的准备[①]。

---

① 赵清海、李惠贤. 对高中生出国留学潮的思考［J］. 亚太教育，2015（36）：42－43.

（三）自学考试

高等教育自学考试，是对自学者进行以学历考试为主的高等教育国家考试，是个人自学、社会助学和国家考试相结合的高等教育形式。自学考试现有专科、本科两个学历层次，实行课程学分累计制，除已停考专业外，毕业没有学年限制。考生按省级教育考试机构规定的时间和地点报名并参加考试，在取得一门以上（含）课程合格成绩后，由省级教育考试机构为其建立考籍管理档案。考生在取得专业计划规定的全部课程合格成绩、完成主考学校毕业考核或论文答辩等其他教学实践任务、经思想品德鉴定合格后，可获得毕业证书，国家承认学历。符合学位授予条件的自学考试本科毕业生，由有学位授予权的主考学校依照有关规定，授予学士学位。一般来说，自学考试专科专业的考试课程总数不少于 15 门、总学分不少于 70 学分；专升本专业的考试课程总数不少于 13 门、总学分不少于 70 学分。各专业计划和学分具体要求，可向所在地省级教育考试机构咨询。

四、升学途径资源获取方式

关于升学途径资源获取的方式主要有以下几种。

（一）网站

高中生可通过访问阳光高考教育部高校招生阳光工程指定平台（https：//gaokao. chsi. com. cn）查询最新高考招生政策、国内各类高校招生章程、院校信息等各方面的资讯。另外，学生也可直接进入阳光高考的地方网站进行更有针对性的资源搜索，比如北京市阳光高考信息平台（https：//gaokao. chsi. com. cn/beijing）、广东省阳光高考信息平台（https：//gaokao. chsi. com. cn/guangdong）、浙江省阳光高考信息平台（https：//gaokao. chsi. com. cn/zhejiang）等。

此外，也可通过所在省市的教育考试院网站和各大高校的招生网查询相关信息。比如北京教育考试院（https：//www. bjeea. cn）、广东省教育考试院（http：//eea. gd. gov. cn）、浙江省教育考试院（https：//www. zjzs. net）和北京大学招生网（https：//gotopku. cn）。

（二）书籍

不同省份的招生政策不一样，因此在选择参考书籍时可参考各省招考中心印发的《高考填报志愿指南》以及各大高校编制的招生章程汇编。

（三）报纸杂志

与高考和高校招生的相关杂志和报纸也是可参考的工具之一。具体而言，可参阅的报纸杂志有：《高校招生》《考试与招生》《求学》《招生考试通讯》《招生考试报》等。

（四）其他社会资源

可向所在学校已经毕业的学长、家庭亲戚、同学好友等多方面了解相关院校和专业信息，多渠道了解有关的升学途径。

五、升学途径课程活动素材

（一）活动1：小丁的苦恼

活动准备：每组一张大的海报纸和彩笔。

活动流程：

①教师呈现案例《小丁的苦恼》：小丁是一名高一学生，他还有一个姐姐，目前在读大一。姐弟俩都非常喜欢历史。高二分科的时候，姐姐毫不犹豫地选择了文科，后来在大学学的是世界史专业。看到姐姐读了心仪的历史专业，小丁也暗暗下定决心要报考文科。可是高考改革了，不再进行文理分科，高考生除了语数外必考科目外，还将从物理、化学、生物、政治、历史、地理六门学科选考三门，并且还进行等级分数排名。小丁想选历史，但是担心历史拉不开距离，最能拉开距离的物理也不是自己的强项。对此，小丁烦恼极了，不知道该怎么办，总想着要是简简单单的文理分科就好了。

②对学生进行分组，之后小组进行案例讨论：高考改革带来的变化有哪些？自己会如何看待这些变化？如果你是小丁你会怎么做，为什么？自己以后在选考学科过程中需要注意什么？并将讨论结果写在大海报纸上。

③小组派代表分享讨论的结果。

④教师补充新高考改革带来的变化，引导学生在选考学科上要注意结合自己的兴趣、能力、性格、各院校专业的招考要求以及自己未来想从事职业等综合考虑，理性抉择。

注意事项：

①一些学生可能不是特别了解新高考改革的内容，教师可以提前布置作业，让学生自行了解。

②在小组讨论环节如果时间充裕，也可以让小组成员分享自己的相似困扰，小组集体出谋划策。

（二）活动2：故事接龙

活动准备：印制一张"故事的开头"卡片，样式如下所示，并将不同的开头裁剪成小条，折叠好备用。

"故事的开头"卡片

故事开头01	小亮是一名高三生，高考结束后，他如愿考上了一所重点本科院校。他……
故事开头02	小冬是一名高三生，高考结束后，他并没有考上大学，他……
故事开头03	小凤很有艺术天赋，经常参加各种文艺表演。高考即将来临，她想……

续表

故事开头 04	小楠曾参加过国外的夏令营。他非常向往去国外，高二他想做一个决定……
故事开头 05	小美在读高三，家里一贫如洗。看到妈妈特别辛苦，她想毕业结束后……
故事开头 06	小林高中毕业后直接去打工了。干了三四年，成年的他又想考大学了……

活动流程：

①将全班同学分成 6 组，每组 7～8 人。

②教师讲解活动规则：每组进行故事接龙，可以随意想象，思考的内容主要是主人公高中之后的生活角色或生活事件。故事的开头由每组的组长上台抽选。

③小组选择一名组长上台抽取故事接龙开头。小组内自由接龙，想象主人公大致的生活走向。

④每组轮流展示故事的后续。

⑤教师对每组的故事进行总结和反馈，介绍不同的升学途径（具体见前文介绍内容）。

注意事项：

①在故事接龙时，可以不对内容做具体限定，时间跨度到主人公的一生即可。

②小组成员在自由接龙环节尽量保证每一个学生都参与进来。

（三）活动 3：我的学科火车

活动准备：每人印制一张"我的学科火车"卡片，样式如下所示：

"我的学科火车"卡片

活动流程：

①每人领取一张"我的学科火车"卡片，在火车头车厢写上自己的姓名。

②教师介绍新高考选课规则，让学生思考自己想要选择的学科，并依次填写在车厢上。

③学生思考自己高考想要选择的科目，并将科目填在火车的车厢方框上。在对应车厢的云朵上写上选择该科目的理由或者自身的优势。

④全班分组分享和讨论撰写的"我的学科火车"卡片。

⑤小组派代表分享和总结小组的选择，教师进行正向反馈和小结。

注意事项：

①在小组讨论环节，可综合他人的反馈稍作调整，或记录下需要了解的其他学科内容。

②教师需要提醒学生，不同大学的专业对不同学科的覆盖率不同，引导学生课后进一步探索。

（四）活动 4：名人调查局

活动准备：每人印制一张"名人调查局"卡片，样式如下所示：

"名人调查局"卡片

调查名单	调查信息（介绍学历、所取得的成就以及成长轶事等相关内容）
1. 华罗庚	名人 1：
2. 鲁迅	
3. 沈从文	
4. 齐白石	
5. 郑渊洁	名人 2：
6. 李嘉诚	
7. 爱迪生	
8. 爱因斯坦	
	我的感悟：

活动流程：

①每人领取一张"名人调查局"卡片，任选左侧"调查名单"中的两人进行调查，将查到的信息填在表内的横线上，需要课前完成。

②对全班同学进行分组，每组 7～8 名同学即可，分享查到的名人信息以及自己的感悟。

③小组就名人的共同特征进行讨论。之后派代表进行总结发言。

④教师对每组的发现和总结进行反馈，引导学生意识到每个人成才的途径并非单一，而是多元的。

注意事项：

①"名人调查局"卡片需要提前发给学生，保证学生有足够的时间去搜查。

②名人的名单可根据实际情况，比如学生的了解程度适当进行更改，只要该名人符合"低学历"或"未参加高考"或通过特殊途径成才的皆可。

（五）活动 5：生涯叠叠乐

活动准备：印制一张"生涯叠叠乐"卡片，并将每个格子的内容裁剪成小卡片，样式如下所示：

"生涯叠叠乐"卡片

小学	初中	高中	大学
研究生	中考	高考	出国留学
强基计划	综合素质评价招生	港澳台高校招生	艺术类招生
体育类招生	自学考试	保送生	公费师范生
免费医学生	飞行员招考	农村学生单独招生（即高校专项计划）	

活动流程：

①教师提问学生知道哪些升学途径，之后补充介绍高考的升学途径（参考前文介绍）。

②教师将裁剪好的"生涯叠叠乐"小卡片贴在黑板上，请每个同学思考自己未来的选择。

③教师讲解"生涯叠叠乐"的规则，即学生上台在黑板上选择自己想要的升学方式的卡片，从下到上贴在黑板上，叠出自己的生涯路径。

④邀请2～3名学生上台贴出自己的"生涯叠叠乐"，分享自己的想法和感受。其余学生可在座位上画出自己的"生涯叠叠乐"。

⑤教师对学生的分享进行反馈，引导学生意识到升学途径的多样化。

注意事项：

①"生涯叠叠乐"卡片背面可以写上对应升学途径的相关信息，另外，可以根据需要或者政策的变动更改相应的升学途径卡片内容，也可以更细化，比如把普通类招生的学科信息卡片也写上。

②学生在上台贴完后可以让该生回座位把自己的"生涯叠叠乐"也画下来。

（六）活动6："But..."游戏

活动准备：无

活动流程：

①全班分组，每组7～8名同学，围圈坐好。

②教师讲解游戏规则，以"进入高三后，小明一直在纠结要不要参加高考"为故事开头，在每个小组内完成故事接龙，组内每一名成员接龙时需要以"but"开头。同时，接龙的故事情节需要以生涯为核心，如角色的变化。

③每组轮流展示自己小组接龙的故事情节以及故事的结局。

④教师对学生的故事接龙进行总结，归纳学生在"but..."游戏中提到的升学途径。

⑤教师介绍相关网站资源，补充讲解有关升学途径的多种渠道。

注意事项：

①游戏过程可以让学生以时间为线索，比如"一年后、二年后、三年后"等，可能更容易把握生涯发展的阶段，而非聚焦到过于琐碎、细小的片段接龙。

②游戏结束视学生的接龙情况而定，一般接龙到老年期即可结束。

③尽量确保组内每一名成员都完成至少一次接龙，可以自由接龙，也可以按座位顺序接龙。

第三节　大学及专业探索

大学应当是充满光明、自由和知识的地方。

——迪斯累利

随着当今科技的发展，社会对各种职业所需学历的要求也越来越高。青少年从进入中学的第一天开始，就被父母和老师教导"要考上好的大学"。大学成为了无数家庭和学生改变命运的摇篮和希望。绝大多数的学生都梦想着能够进入自己理想的大学，在丰富多彩的校园学习生活中发掘并实现自己的梦想。大学也确实能够在各方各面促进学生的发展。首先，大学凭借其浓厚的学术氛围和丰富的学术资源，可以为学生提供一个广阔优质的学习平台，使其能够在专业知识和科研训练上有更加系统、更加深刻的提升。其次，大学还有着多姿多彩的校园生活，存在着大量的社会实践的机会，使得青少年的人际交往能力、动手能力等得到更加有效的锻炼，从而为毕业进入社会从事理想的工作做好准备。

一、大学的类型

大学有多种分类，常见的有根据学科特点及科研规模将大学分成不同的类型。其中根据教育部对学科门类的划分和大学各学科门类的比例，将大学分为综合类、文理类、理科类、文科类、理学类、工学类、农学类、医学类、法学类、文学类、管理类、体育类、艺术类十三种类别。根据科研规模等大小，将大学分为研究型、研究教学型、教学研究型和教学型四型。每个大学的类型由上述类和型两部分组成，如北京大学属于综合类研究型大学，简称综合研究型，而清华大学属于工学类研究型大学，简称工学研究型等。

此外，根据办学层次，可以将大学分为九校联盟（C9）、"985 工程"院校、"211工程"院校、中央部属本科院校、省属本科院校、高职（高专）院校等层次。九校联盟（C9）是中国首个顶尖大学的高校联盟，类似于美国的常春藤联盟，于 2009 年 10月建立，包含九所首批 985 重点建设的一流大学：北京大学、清华大学、复旦大学、上海交通大学、南京大学、浙江大学、中国科学技术大学、哈尔滨工业大学、西安交通大学。"985 工程"始于 1998 年 5 月，是教育部重点建设的世界一流大学和国际知名的高水平研究型大学的高等教育建设工程，目前包含 39 所大学，如北京大学、清华大学、天津大学等。"211 工程"院校于 1995 年 11 月经国务院批准后正式启动，旨在面向 21 世纪，重点建设 100 所左右高等学校和一批重点学科，目前包含 112 所大学。

根据上述这些分类，我们可以大致评估出一所大学的办学水平和所处的层次。

每个学生都希望进入最优秀的大学深造。一所优秀的大学有着丰富的资源和平台，可为学生提供浓厚的学习氛围，让学生掌握更多的专业知识和正确的治学态度，也为学生提供了大量科研训练、社会实践实习、团体活动的机会，使得学生为未来工作积累了大量的经验。但这并不意味着进入一所好的大学就万事俱备了，要想获得成功的职业生涯，如何正确地选择大学的专业也非常重要。

二、专业、学科与职业

（一）专业的分类

在大学的学习生活中，与我们最息息相关的就是所选择的专业。如果选择了适合自己兴趣和能力的专业，我们就会更有动力去深入了解并学习专业知识、掌握扎实的专业技能，为未来的职业生涯打下坚实的基础。

通常来说，大学或者职业院校会根据社会专业的分工设立不同的学科类别，如应用化学、理论物理、电子工程、计算机、生物工程等专业。不同的专业有着各自独有的知识体系、教学体系，从而可更好地满足社会经济对不同类型人才的需求。与此同时，专业的类别并不是一成不变的，而是会随着科学技术的发展不断修正。近几年大火的人工智能技术，在市场上创出大量新的专业职位，如大数据分析、人工智能研究等。这些新的机遇和新的需求反过来促使各个高等院校纷纷建立人工智能专业，以更好地适应社会发展。专业为我们提供了从事特定职业所必需的知识及技能训练，可以说专业为我们提供了进入理想工作岗位的敲门砖。企事业单位在招聘员工时，对于绝大多数的岗位都有专业类别的要求，比如法律顾问要求应聘者在大学进行过法律专业的学习。因此在进入大学后，要珍惜大学和专业提供的学术资源，努力提升个人的专业知识和技能，才能在进入社会后，顺利找到自己感兴趣的工作岗位。

教育部在 2020 年最新修订的《普通高等学校本科专业目录和专业介绍》中，共划分了 12 个学科门类，92 个专业类，703 个具体专业。每个专业都使用 6 位阿拉伯数字组成的专业代码表示，其中前两位代表专业所在门类，中间两位代表专业所在的专业类，最后两位代表专业，此外特设专业在专业代码后加"T"表示，国家控制布点专业在专业代码后加"K"表示。如 070302 是理学学科门类化学专业类应用化学专业的代码。

（二）学科与专业

学科和专业之间有着紧密的联系，但有着不同的目的和内容。首先学科设立的目的是促进对应学科的发展以及相应知识的创新，通常以科学知识体系为基础进行分类，由知识单元为组成单位，同时与知识体系自身的发展逻辑相一致。而专业的主要目的是根据社会经济的需要构建对应的课程体系，以更好地培养专门人才，一般包含培养目标、课程体系、教育者和受教育者四种要素[①]。学科和专业并不是一一

---

① 刘海燕，曾晓虹. 学科与专业、学科建设与专业建设关系辨析［J］. 高等教育研究学报，2007（04）：29 - 31.

对应的，一个学科可以包含多个专业，同时也存在需要学习多个学科的跨学科专业。高等学校一般将专业划分为以下四个学科领域：

（1）人文学科，包含哲学、文学、历史学和艺术学四个专业门类；

（2）社会科学，包含经济学、法学、教育学和管理学四个专业门类；

（3）自然科学，包含理学类；

（4）工程技术，包含工学、农业学和医学三个专业门类。

我们知道，青少年在大学所学习的专业和毕业后选择的工作并不一定是完全对应的，比如随着人工智能的兴起，越来越多来自数学、物理等专业的大学生从事大数据处理、无人驾驶等新兴职业。通过了解学科和专业门类之间的关系，学科之间的转换规律，可以帮助青少年更好地规划未来的职业生涯，比如选择数学作为大学的专业，未来也可以从事信息技术相关的工作。通常来讲，基础学科如人文学科和自然科学向应用学科如工程和社会科学转换更加容易，而反过来则比较困难。比如学习文学类的同学更容易转换到教育学的专业，但教育学向文学类转换就比较困难。此外社会科学的学科门类大多属于交叉学科，往往包含来自人文学科、自然科学和工程技术的内容，因此从这三大类专业转换到社会科学是比较容易的。比如经济学专业中，往往会包含统计学、心理学等方面的知识，因此自然科学和工程技术等专业的学生可以利用这些方面的知识储备转换到经济学领域继续学习。

（三）专业与职业

专业和职业之间的关系也比较复杂，包含专业和职业一一对应的情况，也包含一个专业可以从事多个职业甚至多个职业的情况。当然也会出现多个专业都可以从事某一种职业的情况。比如医学专业的学生毕业后大部分继续从事医学相关的研究及应用的工作；数学专业所从事的职业则比较分散，既可以在学校、科研机构从事研究工作，也可以进入金融、互联网等企业从事数据分析等；而政府公务员、销售等工作，往往不限制专业，更看重学生的通识教育质量。

此外，同一个专业内部也存在着层次的区分，比如专科层次和本科层次。不同专业层次可以从事的职业层次也是不同的，比如同样是营销专业，专科层次的学生可以从事基础的营销员的工作，而本科层次的学生则可能直接从事更高级的营销师甚至营销经理的工作。职场中，对同一种职业往往根据所从事内容的要求不同区分出不同的层次，比如同样是高校研究工作，根据能力、经验、专业知识、学术成就等指标将从事该职业的人分成研究助理、研究员、中级研究员、高级研究员等。因此，当青少年明确了未来想从事的职业之后，还需要进一步探索并提升自身的能力，这样才能在今后的职业生涯中取得更高水平的成功。

三、大学及专业资源获取方式

1. 网站

中学生可以通过访问阳光高考平台（https：//gaokao.chsi.com.cn）了解最新院校和专业介绍、满意度评价等，如北京航空航天大学的工商管理专业满意度评分为

4.8/5 分。教育部 2017 第四次学科评估（http：//www.moe.gov.cn/jyb_xwfb/gzdt_gzdt/s5987/201712/P020171228506450281540.pdf）给出了一级学科专业的排名，如北京大学和复旦大学开设的哲学专业获得 A＋级的评估结果。此外还可以通过访问教育部学位与研究生教育发展中心（https：//www.cdgdc.edu.cn）获得国家重点学科的学校分布，如北京大学、清华大学医学部、复旦大学、南京大学等开设的生物学均属于国家重点一级学科。而针对某个具体的院校，可以通过官方网站具体了解开设的专业介绍和课程设置等，可以搜索该校一流学科入选名单来查询其优势学科，也可以查询所在省市最近三年院校高考投档线来评估该校在自己所在的省市招生的水平。最后可以参考中国校友会网、QS、USNews、泰晤士高等教育等机构每年定期发布的中国及世界大学的综合排名和专业排名。

2．书籍

市面上关于院校及其专业介绍的书籍非常丰富，可以帮助中学生对院校、专业以及其对就业的影响形成系统的认识，如《看就业，选专业——报好高考志愿》《果壳帮你选专业》《高考志愿填报指南：看就业、挑大学、选专业（2020 年版）》等。

3．报纸杂志

与院校及专业相关的报纸杂志有：《高校招生》《求学》《招生考试通讯》《招生考试报》等。

4．其他社会资源

可以通过参加各种活动来了解院校和专业的具体情况，如高校招生宣讲会，联系高校招生办和教务处，向所在院校的学长、家庭亲戚、同学好友等直接咨询。

四、大学及专业探索课程活动素材

（一）活动 1：专业大卖场

活动准备：将《普通高等学校本科专业目录（2020 年版）》中的基本专业打印成小卡片，按照 12 个学科门类分组（即哲学、经济学、法学、教育学、文学、历史学、理学、工学、农学、医学、管理学、艺术学）。

活动流程：

①将全班分成 6 组，每组 6～7 名同学，围圈坐好。

②每组随机领取两个学科门类的专业小卡片，组员抽取若干张专业卡。

③教师介绍 12 个学科门类。

④每组的同学轮流介绍自己领到的专业卡片。其他同学认真听，思考自己喜欢的专业。

⑤全部介绍完毕后，每个同学需要将自己抽到但是不喜欢的专业卖给他人，可以等价交换，也可以视情况友情赠送。要求最终留在自己手上的专业卡片是自己喜欢的专业。

⑥喜欢的专业属于相同学科门类的同学坐在一起，讨论本学科门类的特点以及对应的学科，最后派代表发言总结。

注意事项：

①《普通高等学校本科专业目录（2020 年版）》中的专业类别多达 703 个，在裁剪成小卡片时，无需每个专业都裁剪，根据专业之间的相关性可以多个连着进行裁剪。

②学生在"卖"自己抽选到的专业时，可以根据自己对他人的了解，选择潜在受众群体进行说服，可能成功率会更高一点。

③教师需要设置一个专业回收站，卖不出去的专业卡可以进行回收。

（二）活动 2：大学 PK 赛

活动准备： 每人印制一张"我理想的大学"卡片，样式如下：

"我理想的大学"卡片

高校名称	办学层次（985、211 工程等）
招生分数线	所在城市
理想专业排名	师资力量
硬件设施	就业情况
留学机会	其他优势

活动流程：

①每个同学领取一张"我理想的大学"卡片，课前完成资料搜查，将相应信息填在卡片上。

②全班进行分组，可根据学生所选专业进行分组，相同或相近专业为一组。

③教师介绍"大学 PK 赛"规则，即对组内选择的理想大学进行 PK，对选大学的重要因素进行讨论，之后根据组内挑选的理想大学在重要因素上的排名情况，投票选出前三的学校。

④组内成员依次分享自己撰写的"理想大学"卡片。之后进行讨论和分析，组员提出自己的观点，比如认为"专业排名"最重要，说明理由，尝试说服他人。

⑤每个成员都说完自己的观点后，大家投票表决选出考虑理想大学最重要的前三个因素。

⑥最后小组统计出本组所提出的理想大学的排名情况。

⑦各组派代表进行分享，教师将每组选出的重要因素进行总结和归纳。

注意事项：

①分组时，可视情况将若干个小专业分在同一组或者人数过多的大专业分成多个小组。

②大学 PK 时，选出来的重要因素仅供大家参考。需要强调每个人都是不一样的，不一定要按小组讨论的结果去选择大学，这里仅仅是总结大多数的一般规律以供参考。

（三）活动 3：大学地图鉴

活动准备： 无

活动流程：

①全班分组，对全国 34 个省级行政单位（23 个省、5 个自治区、4 个直辖市、2 个特别行政区）进行抽签。1～2 名同学负责一个区域，课前进行调查。

②调查内容为所选省市的高校情况，比如一共有多少所大学、学校的办学层次、当地人看法、校园环境、优势专业、奖学金设置等内容，可选择其中的 1～2 所大学做具体介绍。

③课上学生按小组自由分享所调查大学的情况，同时也可以分享自己的调查方式，比如是通过什么样的网站或者什么方式去了解的，让学生了解不同省市的大学概貌。

④教师对学生的调查方式进行总结，可补充或者介绍相关书籍、网站及其他获取途径信息，指导学生选择一个心仪的大学，课后进行深层次的了解或者假期去实地探索。

注意事项：

①在进行省市级区域分组时，可以适当根据学生自己的喜好进行分组。

②本活动的主要目的是打开学生的视野，了解到不同省市级地区的学校分布和多种调查方法，以期在掌握更多信息的情况下更好地进行选择。

（四）活动 4：刘丁宁的选择

活动准备：无。

活动流程：

①教师介绍刘丁宁的故事上半部分：2010 到 2013 年刘丁宁在本溪市高级中学读高中。2013 年高考结束，刘丁宁被香港大学以 72 万元全额奖学金录取。但是新学期开学仅一个月，刘丁宁就决定辞别香港大学，回母校本溪市高级中学复读，想去北京大学中文系深造。

②全班根据对刘丁宁选择的态度分为支持组、不支持组、中立组三组进行讨论，陈述小组的观点和理由。

③教师介绍刘丁宁故事的结局：2014 年，刘丁宁以 666 分的成绩获得辽宁省高考文科状元，进入北京大学中文系读书。目前在北大读研究生。

④学生分享自己了解刘丁宁故事后的感受，以及对自己的启发，比如自己在选择时以学校优先还是专业优先，去学校发现专业不适合要怎么办，如何应对父母的干涉或期待等。

注意事项：

①关于刘丁宁故事的更多信息可观看优酷视频：《刘丁宁：高考状元复读为北大》（观看网址为：https：//v.youku.com/v_show/id_XNjIxNDExMDAw.html）。

②在进行院校及专业选择时，更多的与学生的价值观有关。教师在指导时可提醒学生关注自身的价值取向，同时注意强调任何选择并没有对错之分，应尊重他人的选择、不评价。

（五）活动 5：专业 IUM 卡

活动准备：每组准备一台电脑、一本《高考志愿填报指南：看就业、挑大学、选专业（2020年版）》、一份《普通高等学校本科专业目录（2020年版）》，每人印制一张"专业IUM卡"，样式如下所示：

"专业 IUM 卡"卡片

专业 I 卡（Interest）	三种兴趣专业	专业1：	专业2：	专业3：
专业 U 卡（University）	高考选考科目			
	大学相关课程			
	开设大学			
	录取分数线			
	相近专业			
专业 M 卡（Market）	未来从事职业			
	专业发展前景			

活动流程：

①全班分成5～6组，教师给每组学生下发一份《普通高等学校本科专业目录（2020年版）》。

②教师介绍专业的学科类别，学生自行查阅寻找自己喜欢的专业。

③学生领取一张"专业IUM卡"，将自己最喜欢的三种专业写在第一列"专业I卡"上。

④教师讲解"专业IUM卡"的使用方式："专业IUM卡"是了解相关专业信息的探索卡，其中"专业I卡"部分主要写的是自己感兴趣的三种专业；"专业U卡"部分主要是了解大学有关这三种专业的相关设置和要求，具体涉及高考选考科目、大学开设的相关课程、开设此专业的有关大学、专业的录取分数线以及相似或相近专业五方面的内容；"专业M卡"主要是探索专业与社会市场间的关联，分为未来可从事职业以及专业发展前景两部分内容。同时告诉学生这些信息都可以在各个大学的官方网站上搜索到，并给每组下发一本《高考志愿填报指南：看就业、挑大学、选专业（2020年版）》书籍供参考。

⑤利用电脑和书籍材料，学生完成"专业IUM卡"的撰写。

⑥学生上台自由分享自己"专业IUM卡"的内容，以及完成过程中的感受和发现。

注意事项：

①鉴于本活动需要教师准备的材料比较多，教师可以提前布置，让学生在课余完成。

②找到自己喜欢的专业后，教师可视小组情况，让相同专业自由组队进行专业探索。

（六）活动6：我的未来故事

活动准备：每人印制一张"我的未来故事"，样式如下所示：

"我的未来故事"卡片

> 我的未来故事
>
> 高考终于结束了，我成为了一名大学生。在哪个学校，读什么样的专业，我的生活里有怎样的故事？好奇的你，请耐心等待，让我用画来告诉你。

活动流程：

①教师带领学生想象：经过三年的努力和拼搏，你终于迎来了高考。高考结束后，你会收到哪个学校的录取通知书？去哪个城市上哪个大学？你会选择什么样的专业？会在什么样的课程上遇到什么样的人？生活中会发生哪些有趣的事情？学生的想象越具体越好。

②想象结束后，每名学生领取一张"我的未来故事"卡片，将想象到的内容简单画下来。

③学生进行分享，介绍自己画的内容，以及自己在作画过程中的感受。

④教师对学生的分享进行反馈，同时可提问学生：在大学中自己最想收获什么？上大学对自己而言意味着什么？自己最想要就读的大学或专业是什么？是出于怎样的原因对这所学校或这个专业情有独钟？诸如此类的问题。让学生对自身的生涯选择有更清晰的认识。

注意事项：

①学生在作画中可以适当播放一些舒缓的音乐。同时，画作可以让学生进行命名或上色。

②分享环节中如果发现学生的选择非常明确，可让学生课后针对所画的学校或专业做进一步的探索，比如去网上了解更详细的信息，或者通过咨询身边的人、实地考察等方式深入探索。

附录：生涯指导课《大学专业初识》教案

一、教学目标

1. 帮助学生掌握大学及相关专业的了解途径和方法。
2. 通过体验活动，初步了解大学专业设置的学科门类类别。

3. 帮助学生辨析大学专业选择的误区。

4. 引导学生主动探索自己感兴趣的专业，以及未来的可能发展。

二、教学重点、难点

1. 掌握大学及相关专业的了解途径和方法。

2. 主动探索自己的兴趣专业及发展方向。

三、教学准备

1. "大学专业初识"学习单。

2. 大学学科门类目录专业卡（一个专业一个小卡片）。

3. 学生按小组围坐。

四、教学过程

教学过程

一、回顾与导入（2分钟）

教师：同学们好，欢迎来到今天的生涯课堂。今天是我们外部环境探索课程的第二节。在上一节课中我们主要了解了家庭环境对我们带来的影响。意识到了家庭成员的职业会我们的生涯选择带来不同程度的影响。今天我们就一起来看看社会环境中，我们的大学对于我们的职业会产生怎样的影响呢？大家都知道，进入一所大学，最重要的是你所选择的专业，它决定了你大学期间的学习轨道和未来的就业方向。这就是我们今天要探讨的一个话题：大学专业初识。

二、初识途径（8分钟）：

（一）HOW：如何才能了解？

教师提问学生问题：

(1) 我该怎么了解大学？

(2) 我怎么知道大学开设什么专业？

(3) 每个专业具体学习什么内容？

(4) 哪些是重点学科？

(5) 毕业以后可能的方向是什么？

教师邀请学生回答，并将学生的关键词板书在黑板上。

（二）讲解途径

教师从外在硬核和内在软技能两方面展开讲述。外在硬核方式主要是通过阅读相关专业书籍，比如《果壳帮你选专业》以及《选专业看就业（报好高考志愿）》等书籍来了解；在内在软技能方面，则主要是个体的信息搜索能力。介绍三种信息搜索方式。

1. 可以从搜索引擎寻找，比如传统职业分类、热门职业、新兴职业、最令人羡慕的职业、大学开设专业情况、理想职业所需的专业背景，推荐百度、必应等搜索引擎；

2. 可以自发提问的方式，找到答案，推荐知乎、豆瓣、新浪微博等网站或朋友圈；

3. 相关网站推荐：(1) 教育部的阳光高考网，像大学的专业、考试的政策等，这里发布的信息是比较权威准确的；(2) 教育部的中国教育在线，高考选专业、开设院校、具体课程等信息特别全面；(3) 这一步，对应某一具体专业的职位需求，学科专业体系较全面，可了解所选专业对应的就业前景。

三、主题活动：专业大卖场（25分钟）

（一）游戏导入

教师提问学生与手机相关的专业有哪些，引发学生对专业的思考。之后教师介绍大学的专业分类依据，以及对应的12大大学学科门类。

续表

教学过程

（二）教师介绍游戏规则

（1）每人抽取 8~10 张专业卡。

（2）需要将自己不喜欢的专业卖给他人。

（3）等价交换，专业卡互换。

（4）在对方想要的情况下，可以友情赠送。

（5）注：每个人需至少收获 3 种自己喜欢的专业卡。

教师将之前打印好的大学专业卡打散放在讲台上，让学生上台抽选 8~10 个。

（三）游戏结束后，教师给学生分发学习单，让学生将自己收获的专业记录在学习单上，并邀请学生分享自己收获的专业卡，猜测自己喜欢的专业属于哪个学科门类。

（四）教师介绍 12 大大学学科门类具体的专业目录，具体内容见附件 3。教师不需要一一介绍，展示在 PPT 上，让学生自行寻找自己拿到的专业卡对应的类别是什么即可。

（五）教师介绍选择专业的误区，比如"信息与计算科学"实际上是与计算机专业毫无关联的"数学"学科；"医学影像工程"与医学关联不大，实际上是电气信息类专业，授予的是工学学士；"教育技术学"并非研究教育的技术，而是研究多媒体技术在教育中的应用等。引导学生积极主动了解专业后再进行选择，避免误选。

四、布置作业（3分钟）

教师布置作业，要求学生利用课程所学的信息收集方法，以自己感兴趣的专业做一个思维导图。具体可以包括以下内容：这个专业主要研究什么？开设的院校有哪些？未来可能的就业方向？等等。

五、总结与展望（2分钟）

教师：今天这节课我们主要学习了如何了解大学及专业的一些途径和方法，并初步了解了大学可能存在的非常丰富的专业，希望同学们课后可以继续探索，完成自己感兴趣的专业的思维导图，只有了解了专业，我们才能做出更好的选择。好，下课，下节课再见！

附件1："大学专业初识"学习单

1. 我发现自己可能会喜欢的专业是什么？它们对应哪个学科门类呢？

专业	学科门类
1.	
2.	
3.	
4.	
5.	

2. 请以"未来我想学习的专业"为主题，设计一个思维导图。根据在课上学到的方法去了解你想学习的专业，并将专业的学习内容、可选择的院校以及未来可能的就业方向一一写在思维导图上，作为期末考核部分内容（可在反面画）。

未来我想学习的专业

附件 2：12 大大学学科门类简介

构成一门独立学科的基本要素主要有三个：一是研究的对象或研究的领域，即独特的、不可替代的研究对象；二是理论体系，即特有的概念、原理、命题、规律等所构成的严密的逻辑化的知识系统；三是方法论，即学科知识的生产方式。

按照国家 1997 年颁布《授予博士、硕士学位和培养研究生的学科、专业目录》，授予学位的学科门类分为哲学、经济学、法学、教育学、文学、历史学、理学、工学、农学、医学、军事学和管理学 12 个，每大门类下设若干一级学科，如理学门类下设数学、物理、化学等 12 个一级学科。一级学科再下设若干二级学科，如数学下设基础数学、计算数学等 5 个二级学科。

01 哲学

哲学是理论化、系统化的世界观，是自然知识、社会知识、思维知识的概括和总结，是世界观和方法论的统一，是社会意识的具体存在和表现形式，是以追求世界的本源、本质、共性或绝对、终极的形而上者为形式，以确立哲学世界观和方法论为内容的社会科学。

02 经济学

经济学研究的是一个社会如何利用稀缺的资源生产有价值的物品和劳务，并将它们在不同的人中间进行分配。经济学主要进行三点考虑：资源的稀缺性是经济学分析的前提；选择行为是经济学分析的对象；资源的有效配置是经济学分析的中心目标。其首要任务是利用有限的地球资源尽可能持续地开发人类所需求的商品，并将其进行合理分配，即生产力与生产关系两个方面。

03 法学

法学是研究法、法的现象以及与法相关问题的专门学问，是关于法律问题的知识和理论体系，是社会科学的一门重要学科。法学思想最早源于春秋战国时期的法家哲学思想。法学一词，在中国先秦时被称为"刑名之学"，自汉代开始有"律学"的名称。在西方，古罗马法学家乌尔比安（Ulpianus）对"法学"（古代拉丁语中的 Jurisprudentia）一词的定义是：人和神的事务的概念，正义和非正义之学。现代的法学，是指研究法律的科学。但是关于法学与科学的关系有不同的看法，这主要涉及价值论的研究是不是科学的问题。

04 教育学

教育学是以教育为研究对象，归纳总结人类教育活动的科学理论与实践，探索解决教育活动产生、发展过程中遇到的实际教育问题，从而揭示出一般教育规律的一门社会科学。教育是一种广泛存在于人类社会生活中、有目的地培养人才的活动，教育学的研究具有客观性、必然性、稳定性、重复性、现实性、辩证性、科学性。

05 文学

文学是指以语言文字为工具形象化地反映客观现实的艺术，包括戏剧、诗歌、小说、散文等，是文化的重要表现形式，以不同的形式（称作体裁）表现内心情感和再现一定时期和一定地域的社会生活。

06 历史学

葛剑雄和周筱赟在《历史是什么》中说："历史不仅是指过去的事实本身，更是指人们对过去事实的有意识、有选择的记录。而对于历史的专门性研究，就是历史学，简称为史学，也可以称之为历史科学，它不仅包括历史本身，还应该包括在历史事实的基础上研究和总结历史发展的规律，以及总结研究历史的方法和理论。"

瞿林东在《中国史学史纲》一书中说："关于人类社会历史的认识、记载与撰述的综合活动，这便是史学。"

吴泽在《史学概论》一书中，给史学确定的定义是："史学是研究人类社会的发展过程及其规律的学问。"

07 理学

理学是指研究自然物质运动基本规律的科学。

08 工学

工学是工程学科的总称，是一门应用科学类的专业学科，主要以应用技术为主。包括：机械类、电气信息类、仪器仪表类、矿产石油类、能源动力类、材料类、航空航天类、交通运输类、水利水电类、土建类、轻工纺织类、生物类、农林类以及武器类等。

09 农学

农学是研究与农作物生产相关领域的科学，包括作物生长发育规律及其与外界环境条件的关系、病虫害防治、土壤与营养、种植制度、遗传育种等领域。农学是研究农业发展的自然规律和经济规律的科学，因涉及农业环境、作物和畜牧生产、农业工程和农业经济等多种科学而具有综合性。林业科学和水产科学有时也包括在广义的农业科学范畴之内。

10 医学

医学是处理人健康定义中人的生理处于良好状态相关问题的一种科学，以治疗预防生理疾病和提高人体生理机体健康为目的。狭义的医学只是疾病的治疗和机体有效功能的极限恢复，广义的医学还包括中国养生学和由此衍生的西方的营养学。

11 军事学

研究战争的本质和规律，并用于指导战争的准备与实施的综合性科学。战争起源于原始社会，经历奴隶社会、封建社会、资本主义社会，到帝国主义时期，战争的范围空前扩大，手段也空前残酷。各个阶级、各个民族、各个国家以及各政治集团为了准备战争和争取胜利，竭力探索战争的规律，研究武装力量的建设和使用，

经过不断的发展，逐步形成范围广博、内容丰富的军事科学体系。

12 管理学

管理学是系统研究管理活动的基本规律和一般方法的科学。管理学是适应现代社会化大生产的需要产生的，它的目的是：研究在现有的条件下，如何通过合理的组织和配置人、财、物等因素，提高生产力的水平。

第四节　走进职业世界

我只有在工作得很久而还不停歇的时候，才觉得自己的精神轻快，也觉得自己找到了活着的理由。

——契诃夫

一、职业的定义

职业和人类社会的发展息息相关，随着社会分工的出现，逐步产生出不同的职业类别，同时受到社会生产力发展的影响而不断变化，是一个人在社会当中权利和义务的体现。职业本质上是人们在社会生活中所从事的社会劳动，它具有有偿、稳定和分门别类的特征。与此同时，职业还是人们日常生活方式、受教育程度、经济地位、思维及行为模式的综合反应。一般来说，职业包含五个基本要素：职业名称、职业主体、职业客体、职业报酬和职业技术。

人类作为社会性动物，从事职业是基本的谋生手段，人的一生大多数的时间都在从事工作，从二十岁左右开始直到六十岁左右退休，长达四十多年的时间。可见，职业会伴随我们大半生，因此从事适合的职业，做自己感兴趣、擅长做、喜欢做的工作非常重要。只有找到理想的职业，我们才能持续努力进步，发挥出自己最大的潜力，实现职业生涯的成功，甚至为人类社会的整体发展做出重要的贡献。

二、职业的分类与发展

正如在大学的时候会接触到多种多样的学科和专业，当走进社会后，也会发现职业也有着丰富多彩的分类。并且由于职业的发展顺应社会本身的发展，因此随着社会和科技的提升，职业的种类也在不断发展变化，不断出现新的职业，淘汰旧的职业以适应当前的社会，为社会的持续发展提供源源不断的动力。下面就职业的分类和发展做具体介绍。

（一）职业的分类

职业是根据社会分工的不同而进行分类的。不同的社会分工，会由不同的劳动对象和劳动工具完成，同样也有着不同的劳动支出形式，这些方面的差异性形成了不同职业之间的区别。《中华人民共和国职业分类大典》依据《中华人民共和国劳动法》规定："国家确定职业分类，为规定的职业制订职业技能标准，实行职业资格证书制度"编制，由中国劳动社会保障出版社于 1999 年 5 月正式出版。

随后在 2015 年，人力资源社会保障部会同国家质量监督检验检疫总局、国家统计局启动《中华人民共和国职业分类大典》的修订工作。经 74 个国务院部门和行业组织近万名专家、学者等历时五年终于完成。2015 年版《大典》将我国职业划分为 8 个大类、75 个中类、434 个小类、1481 个职业。8 个大类分别是：

第一大类："党的机关、国家机关、群众团队和社会组织、企事业单位负责人"，其中包括 6 个中类、15 个小类、23 个职业；

第二大类："专业技术人员"，其中包括 11 个中类、120 个小类、451 个职业；

第三大类："办事人员和有关人员"，其中包括 3 个中类、9 个小类、25 个职业；

第四大类："社会生产服务和生活服务人员"，其中包括 15 个中类、93 个小类、278 个职业；

第五大类："农、林、牧、渔业生产及辅助人员"，其中包括 6 个中类、24 个小类、52 个职业；

第六大类："生产制造及有关人员"，其中包括 32 个中类、171 个小类、650 个职业；

第七大类："军人"，其中包括 1 个中类、1 个小类、1 个职业；

第八大类："不便分类的其他从业人员"，其中包括 1 个中类、1 个小类、1 个职业。

（二）职业的发展

职业并不是一成不变的，随着新时代的发展，不断有新的科学和技术产生，推动了新职业的产生。虽然对于现在的职场新人来说，在国家政府机关、大型企业工作依然是主流的选择，但也有越来越多的年轻人另辟蹊径，通过自主创业等形式从事自己感兴趣的新兴职业。

根据中新网资料，新职业是指经济社会发展中已经存在一定规模的从业人员，具有相对独立成熟的职业技能，《中华人民共和国职业分类大典》中未收录的职业。新职业一般具有几个特性：一是目的性，即有人专职从事此业赖以谋生；二是社会性，即为他人提供产品或服务；三是规范性，即合乎法律规范；四是群体性，一般要求有不少于 5000 人的从业人员；还有就是要求有稳定性和独特技术性。

新职业申报审核的程序是：机关、社会团体、企业、学校以及个人，可通过"中国劳动力市场网"向劳动和社会保障部"职业技能鉴定中心"提出新职业建议，填写《新职业建议书》，由鉴定中心对新职业建议进行登记、汇总、分类，组织有关部门和行业的专家进行评审论证。对部分建议新职业，还需组织专家到工作现场进行调研。评审论证通过后，再通过互联网向社会公示，广泛征求意见，最后由劳动和社会保障部定期对外发布，一般一年发布 3 至 4 次。

随着人工智能、大数据、区块链等技术的发展和应用，以及新冠疫情的影响，2020年 7 月 6 日，人社部联合市场监管总局、国家统计局正式向社会发布"区块链工程技术

人员""城市管理网格员""互联网营销师""信息安全测试员""区块链应用操作员""在线学习服务师""社群健康助理员""老年人能力评估师"等 9 个新职业。这是我国自《中华人民共和国职业分类大典（2015 年版）》颁布以来发布的第三批新职业。从这些新兴职业的推出我们可以看到，职业的发展非常具有即时性，紧密贴合社会、经济、科学和技术的发展。因此，青少年在探索未来职业的时候，要以发展的眼光看待职业，不能局限在现有的职业上，而应发掘自身的兴趣和能力，从自己的特点出发，结合职业的发展才能找到自己喜欢、自己擅长并且有着广阔发展前景的职业。

三、职业探索的方法

（一）相关网站

探索自己感兴趣的职业，求职者可以访问学信网学职平台（https：//xz.chsi.com.cn/occupation/index.action）以了解职业的分类和介绍。也可以利用招聘网站，如 51job、智联招聘等了解公司发布的招聘职位的详细信息，如职位描述、任职资格、薪酬范围等。此外，从招聘网站上，求职者还可以收集公司信息，了解不同行业、不同级别的公司，对同一个职业有什么不同的工作描述及要求。

（二）书籍报刊

市面上关于职业的出版物有很多，有专门介绍职业的专业书籍、名人传记、行业协会期刊/报告等。最基本的探索方法是查阅《中华人民共和国职业分类大典（2015 版）》以了解行业与职业间的清晰脉络，从而对整个职业世界有一个基本的概念。此外也可以阅读相关的书籍如：《你的降落伞是什么颜色?》、《转行——发现一个未知的自己》、《工作大未来：从 13 岁开始迎向世界》等。

（三）校园活动

学生可以通过咨询所在学校就业指导中心的老师来了解职业相关的信息，同时学校也会邀请相关的在职人士前来学校做讲座交流。学生也可以通过参与公司在学校举办的校园招聘会，了解当前公司招聘职位的具体要求。

（四）其他社会资源

此外学生还可以从家庭资源入手，比如了解父母的工作、向父母的同事或亲戚等请教职业相关的问题。

四、职业探索课程活动素材

（一）活动 1：家庭人物访谈

活动准备：每人印制一张"家庭人物访谈"卡片，样式如下：

请结合自己的职业理想，选择一位对你而言非常重要的家庭成员进行访谈，将访谈内容填至下表中。请大胆地进行职业探索之旅吧！

"家庭人物访谈"卡片

被访谈者姓名	被访谈者年龄	被访谈者职位
访谈者姓名	所属班级	被访谈者学历背景
访谈地点		访谈时间
谈话内容	1. 您是怎样决定自己的职业的？您做了哪些准备？	
	2. 这个工作要求有什么样的技能（学历、性格、才能、专业等方面）？	
	3. 在工作中，您的主要工作内容是什么？	
	4. 您的职业有哪些让您喜欢的地方？有什么回报？	
	5. 您的工作条件怎么样（时间、工作环境、着装要求等)？	
	6. 这个行业的起薪和平均工资水平是多少？	
	7. 您认为您的职业（和您的公司）发展前景如何？	
总结		

活动流程：

①每人领取一张"家庭人物访谈"卡片，提前布置访谈任务，要求在课前完成。

②全班分小组分享自己访谈的家庭人物，需要介绍该家庭成员所从事的职业、工作的具体内容以及工作技能要求等，并分享自己访谈前后的感受和心得。

③小组派代表进行总结和分享，可介绍不同领域的职业，以便了解更多的职业信息。

注意事项：

①家族当中对自己影响比较大的亲戚也可以纳入访谈范围。

②提醒学生访谈过程中注重了解相关的具体细节。

③提醒学生，一个人的看法并不一定代表了整个行业，如果自己感兴趣，可以多访谈几个人，或者可通过网络资料了解更多信息。

（二）活动2：职业你画我猜

活动准备： 无。

活动流程：

①全班分成4~5组，每组派两名学生上台挑战。

②教师讲解活动规则：挑战的两名学生一人比画，另一个猜职业。每组比画时间限时1分钟，可以跳过2次。猜对数量最低小组每人需要说出自己理想的职业。

③学生分组PK，教师将挑战结果写在黑板上。猜对次数最低的小组依次说出自

己的理想职业。

④教师邀请学生回忆刚刚猜到的职业，思考哪些职业是以前没有的，哪些职业是未来可能消失的，并说明理由。学生分享自己的观点。

⑤教师总结，介绍人力资源和社会保障部等自《中华人民共和国职业分类大典（2015年版）》颁布以来，在2019年4月以来到2020年7月期间发布的三批新职业，鼓励学生拥抱职业的变化，思考自己未来的发展方向。

注意事项：

①比画的职业清单为：厨师、宇航员、宠物摄影师、电子竞技员、模特、保安、创客指导师、无人机驾驶员、环卫工人、演员、淘宝客服、工程师、人工智能技术员、健身教练、主持人、消防员、收纳师、造型师、调酒师、整容医生、网络主播、美食试吃员等。

②人力资源和社会保障部等自《中华人民共和国职业分类大典（2015年版）》颁布以来，在2019年4月以来到2020年9月期间发布的三批新职业分别是：2019年4月向社会发布了第一批的13个新职业信息（具体职业见网址：http：//www. mohrss. gov. cn/SYrlzyhshbzb/dongtaixinwen/buneiyaowen/201904/t20190403_313788. html），2020年2月发布第二批的16个职业（具体职业见网址：http：//www. mohrss. gov. cn/gkml/zcfg/gfxwj/202003/t20200302_361062. html），2020年7月发布第三批的9个职业（具体职业见网址：http：//www. mohrss. gov. cn/SYrlzyhshbzb/dongtaixinwen/buneiyaowen/202007/t2020070 6 _378513. html）。

（三）活动3：招聘启事墙

活动准备：每组一张大海报纸和一卷胶带，每人印制一张"招聘启事"卡片，样式如下：

"招聘启事"卡片

招聘启事

（注：招聘启事需至少包含招聘岗位、岗位要求两项内容。）

活动流程：

①全班分成6组，每组领取一张海报纸。

②每人下发一张"招聘启事"卡片，草拟一则招聘，内容自行设计即可。需要注意的是，招聘启事中必须包含招聘岗位、岗位要求的内容，其余可以自行补充，比如待遇、联系方式等。写好之后粘贴在小组的海报纸上，在海报纸空余区域写上"招聘启事墙"。

③小组轮流分别展示本组的"招聘启事墙"，介绍本组的岗位及相应的要求。由其他组的成员评论岗位要求是否合理，如果有机会的话是否愿意去应聘并说明理由。

④分享结束后，根据其他小组提供的建议，各小组对本组的"招聘启事墙"进行完善。

⑤教师总结学生的表现，引导学生意识到不同的职位有不同的要求，指导学生提炼出来自己未来需要培养和提高的核心能力，以期更好地应对未来的职业世界。

注意事项：

①学生在撰写"招聘启事"时，可以引导学生从自己比较熟悉或者想要从事的职业入手，可能会更快地找到思路和方向。

②如果时间比较富裕的话，可以让学生对招聘启事进行评选，比如最佳创意岗位、人气最佳岗位、最自由岗位等奖项。

（四）活动4：我的个性名片

活动准备：每人准备一张名片空白卡。

活动流程：

①教师带领学生深呼吸放松，然后引导学生闭上眼睛做想象练习：想象20年之后的自己，已经走向了工作岗位。周一早上起来，穿了什么样的衣服，准备去哪儿，会遇见怎样的一群同事，自己的主要工作是什么。正在思考今天要做的事情时，迎面走来了一位老同学，询问你的近况，想要一张你的名片。你从口袋里拿出一张名片，名片上写着你的名字，还有你现在从事的职位，上面会是什么内容。让学生充分看清楚名片上写的内容后，慢慢引导学生睁开眼睛，回到教室，活动一下手脚，找回现实感。

②学生领取一张名片空白卡，根据想象到的内容设计自己的名片，需要写上基本的信息，比如姓名或称谓、职位、工作单位和地点等。

③学生分组讨论交流自己设计的名片，并说明自己会选择这一职业的理由。

④小组推选代表上台进行分享和展示。

⑤教师对学生的分享进行总结，引导学生思考如何才能达到自己的理想职业，落实到行动。

注意事项：

①在分享环节，注意引导学生不要主观评价他人选择的职业高低，积极倾听即可。

②征求同学同意后，课后可以将学生的名片收集起来做一期展示。

（五）活动5：我的职业预言

活动准备：每人准备一张"我的职业预言"卡片，样式如下：

"我的职业预言"卡片

我的职业预言

预言者：　　　　班级：

职业名称	是否会消失	消失星级评估	原因
1. 翻译官		☆☆☆☆☆	
2. 公交司机		☆☆☆☆☆	
3. 互联网营销师		☆☆☆☆☆	
4. 餐厅服务员		☆☆☆☆☆	
5. 电子竞技员		☆☆☆☆☆	
6.		☆☆☆☆☆	
7.		☆☆☆☆☆	
8.		☆☆☆☆☆	
9.		☆☆☆☆☆	
10.		☆☆☆☆☆	

活动流程：

①每人领取一张"我的职业预言"卡片，写上姓名和班级。

②教师讲解填写规则，在"我的职业预言"左侧"职业名称"处提供了 5 种职业，学生思考这 5 种职业未来是否会继续存在，以及对消失的可能性进行五等级评估，打的星级越高，意味着消失可能性越大，最右侧一列填写相应的原因。

③第 6～10 种职业是空白的，学生需要自己补充 5 种职业，并且同样做出是否消失的预言。

④全班分成 5～6 组，在组内进行讨论，分享自己的预言并说明理由。

⑤小组派代表对本组观点进行总结，统计小组最后的预言，以及没有消失的职业都有哪些共同的特征，消失的职业又都具有哪些共同特征等。

⑥教师对学生的分享进行总结，归纳未来职业需要有的能力和基础。

注意事项：

①关于第 6～10 种空白职业的填写，学生无需全部填满，尽自己所能即可。

②在小组组内分享阶段，教师可入组进行指导，协助学生发现规律，比如消失的职业可能以低技能、结构化、弱社交为主，不容易消失的职业具有较高的创造性、非结构化、较强的社交等。

（六）活动 6：李佳琦的成名之路

活动准备：无。

活动流程：

①教师提示关键词"口红一哥"，学生猜人名。教师揭示答案：李佳琦。

②教师介绍李佳琦的故事（上）：李佳琦，1992 年出生于湖南岳阳，美妆主播，外号"口红一哥"。他曾于 2018 年 9 月，成功挑战"30 秒涂口红最多人数"的吉尼斯世界纪录，成为涂口红的世界纪录保持者，自此被称为"口红一哥"。2018 年"双十一"李佳琦与马云 PK 卖口红，最终战胜马云。在淘宝上，他是达人收入排行榜（淘布斯）前三名，收入 1500 万，也是淘布斯上唯一的男性。在抖音上是千万粉丝级别的红人。2020 年 6 月 23 日，李佳琦作为特殊人才落户上海。

③学生分享自己的感受，以及如何看待李佳琦的成功，是否赞同"网红赚钱又快又轻松"等。

④教师介绍李佳琦的故事（下）：李佳琦这样介绍他的生活："一年 365 天，足足做了 389 场直播，没有一天休息过。从晚上 7 点直播到凌晨 1 点，凌晨 4 点才能睡觉。曾连续试色 380 支口红，最后嘴唇几乎都要裂开。他因此患上了支气管炎。可即便如此，他也丝毫不敢耽误一分钟时间，只能靠着随身携带的药剂'救命'。"

⑤学生分享看完李佳琦的故事（下）后的感受，以及对网红这一职业新的看法。

⑥教师对学生的分享进行总结，每一份工作的成功不是一蹴而就的，背后是无数次的努力和付出。

注意事项：

①可参考视频资料：《鲁豫有约一日行第 7 季》第 11 期：李佳琦面对名利"我飘过"（视频网址：https：//v. qq. com/x/cover/mzc002005h7hcxm/e0034paz4kp. html）。

②教师介绍李佳琦的故事时，可以先让学生介绍一部分他们知道的内容，然后再补充即可。

附录：生涯指导课《职业特攻队》教案

一、教学目标

1. 引导学生思考专业与职业的关联和区别。
2. 帮助学生了解常见的工作形式和职业分类，以及社会变革带来的新兴职业。
3. 鼓励学生想象自己 20 年后的职业并自主完成名片设计。

二、教学重点、难点

1. 在"职业猜猜看"活动中，请学生根据招聘单位给出的不同条件猜测职业类型和薪资待遇。
2. 引导学生探索 20 年后自己的职业方向。

三、教学准备

1. "我的个性名片"学习单。
2. 彩笔。
3. 视频：《新兴 5 大高薪职业，每个职业都意想不到》，爱奇艺，3 分 14 秒；《未来人工智能时代的到来，什么样的职业不会被替代？》，爱奇艺，5分12秒。

4. 学生按小组围坐。

四、教学过程

教学过程

一、导入（3分钟）

教师：同学们，上节课我们认识了很多不同的专业，这节课我们就要更进一步了。我们要去认识职业，毕竟我们学习完专业之后都会进入社会，选择一份或者几份工作作为我们未来的职业。那么，我要考考大家，我们学了某个专业，就一定会从事相关的职业吗？（有些学生认同，有些学生不认同）专业与职业到底是怎样的关系呢？

教师讲解专业与职业的对应关系：（1）专业包含职业：个人的职业发展一直在所学专业的领域内，选择的职业与学习的专业相吻合；（2）专业为核心，职业包容专业：以专业为核心发展职业，个人的职业发展以所学专业为核心，向外扩展；（3）专业与职业交叉：以专业为基础发展职业，个人的职业发展在所学专业基础上有重点地沿某一方向拓展；（4）专业与职业分离：所学的专业与所从事的职业完全不相关。大多数人选择职业时会依托自己所学的专业。

二、热身活动：职业猜猜看（10分钟）

教师：大家会不会感觉我们对于职业没有那么了解？没关系，接下来，我们一起玩一个职业猜猜看的游戏。

教师出示面向同一热门专业方向（金融方向）不同的招聘条件，请学生猜测所招聘的职业类型和薪资水平，教师公布答案。

涉及职业类型有：金融信贷销售，1万～1.5万元每月；金融科技部负责人，2万～3万元每月；银行柜员，1万～1.5万元每月；大金融行业研究员，6万～7万元每月；金融行业测试员，1万～1.5万元每月；金融证券经纪人，3000～7000元每月；中国平安保险代理人，1万～1.5万元每月。

教师引导学生认识同一专业的毕业生有很多不同的职业选择，也有不同的工作形式。

三、主题活动：我的个性名片（25分钟）

（一）活动1：了解职业

教师请学生猜测我国目前共有多少种职业，并揭晓答案（1838种），告知学生职业分类结果远超所谓的360行，并且随着社会变革，一些新兴职业应运而生，同时一些传统职业面临挑战或被淘汰。

教师给学生展示视频：《新兴5大高薪职业，每个职业都意想不到》《未来人工智能时代的到来，什么样的职业不会被替代？》

（二）活动2：制作我的个性名片

教师请学生想象20年后的自己，制作自己的个性名片。要求基本要素齐全，正面写上姓名、职位、工作单位和地点，背面写胜任缘由：兴趣、性格、能力、价值观。

学生在制作个性名片的过程中，教师带领学生简略回顾之前的学习，鼓励学生勇敢选择适合自己的职业方向。

教师请学生交流并相互展示自己的名片。

四、总结与展望（2分钟）

教师：今天我们一起了解了常见的职业分类，也探索了自己感兴趣的职业。可是，由于课程时间有限，我们没有办法对每一位同学感兴趣的职业进行深入探索，所以下课后，我们可以通过书籍、网络、访谈等方式找找你最感兴趣的职业的特征，比如工作内容、工作环境、工作时间、工作待遇、休假制度、所需资格条件等。如果你还没想好你感兴趣的职业，也可以运用上节课所学的方法，找找最热门的职业、最受人尊敬的职业、最赚钱的职业、需求量最大的职业，没准其中就有你以后想从事的职业哦！

附件 1：我的个性名片（请在空白处设计与制作你 20 年后的个性名片）

第六章 生涯决策与管理

在了解了自己的性格、兴趣、能力、价值观等自我探索方面的内容，以及熟悉家庭环境的影响、大学及专业、职业等外部环境特征后，个体需要进行生涯抉择。这一决策是否合理或者恰当，将对自身的生涯发展产生不可估量的影响。正如约翰·坎贝尔曾说过：正是你在生活中每个环境的选择和决策塑造了你的人生，决定了你的成败。我们在人生中处处面临选择，当我们在学习和生活中面临这些选择时，我们需要思考并做出决策，这种决策可能会参考别人的意见，也可能会遵从自己内心的想法。而在面对人生升学和就业这样大的生涯主题时，我们更要慎重思考，因为看似一个小小的决定，却往往孕育着未来大的变化和发展。因此，我们需要学会如何抉择，如何找到自己理想的目标，如何管理我们的目标，从而采取行动一步一步去实现我们的人生理想。本章主要探讨生涯决策和生涯目标管理这两部分内容，帮助中学生了解相关的决策方法和目标管理内容，从而更好地开展自身的生涯行动。

第一节 生涯决策初探

不要急着决定，因为你经过一夜的深思熟虑之后，会涌现出更好的智慧。

——普希金

一、生涯决策的概念

生涯决策是指个体在面临生涯发展方向而犹豫不决时的选择历程。这一概念最初源于英国经济学家凯恩的理论，他认为生涯决策是指当一个人选择目标或职业时，他会选择使用一种使个人获得最高报酬而将损失降至最低的方法。在不断发展中，生涯决策概念逐步从经济学引用到心理学之中。生涯决策有广义和狭义之分[①]。广义上的生涯决策包含提出问题、搜集资料、确定目标、拟订方案、分析评价、最后选定等一系列的活动环节，在选定方案之后还要检查和监督其执行情况，以便发现偏

---

① 陈丽敏.浅谈职业决策的方法［J］.人才资源开发，2016（14）：105－106.

差，做出调整和改善。狭义的生涯决策仅仅被看成是行动方案的最后选择，即做决定的结果。事实上，个体的生涯是不断变化和发展的，一直处于动态变化之中。因此，生涯决策是一个过程，而不单单是一种结果。

生涯决策是一个极其复杂的心理过程，是综合了个体对自我的认识，以及对家庭、教育和职业等外在因素的判断，在面临生涯抉择情境下所做的各种反应。决策制订后是否可行，直接对个体的生涯发展产生巨大的影响。好的生涯决策可以帮助个体做到自我觉知，不断突破自身的局限和环境的限制，积极开发和释放自我的潜能，从而实现个体的人生理想，不断取得新的进步，最大限度地实现人生的价值。可见，个人需要具备相关的知识，掌握决策的操作方法，拥有决策能力。

二、生涯决策的风格

生涯决策是个体对未来发展方向的选择，涉及个体的认知、情感、行为和所处环境因素的复杂过程，它在一定程度上反映了个体的偏好和信念。不同的个体做决策的方式千差万别，因此有研究者提出了决策风格的概念，即个体在做决策时所表现出来的特定行为模式，是一种稳定的人格特质。生涯决策风格是指在职业决策中，决策者通过对自我及工作世界领域的相关信息进行加工和评估后，做出一个对自己有利的职业选择的过程中所表现出来的特定行为方式。多名研究者对决策风格进行了分类和探究，下面一一介绍①。

（一）哈伦的三分类

根据决策者对自己和工作环境在认识水平上的差异，哈伦（Harren）将生涯决策风格分为三种类型，即理性型、直觉型和被动型。其中，理性型决策风格的个体能够严格按照科学程序，利用自我与环境的相关信息进行理性的思维推理，然后做出决策；直觉型决策风格的个体则主要以自己的情感和直觉为线索，依靠自身的灵感或者感觉做决策；被动型决策风格的个体在做决策时会更多地依赖于外部人员，他人的愿望和帮助会影响他们的职业决策。此外，Harren还编制了职业决策评估表ACDM（the assessment of career decision making），该量表包含理性型、直觉型和被动型三个维度。

（二）沃尔什的两维度分类法

沃尔什（Walsh）从维度的角度对生涯决策风格进行划分，将其分为两个维度：思维-感觉、内向-外向。利用思维风格的个体和 Harren 的理性型类似，习惯运用理性的思维策略进行决策，而感觉风格类似于直觉型，主要依靠个人的感觉及灵感进行决策。内向风格的个体更多地根据自己的主见来进行决策，相反的，外向风格的个体则更多依赖于他人的建议和意见。根据这种分类方式，Walsh 编制了职业决策风格量表 VDSI（vocational decision-style indicator），有研究者使用该量表发现，思维、

---

① 赵亚波，宋轶凡，施俊琦. 职业决策风格介绍［J］. 职业，2012（34）：118–119.

内向的决策风格可以有效提高职业决策的效能感。

（三）斯科特和布鲁斯的五分类

斯科特（Scott）和布鲁斯（Bruce）在哈伦的职业决策风格三分类的基础上，进一步扩展形成五种职业决策风格的分类方式，包括理性型、直觉型、依赖型、逃避型和自发型。其中理性型决策风格的个体倾向于在对待选方案作出理性、系统的评价前，先收集大量的信息；直觉型决策风格的个体主要依赖自我的直觉和感觉；依赖型决策风格的个体在做决策的时候，更多地咨询他人的意见以获得指导；逃避型决策风格的个体会通过拖延的手段来逃避做出决策；自发型决策风格的个体则认为有必要尽快完成决策过程。斯科特和布鲁斯根据五分类的方式编制出一般职业决策风格量表 GDMS（general career decision-making scale）。

（四）宾布罗斯等人的四类型法

宾布罗斯（Bimbrose）等人进行了一项为期三年的纵向追踪研究并提出了四种生涯决策风格类型：评估型、策略型、机会型和志向型。评估型决策风格的个体在职业决策时更关注个体内在的职业价值观、兴趣爱好、知识技能、人职匹配度等；策略型决策风格的个体更多地以结果为导向，综合考虑环境和自身的特点以选择最佳的方案；机会型决策风格的个体往往没有详细的计划与明确的目标，更追求不确定性带来的机会，在职业决策过程中注重机会的寻找；志向型决策风格的个体在制订职业决策时更重视自己的选择是否与个人的志向或理想相符合。

三、生涯决策的方法

生涯决策并不是一个简单的事情。个体的生涯规划是一个漫长且复杂的过程，中学生还处在自我发展和不断变化的阶段，面临自身生涯发展的重大决策，需要对自己的决策质量进行审查，并且根据不断变化的情况对生涯决策及时做出改变和调整。如何科学地进行生涯决策，积极做好生涯准备，让自己对自身未来的发展更明确，这是至关重要的。具体而言，在生涯决策中，较为常用的方法主要有以下几种。

（一）"5What" 法

"5What"是一种比较简单的职业生涯决策的方法，是一种归零的思考方式。"5What"中要回答的五个问题是："我是谁？（Who am I?）""我想做什么？（What will I do?）""我会做什么？（What can I do?）""环境支持我做什么？（What does the situation allow me to do?）""我对于职业和生活的计划是什么？（What is the plan of my career and life?）"。回答完上述五个问题，也就完成了职业生涯的决策和规划。

（二）SWOT 分析法

SWOT 决策分析法又叫做态势分析法，是由管理学教授韦里克于 20 世纪 80 年代初提出来的。SWOT 四个英文字母分别代表优势（Strength）、劣势（Weakness）、机会（Opportunity）、威胁（Threat），其中优势和劣势主要用来分析内部条件，而机会和威胁主要用来分析外部条件。SWOT 决策分析法通过分析内部的优劣势，发现外界的机会和威胁，从而做出决策。

利用 SWOT 分析法进行职业生涯决策和规划时，应遵循以下几个步骤。

1. 评估自己的优势和劣势

在分析自己的优势和劣势的时候，个体可以回想自己喜欢做、擅长做的事情以及不喜欢、不擅长做的事情，尝试用一些具体的词汇来描述自己，出现频率较多的词汇就构成了个体主要的优缺点。此外，也可以借助职业测评工具或请教同学和老师对自己的评价等来更加客观和完善地看待自我。

2. 找出外部的机会和威胁

不同行业、职业和职位所面临的外部机会和威胁有所不同，找出这些外界因素可以帮助个体更好地进行职业生涯规划。可以根据自己的兴趣选择一两个行业，并认真评估这些行业所面临的机会和威胁。

3. 做出职业生涯决策

根据对自我和外部环境的分析，选择自己想从事的职业，构建一个 SWOT 分析模型，列出从学校毕业后最想实现的 4～5 个职业目标。个体根据职业的优势、劣势、机会和威胁，确立最贴合自身的职业发展目标。在这个过程中，个体需要遵循的原则是最大化发挥自己的优势，使之与行业所需要的工作机会完美匹配。

4. 制订职业行动计划

在完成 SWOT 分析之后，个体就可以制订相应的职业行动计划了。制订计划的基本思路是发挥优势因素，克服劣势因素，利用机会因素化解威胁。

（三）CASVE 循环决策理论

认知信息加工理论将生涯发展与规划的过程看作是学习信息加工能力的过程，即生涯发展是关于个体如何做出职业生涯决策以及在生涯问题解决和生涯决策过程中如何使用信息的问题。该理论假设生涯选择源于认知过程和情感过程的交互作用，是一种非常复杂的问题解决活动。个人的知识以及认知操作的有效性决定了个人职业生涯决策的能力。在认知信息加工理论中，CASVE 循环处于核心地位，包含在决策过程中的沟通（Communication）、分析（Analysis）、综合（Synthesis）、评估（Valuing）和执行（Execution）五个阶段。运用 CASVE 循环模型进行职业生涯决策时通常采用以下几个步骤。

1. 沟通

通过内外部信息的交流，意识到职业理想和现实之间存在差距，从而意识到需要做出一个选择。

2. 分析

收集和准备大量的信息，更好地察觉和理解现存状态和理想状体之间的差别，更加深入地了解自己以及自己的各种选择。

3. 综合

根据分析阶段所得出的信息，先把选择范围扩展开来，然后再逐步缩小至 3～5

个最可能的职业选项。

4. 评估

对综合阶段得出的 3～5 个职业选项进行具体的评价排序，并找到最优的职业选择。

5. 执行

在确定了最合适的职业后，设计相应的行动计划，将想法转换成行动。

CASVE 循环是一个不断重复的过程，在执行阶段又开始新一轮的循环，生涯决策者又回到沟通阶段，以评估是否需要重新开始一次 CASVE 循环来继续解决职业生涯问题。

（四）生涯决策平衡单

生涯决策平衡单是一种对价值进行量化的决策方法，由詹尼斯（Janis）和曼（mann）于 1977 年设计，将重大事件的思考方向集中到四个主题上：自我物质方面的得失、他人物质方面的得失、自我赞许与否、社会赞许与否。在实际应用中，后两个主题显得笼统，因此我国台湾生涯辅导专家金树人将最后两项改成"自我精神方面的得失"和"他人精神方面的得失"。自我物质方面的得失，即选择某一个生涯选项，在物质方面能够得到或者失去的东西。一般包括：个人收入、健康状况、休闲时间、未来发展、晋升状况、社交范围等。他人物质方面的得失，即选择某一个生涯选项，在物质方面对他人的影响，常见的他人一般是家人，比如家庭收入等。自我精神方面的得失，即做出一项选择时，我能够得到或者失去的精神层面的东西。比如：改变生活方式、富有挑战性、实现社会价值、有成就感等。他人精神方面的得失，即我做出一个选择时，他人（生涯规划上一般都是指家人）在精神方面的得失，比如父亲的支持、母亲的支持、妻子/丈夫的支持等。

在决策者面临多种难以抉择的职业选项时，生涯决策平衡单可以用量化的方式来协助我们做出重大的决定。生涯决策平衡单将面临的选择进行分数化，这种方式可以帮助个体更有条理地、客观地、具体地看待每一个选项，因此也成为一个通用的管理工具。通常生涯决策平衡单有以下六步操作程序。

1. 确定所有可能选择，列出 2～3 个职业选项。

2. 列出需要考虑的因素或条件，可以根据上述四个主题列出选择职业生涯考虑的因素。

3. 对每个考虑因素设置权重。根据个人情况，按照重要性和迫切性设置权重，加权范围为 1～5 倍。

4. 根据自己的判断给每个因素打分，分数越高表示此因素越重要，分数范围可以自定，如 0～5 分或 0～10 分。将平衡单上的原始得分乘以权重，得到结合权重的分数。

5. 计算总分并排序，得出每个职业选择的总分，作为决定的参考。

6. 根据总分和顺序做出判断，得到生涯决定。

常见的生涯决策平衡单[①]如下：

---

① 张冬梅. 高职生生涯决策班级心理辅导设计与操作 [J]. 职教通讯，2013（01）：16－19.

选择职业 考虑因素	重要性权数 (1~5)	生涯选择1:		生涯选择2:		生涯选择3:	
		得（+） 失（-）	加权分	得（+） 失（-）	加权分	得（+） 失（-）	加权分
自我的物质影响 1. 收入							
2. 工作的难易程度							
3. 升迁机会							
4. 工作环境的安全性							
5. 升迁机会							
6. 生活变化							
7. 对健康的影响							
8. 就业机会							
9. 其他							
他人的物质影响 1. 家庭经济							
2. 家庭地位							
3. 与家人相处时间							
4. 其他							
自我的精神影响 1. 生活方式的改变							
2. 成就感							
3. 自我实现的程度							
4. 兴趣的满足							
5. 挑战性							
6. 社会声望的提高							
7. 其他							
他人的精神影响 1. 父母							
2. 师长							
3. 配偶（男/女朋友）							
4. 公司人际关系							
加权后总分							

四、生涯决策探索课程设计素材

（一）活动1：我的重要抉择

活动准备：每个人印制一张"我的重要抉择"卡片，卡片样式如下：

"我的重要抉择"卡片

重要抉择时刻	时刻1：	时刻2：	时刻3：
面临的选择	选择1： 选择2： 选择3：	选择1： 选择2： 选择3：	选择1： 选择2： 选择3：
最后的选择			
选择的依据			
三者的共同特点			

活动流程：

①每人领取一张"我的重要抉择"卡片，教师引导学生思考从小到大自己所做的三个重大的决定，比如参加某次活动或比赛、和什么样的同学交朋友、购买什么物品、去哪个国家旅游、学习安排等，将想到的内容填写在"重要抉择时刻"一栏。

②思考并回忆当时自己所拥有的选择，并将内容一一写在"面临的选择"一栏。之后自己做了什么样的决定，以及选择的依据和理由都一并写在卡片上。

③教师引导学生思考自己三个选择的共同点，比如是根据自己的想法做的选择，还是受他人（如爸妈）的影响更多，如果是以自己的想法为主，是经过自己理性思考做出的选择还是根据自己当时的情绪做出的选择，将找到的共同点写下来。

④学生分组彼此分享自己的"重要抉择时刻"。

⑤教师介绍哈伦的生涯决策风格理论，即将生涯决策风格分为理性型、直觉型和被动型三类型，以及不同类型之间的特点（见前文介绍内容）。

⑥学生分组讨论和思考不同决策风格的优缺点，对自己当前的决策风格有所觉察和调整。

注意事项：

①部分学生在回忆自己的"重要抉择时刻"时会找不到头绪，教师可以从他们当下的生活入手，比如一天当中自己做过哪些决定，或者过往成功或失败的事例，印象最深刻的记忆事件等。

②分享阶段可以引导学生进行想象，比如当时周围人的意见，在一个什么样的环境，大家的心情怎么样。想象的画面越具体越好，这样能够更清楚地看到自己的决策倾向。

（二）活动 2：我的生涯决策平衡单

活动准备：每人印制一张"我的生涯决策平衡单"卡片，样式如下所示：

"我的生涯决策平衡单"卡片

选择职业 考虑因素	重要性权数*（1～5）	选择A： 得（＋）失（－）	加权分	选择B： 得（＋）失（－）	加权分
自我的精神层面	1. 兴趣				
	2.				
	3.				
	4.				
	5.				
自我的物质层面	1. 收入				
	2.				
	3.				
	4.				
	5.				
他人的精神层面	1. 陪伴父母				
	2.				
	3.				
	4.				
	5.				
他人的物质层面	1. 家人健康				
	2.				
	3.				
	4.				
	5.				
加权后总分					

* 表示重要性的加权分数可以采用五点量表，如最重要的×5，较重要的×4，一般重要×3，较不重要的×2，最不重要的×1等。

活动流程：

①每人领取一张"我的生涯决策平衡单"卡片，思考自己未来最想要从事的两种职业，并将它们分别写在"选择A"和"选择B"处。

②教师指导学生从"自我-他人""精神-物质"所构成四个范围来考虑，可以提供多数人在探究他/她的生涯发展时所考虑的项目清单，比如在自我精神方面的得失有生活方式、价值观、兴趣、性格特征、成就感、社会声望等；在自我物质方面的得失有收入、工作环境、升迁机会、休闲时间、身体健康、就业机会等；在他人精

神方面的得失有对父母的陪伴、朋友关系、其他重要他人等；在他人物质方面的得失有家人的身体健康、家庭的经济状况、家庭环境等。

③学生思考自己看中的因素，填在表格中相应的位置，并对每个考虑因素设置权重。根据个人情况，对考虑因素的重要性和迫切性设置权重，加权范围为1~5倍。

④学生对不同职业选择在每个考虑因素上的得失情况打分，符合该因素则加分，不符合则减分。加分和减分的数值根据自己的情况判断，0~5分或0~10分皆可。一般而言，分数越高表示此因素越重要。之后计算不同因素的加权分。

⑤将"选择A"和"选择B"在所有考虑因素上的加权分相加得到加权后的总分，依据总分的高低排序，得出自己倾向的职业目标。

⑥学生分享自己的感受和结果。

注意事项：

①表格中出现的考虑因素，比如"兴趣""收入""陪伴父母"等仅作为参考，学生可以保留或者更改写上自己看重的考虑因素。

②此类生涯决策平衡单同样适用于专业、院校的选择，将考虑因素的内容稍做调整即可。

（三）活动3：我的选科通行证

活动准备：每人印制一张"我的选科通行证"卡片，样式如下所示：

"我的选科通行证"卡片

我想要选择的科目：1.	2.	3.	。

	优势（Strength）：	劣势（Weakness）：
内部 个人 因素		
	机会（Opportunity）：	威胁（Threat）：
外在 环境 因素		

未来可采取的行动措施：
1.
2.
3.

活动流程：

①每人领取一张"我的选科通行证"卡片，思考自己高考想要选择的考试科目。

②教师指导学生从"优势（Strength）""劣势（Weakness）""机会（Opportunity）""威胁（Threat）"四个方面来考虑，综合内部和外部因素。比如在"优势"

一栏可以思考自己的兴趣、自己在该科目上所取得的成就或者具备的能力等，在"劣势"一栏可思考自己在该学科的薄弱项、性格上的不足、过往失败的经历等，在"机会"一栏可思考该科目在不同专业的覆盖率以及该科目未来的职业发展方向、带来的就业机会等，在"威胁"一栏可以思考班上的竞争者、学校师资的配备、校园地理位置所带来的限制、信息获取的缺乏等。

③根据自己完成的"SWOT"分析表，全班分组交流和讨论。对组内学生分享的劣势和威胁，小组集体商量可以改进的措施和行动策略。

④学生总结自己改进不足、发挥优势的未来行动策略，并写在最后一栏。

⑤学生分享自己的收获和感受。

注意事项：

①在小组分享环节，每个组员也可以根据他人的反馈对自己的四个方面进行完善和补充。

②在进行选科时教师需要了解不同院校招生政策和高考政策等相关信息。

（四）活动4：决策西游记

活动准备：每人印制一张"决策西游记"卡片，样式如下所示：

"决策西游记"卡片

"决策西游记"

故事背景：在去取经的路途中，有一次师徒四人休息片刻，发现前方是一个人迹罕至的森林，树木长得奇形怪状。四人分别表达了不同的看法，如下所示。

唐僧："前方森林看上去有些怪异，莫不是发生了什么奇怪的事情？众人不要着急，容为师先思考一下。"

孙悟空："前方必定有什么妖魔鬼怪作祟，俺老孙替师傅前去探路，定将他们捉拿归来！"

猪八戒："看起来真是好诡异的一个森林啊！大家都要去吗？师傅，你们都去那俺老猪也跟着去吧！"

沙和尚："师傅，我看天色也不早了。前方森林太过诡异，可能有危险，不如我们先回去商量再定夺？"

人物	唐僧	孙悟空	猪八戒	沙和尚
决策风格				
决策风格的优点				
决策风格的缺点				

我的主要决策风格：

我是否想要改变决策风格：Yes□ No□

总结：

活动流程：

①教师介绍沃尔什的两个维度决策风格理论，即决策风格可以从"思维-感觉"和"内向-外向"两个维度进行划分，分为思维内向型、思维外向型、感觉内向型、

感觉外向型四种。对不同类型的决策风格的特点（见前文）进行介绍。

②教师讲述西游记师徒四人发生的故事：在去取经的路途中，有一次师徒四人休息片刻，发现前方是一个人迹罕至的森林，树木长得奇形怪状。四人分别表达了不同的看法。

a. 唐僧："前方森林看上去有些怪异，莫不是发生了什么奇怪的事情？众人不要着急，容为师先思考一下。"

b. 孙悟空："前方必定有什么妖魔鬼怪作祟，俺老孙替师傅前去探路，定将他们捉拿归来！"

c. 猪八戒："看起来真的是好诡异的一个森林啊！大家都要去吗？师傅，你们都去那俺老猪也跟着去吧！"

d. 沙和尚："师傅，我看天色也不早了。前方森林太过诡异，可能有危险，不如我们先回去商量再定夺？"

③学生领取一张"决策西游记"卡片，根据角色的对话思考唐僧师徒四人的决策风格，并将结果写在卡片上。思考不同决策风格的优缺点，完成练习。

④全班分组讨论撰写的结果以及不同决策风格的优缺点，可根据小组讨论的结果适当补充自己没有想到的内容。

⑤小组派代表分享总结不同决策风格的优缺点，教师进行总结。

⑥学生思考自己在日常生活中的决策风格与哪个角色更像，并根据所了解到的不同风格的优缺点探究自己是否想要改变或调整自己的决策风格，写下自己的总结。

注意事项：

①卡片最后一栏的总结内容并无具体限定，学生可以写自己对决策风格的认识，也可以写自己未来的相关行动，或者课堂感受和收获等。

②教师在引导学生进行决策风格优缺点探究时，需要注意决策风格并无任何对错，世界上也没有任何完美的决策风格，每个人在不同情境中能够找到适合自己的决策风格即可。

（五）活动 5：小希的纠结

活动准备：每人印制一张"小希的纠结"卡片，样式如下所示：

"小希的纠结"卡片

事件	选择 A	选择 B	我安排的结局
1. 周末爸妈叫吃早饭	不想吃，想睡懒觉	想吃，不吃爸妈会生气	
2. 朋友生日送礼物	不想送，没有零花钱	想送，因为关系很好	
3. 晚上看书预习课文	不想看，白天太累了	想看，不然上课听不懂	
4. 竞选语文课代表	不想去，害怕自己失败	想去，因为很喜欢语文	
5. 报名参加围棋社	不想去，自己不怎么会	想去，大家都特别推荐	

我的决策风格是：

这一风格的利弊是：

活动流程：

①教师介绍小希的故事：小希是一个特别纠结的人，每次要做决定的时候都会特别难受。她不知道要怎么做决定才好，但是生活中每天都会有很多事情要她做决定。每次都是到了最后一刻，她还是在纠结，有时候哪怕决定了，又会犹豫后悔。小希最近面临五个重要的决定，请大家帮她一起决策吧！

②每人领取一张"小希的纠结"卡片，思考自己如果是小希会如何抉择，并将结果写在卡片上。

③教师讲解斯科特的五种决策风格，即理性型、直觉型、依赖型、逃避型和自发型，并介绍不同决策风格的特点（见前文）。

④全班分小组分享自己写的结局，并讨论不同决策风格的特点和利弊，总结组内每个人自己的决策风格特点，并将这一风格的利弊写在卡片上。

⑤学生分享自己的决策风格和小组讨论中的收获、感受。

注意事项：

①注意在撰写小希的结局时，并非"非 A 即 B"的选择，学生如果想要了解其他更多信息再做选择也是合理的。

②在小组分享阶段也可以让组员联系自己的生活，举例说明自己在日常生活中是如何决策的。

（六）活动 6：我的生涯探索小人

活动准备：每人印制一张"我的生涯探索小人"卡片，样式如下所示：

"我的生涯探索小人"卡片

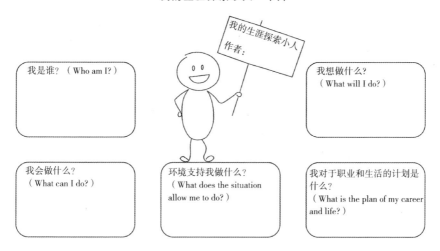

活动流程：

①教师提问学生自己未来的职业目标是什么，自己是如何考虑的。之后教师介绍生涯决策的"5 个 What"法，即回答五个问题："我是谁？（Who am I?）""我想做什么？（What will I do?）""我会做什么？（What can I do?）""环境支持我做什么？（What does the situation allow me to do?）""我对于职业和生活的计划是什么？

（What is the plan of my career and life?）"，可以帮助自己更好地探索生涯目标。

②每人领取一张"我的生涯探索小人"卡片，完成卡片的撰写。

③全班分组谈论和交流，分享自己的生涯探索小人的各方面的特点。

④教师总结，强调学生在做决策过程中需要考虑多方面的因素，鼓励学生实践自己的生涯计划。

注意事项：

①学生在撰写卡片时，教师可以引导学生结合所学的生涯课程，如自我探索和环境探索课程进行总结。

②在撰写对于职业和生活的计划时，教师注意引导学生写下的计划要具有操作性和可行性。

第二节　生涯目标管理

在一个崇高的目标支持下，不停地工作，即使慢，也一定会获得成功。

——爱因斯坦

一、生涯目标的概念

生涯目标是指个体在一生成长发展的某个阶段内，在职业或个人角色范围所设定达到的某种成就。1909 年被誉为"生涯规划之父"的帕森斯认为个体在选择职业时，须经历知己、知彼、抉择三大要素，即在自我认知和环境认知的基础上，进行职业、路线、目标的抉择。泰德曼进一步指出，确立具体的生涯目标是个体在生涯发展的预备时期的主要任务[①]。毋庸置疑，生涯目标的确立是个体生涯规划的重要内容。无论是对尚未就业的中学生，还是对已经有一定工作经历的成人来说，这都是人生中的一件大事。尤其对尚未就业的中学生而言，如果目标选择得当，就等于找准了人生前进的方向，能及时抓住机遇发展自我，在未来的职业发展道路上就能够扬长避短，取得较高的成就。相反，如果对自己的生涯目标不够明确，无法树立远大的职业理想，就容易随波逐流，荒废青春。

可见，生涯目标的确立是生涯规划的首要内容。只有当个体有了明确的目标，才能够全力致力于目标的实现，排除不必要的干扰，致力于收获人生的理想。

二、生涯目标的分类

生涯目标的确立并非一蹴而就的事情，也并非单一的。根据时间长短或者目标

---

① 王佳伟. 普通高中生生涯目标清晰度与学习状况的相关调查与研究 [D]. 石家庄：河北师范大学，2017.

的性质，生涯目标可分为多种类型。具体而言，比较常用的生涯目标有以下两种分类方式。

按照时间分类，生涯目标可分为长期目标、中期目标和短期目标。长期目标是时间为5年以上的目标，一般比较粗略、不具体，以勾画轮廓为主。长期目标不是马上就能实现的，它更类似于个体的人生理想。从某种意义上来说，长期目标既可以是个体奋斗的方向、范围，也可以是具体的某项职业，符合自身的实际以及社会发展状况，是个体认真选择的结果。中期目标的时间跨度为3～5年，它较长期目标更为具体，并与其方向保持一致。中期目标具有一定的高度和挑战性，并非轻而易举就能达到。短期目标是指1～3个月的目标，它是最现实也是最具体的目标，是个体实现生涯长期目标的起点。短期目标一般与个体自身的差距较小，目标清晰、明确，比较容易实现。总的来说，短期目标服从于中期目标，中期目标服从于长期目标。具体目标的实施都是从具体的、短期的目标开始的。

按照性质分类，生涯目标可分为外生涯目标和内生涯目标[1]。内、外生涯目标都是个体在生涯发展过程中，个体依据自己对个人成长、职位升迁、职业幸福感等方面的要求所设定的一种发展程度。具体而言，外生涯目标是生涯发展中的外在因素，比如工作职务、工作内容和环境、工作时间和地点、工作报酬，以及高考的大学、专业和校内外各种职务等目标，主要由外界或他人给予和认可。内生涯目标是生涯发展中的内在因素，比如相关职业知识、工作能力、观念、工作经验、心理素质以及各学科知识、学科能力、综合素质、行为习惯等，凭借自身的努力而获得。外生涯目标与内生涯目标关系密切，内生涯目标的发展会带动外生涯目标的发展，外生涯目标的实现可以促进内生涯目标的实现。

三、生涯目标的设定与执行

生涯目标的设定是青少年生涯发展过程中的重要内容之一。如何设定一个切实可行的且适合自己的目标，并针对这一目标科学地展开行动，是每个青少年需要思考的问题。这些目标既是他们对自己当前学习和生活的规划，也是对未来步入职业世界的期待和摸索。如果设定的目标脱离实际，就可能会打击到他们的热情和行动，使其在生涯发展道路上受挫。相反，如果掌握了科学地设定目标的方法，就有了前进的方向，就会更好地激发他们的动力和信心，使其在追逐自己理想的道路上不断前行。下面介绍几种常用的目标设定与执行的方法[2]。

（一）SMART原则[3]

SMART原则是目标制订和管理领域一个非常重要的概念和原则，被誉为绩效管

---

① 顾亚丽.职业生涯规划中的目标管理问题研究 [J].管理观察，2014（22）：36-37.
② 王明东.浅谈 SMART 原则、5W2H 分析法和 PDCA 循环的综合应用 [J].中外企业家，2020（21）：56-57.
③ 李字庆.SMART 原则及其与绩效管理关系研究 [J].商场现代化，2007（19）：148-149.

理中的"黄金准则"。最早是基于美国马里兰大学心理学教授洛克（E. A. Locke）的目标设置理论（Goal Setting Theory）在实践中总结和发展出来的。SMART 代表的是五个英文词的第一个字母的汇总。一般而言，一个好的目标要基本符合 SMART 的五个原则，它们分别是：

S（Specific）：具体的，指设定的目标要明确、具体、清晰，不能是笼统的、模糊不清的；

M（Measurable）：可衡量的，指设定的目标需要是数量化或者行为化的，并且验证这些目标的数据或者信息是可以获得的；

A（Attainable）：可达到的，指设定的目标在付出努力的情况下，是可以实现的，避免设立过高或过低的目标；

R（Relevant）：相关联的，指设定的目标与其他目标的关联情况，如果实现这个目标对其他目标的完成完全不相关，或者相关度很低，那么即使达成了这个小目标，对于总目标的贡献也较小；

T（Time-bound）：有时间限制的，指设定的目标是有时间限制的，对于目标实现的具体期限有明确规定。

（二）5W2H 分析法[①]

"5W2H"分析法又叫七何分析法，是美国陆军兵器修理部在第二次世界大战中首创的分析方法。因其简单、方便，易于理解和使用，广泛用于企业管理和技术活动，对于决策和执行性的活动措施也非常有帮助，同时有助于弥补考虑问题时出现的疏漏。其内容主要是由 5 个首字母为"W"和 2 个首字母为"H"的英文单词组成，它们分别是：

Why：为什么，指目标设定的原因，为什么要设定这一目标，目标的出发点和目的是什么。

What：是什么，指目标设定的具体内容，要完成或者达到的标准是什么。

Where：在哪里，指目标执行的场所，在哪里比较适合执行这一目标、获取相关资源等。

When：什么时候，指目标执行的时间，在哪一时间段最适合去完成这一目标，完成的周期多长比较合理。

Who：谁，指目标执行的对象和参与者，有哪些个体参与到目标实现的过程中，由谁来负责，谁来具体地执行、监督和决策等。

How：怎么做，指目标执行的方式，通过怎样的方式实现目标，实施的方法和步骤是什么等。

How Much：多少钱，指实现目标所需要的成本，需要花费多少费用等。

---

① 刘淑芸，戚龙，魏帅，郑印淋．"5W2H"问题式教育模式应用于暑期见习生的效果分析［J］．护理研究，2012，26（27）：2587-2588.

（三）PDCA 循环法[①]

PDCA 循环法是由管理专家休哈特（Walter A. Shewhart）于 1930 年构想，后来被美国质量管理专家戴明（W. Edwards Deming）博士在 1950 年挖掘出来并应用于全面质量管理中，故 PDCA 循环法又称戴明环。PDCA 四个字母代表了质量管理方式的四个不同阶段，它们分别是：

P（Plan）阶段：计划阶段，指根据已有信息，人们对所要发展的目标做的总体规划，包括具体的方案和可操作的计划。

D（Do）阶段：执行阶段，指实施计划阶段制订的方案和计划中的内容。

C（Check）阶段：检查阶段，指对前期的工作及时总结，对执行计划的结果进行详细分析，梳理方案和计划执行过程中的不足和取得的经验。

A（Act）阶段：行动阶段，也被称作改进阶段，针对检查阶段总结梳理的结果进行处理，将不足进行改善，充分利用好的经验和做法等。

这四个过程不断周而复始地运转，其中，A 阶段（行动阶段）是 PDCA 循环链中的关键环节，也是下一个 PDCA 循环的催化剂。这一方法同样适用于生涯的目标设定和管理，在生涯规划活动中，可根据自己理想的目标做出计划、实施计划、检查实施效果，然后将成功的做法总结，不成功的留待下一循环去解决。

四、生涯目标管理课程设计素材

（一）活动 1：两份录取通知书[②]

活动准备：每组一盒彩笔，每人印制一张"我的录取通知书"卡片，样式如下所示：

"我的录取通知书"卡片

录取通知书

---

① 杨洁. 基于 PDCA 循环的内部控制有效性综合评价 [J]. 会计研究，2011（04）：82 - 87.
② 徐丽娟. 带着目标前行——高一心理活动课教学设计 [J]. 江苏教育，2016（56）：52 - 53.

活动流程：

①教师讲述故事：有个同学，高中的理想是考上北京大学。他周围的人都认为不可能，因为他的成绩在班里是倒数的，高一结束他的成绩到了班级的中等水平，高二进入班级前5名，高考他以全班第一、全校前十的成绩考上了他理想中的北京大学。他是怎么做到的呢？他说，他为自己设计了一份录取通知书，他把录取通知书贴在课桌掀板的背面，时时激励着他，最终当他拿到录取通知书时，他把两张通知书都珍藏起来，因为他觉得在他人生当中这两张通知书同等重要。同学们读完这个故事后，你们有什么感受？

②全班分组进行讨论，学生分享自己的故事感受和领悟。

③每人领取一张"我的录取通知书"卡片，学生自主设计自己理想中大学的录取通知书。

④学生自愿分享自己设计的录取通知书以及设计过程中自己的感受。

注意事项：

①课前尽量让学生去了解和搜寻有关理想大学的信息，或者对各类大学的类别及专业有所了解。

②如果学生在撰写录取通知书时实在不知道写什么大学，可以让其思考自己理想大学的特征，将其写在卡片上亦可。教师可在进一步了解该生的具体情况后，利用课后做针对性指导。

（二）活动2：目标大筛查

活动准备：每人印制一张"目标大筛查"卡片，样式如下所示。另外，将卡片中的三个"初始目标"写在小卡片上以备抽选用。

"目标大筛查"卡片

筛查标准	初始目标		调整目标	
	1. 我的目标是期末考试各科成绩提高10分。 1.			
S（Specific）	Yes ☐	No☐	Yes ☐	No☐
M（Measurable）	Yes ☐	No☐	Yes ☐	No☐
A（Attainable）	Yes ☐	No☐	Yes ☐	No☐
R（Relevant）	Yes ☐	No☐	Yes ☐	No☐
T（Time-bound）	Yes ☐	No☐	Yes ☐	No☐
	2. 我决定每周坚持跑步5公里。（注：最终梦想是成为国家运动员。） 2.			
S（Specific）	Yes ☐	No☐	Yes ☐	No☐
M（Measurable）	Yes ☐	No☐	Yes ☐	No☐
A（Attainable）	Yes ☐	No☐	Yes ☐	No☐
R（Relevant）	Yes ☐	No☐	Yes ☐	No☐
T（Time-bound）	Yes ☐	No☐	Yes ☐	No☐

续表

筛查标准	初始目标		调整目标	
	3. 我的目标是看完100本书。		3.	
S（Specific）	Yes □	No□	Yes □	No□
M（Measurable）	Yes □	No□	Yes □	No□
A（Attainable）	Yes □	No□	Yes □	No□
R（Relevant）	Yes □	No□	Yes □	No□
T（Time-bound）	Yes □	No□	Yes □	No□
	4.（现有目标 a_1）：		4.（调整目标 a_2）：	
S（Specific）	Yes □	No□	Yes □	No□
M（Measurable）	Yes □	No□	Yes □	No□
A（Attainable）	Yes □	No□	Yes □	No□
R（Relevant）	Yes □	No□	Yes □	No□
T（Time-bound）	Yes □	No□	Yes □	No□
	5.（现有目标 b_1）：		5.（调整目标 b_2）：	
S（Specific）	Yes □	No□	Yes □	No□
M（Measurable）	Yes □	No□	Yes □	No□
A（Attainable）	Yes □	No□	Yes □	No□
R（Relevant）	Yes □	No□	Yes □	No□
T（Time-bound）	Yes □	No□	Yes □	No□

活动流程：

①教师讲解 SMART 原则，介绍五个字母代表的含义（见前文）。

②全班分成五组，每一组代表一个字母，比如第一组代表"S（Specific）：具体化"原则。教师随机抽取三个"初始目标"中的一个，如果符合第一小组的具体化原则，则第一组组成员双手张开高举在半空中表示"Yes"，如果不符合第一组的具体化原则，则第一组成员将双手交叉抱于胸前表示"No"。其他小组类似，符合则张开双手置于半空，不符合则双手交叉抱于胸前。

③"初始目标"一共有 3 个，故活动进行三轮。每进行一轮目标大筛查后，五组要依次派代表进行解释，说明符合或不符合的原因。

④教师对学生的判断进行总结，下发"目标大筛查"卡片。学生根据之前的活动将结果写下来，并对目标进行调整。

⑤学生在最后两个空白目标处填上自己想要实现的目标。同桌两人进行检查，检验其是否符合 SMART 原则，并对目标进行修正。

注意事项：

1. 学生撰写自己想要达成的目标时，如果符合 SMART 原则，则无须进行修正。

2. 在进行分组和分配原则时，也可选 5 名学生分别代表五种原则上台进行筛查。

（三）活动3：我的特别报道

活动准备：每人印制一张"我的特别报道"卡片，样式如下所示：

"我的特别报道"卡片（正面）

	人物姓名： 主要任职： 财务状况： 重要成就： 主要事迹：
图为我的生活照	

"我的特别报道"卡片（反面）

长期目标（10年）	
中期目标（第6~10年）	
中期目标（第1~5年）	
短期目标（第1~3个月）	
具体做法（从本周开始）	1. 2. 3. 4. 5.

活动流程：

①教师带领学生想象十年后，有一个杂志想要采访你，为你撰写一篇特别报道。他们需要了解你的任职经历、财务状况，以及取得的重要成就。你希望别人怎么报道你呢？比如他们介绍你在这十年以来的主要事迹、自己最骄傲的事情、最希望别人知道的成功等？

②学生设计并完成自己的"我的特别报道"卡片（正面）。

③全班分组进行分享和讨论，思考如何才能取得自己报道当中的成就。

④学生对小组讨论中收获的实现目标的方法进行总结，并在"我的特别报道"卡片（反面）完成目标的分解和细化，具体到从现在开始，自己可以开展的行动。

⑤学生分享自己在活动流程中的感受和收获，教师强调目标只有通过具体的行动才有实现的可能。

注意事项：

①"我的特别报道"卡片（正面）左侧的"生活照"需要学生自行设计，可以画简笔画，也可以写关键词。

②在撰写"我的特别报道"卡片（反面）时只需挑选正面所写的重要成就或主要事迹当中自己最为看重的一个方面进行目标分解。

（四）活动4：我的梦想墙

活动准备：每人印制一张"我的梦想墙"卡片，卡片样式如下所示：

"我的梦想墙"卡片

我的姓名：	我梦想的大学是：	
成就梦想的学习之路： "——"现在成绩　　"……"理想成绩		1.
		2.
	提高成绩的 行动策略	3.
		4.
		5.
	可能面临的困难	
	解决困难的方法	
科目 （ ） （ ） （ ） （ ）		1.
注： 在科目一栏对应的括号内写上想要提高的科目，如语文、数学等。	成绩提高的奖励	2. 3.
在上图用实线画出自己现在的成绩水平。 用虚线画出自己期待的学科成绩分数线。		4.

图中纵轴刻度为：100、90、80、70、60

活动流程：

①每人领取一张"我的梦想墙"卡片，在卡片顶端写上自己的姓名和梦想的大学。

②教师介绍要想能够考上梦想的大学，需要自己现在开始做出努力。请学生回想自己当前各科的学习状态和最近一次重大考试的得分，思考自己最短板的四个学科，将对应的科目写在"成就梦想的学习之路"方格内的括号里面。

③根据已知的成绩分数和自己理想的成绩分数，画出两条折线，其中现在的成绩用实点标记，用实线连接，理想的成绩用虚线连接。

④针对自己撰写的"学习之路"思考自己如何才能提高相应学科的考试成绩，并将想到的策略写在右侧的"提高成绩的行动策略"横线上。对执行策略过程中可能面临的困难做出预设，思考解决困难的办法，写在相应方框内。

⑤积极想象自己成绩提高之后如何给自己一些正向反馈，将想到的奖励办法写上去。

⑥全班分小组讨论和分享，可针对自己撰写的内容进行完善。

注意事项：

①关于"成就梦想的学习之路"的撰写，可以适当提供范例，即将两条折线画出来可能更清楚。

②如果在小组分享前学生并没有全部完成卡片内容的撰写也没关系，可以在小组分享中拿出来进行讨论，让小组成员相互支招。

（五）活动 5：周迅的故事①

活动准备：每人准备一张白纸和一支笔。

活动流程：

①教师出示演员周迅的照片，提问学生是否认识该演员。

②学生分享自己对周迅的认识，如看过的影片或电视剧、相关的娱乐新闻等。

③教师讲述周迅的故事：

十八岁之前，我是个不知道自己想要什么的人，那时我每天就在浙江艺术学校里跟着同学唱唱歌，跳跳舞。偶尔有导演来找我拍戏，我就会很兴奋地去拍，无论多小的角色。

如果没有老师跟我的那次谈话，那么也许直到今天，仍然没有人知道周迅是谁。

那是 1993 年 5 月的一天，教我专业课的赵老师突然找我谈话："周迅，你能告诉我，你对于未来的打算吗？"

我愣住了。我不明白老师怎么突然问我如此严肃的问题，更不知道该怎么回答。

老师问我："现在的生活你满意吗？"我摇摇头。

老师笑了："不满意的话证明你还有救。你现在就想想，十年以后你会是什么样？"

老师的话音很轻，但是落在我心里却变得很沉重。我脑海里顿时开始风起云涌。沉默许久，我看着老师的眼睛，忽然就很坚定地说："我希望十年后的自己成为最好的女演员，同时可以发行一张属于自己的音乐专辑。"

老师问我："你确定了吗？"

我慢慢地咬紧着嘴唇回答："Yes"，而且拉了很长的音。

老师接着说："好，既然你确定了，我们就把这个目标倒着算回来。十年以后，你 28 岁，那时你是一个红透半边天的大明星，同时出了一张专辑。"

"那么你 27 岁的时候，除了接拍各种名导演的戏以外，一定还要有一个完整的

---

① 周迅 . 周迅：想想十年以后的自己 [J]. 传奇文学选刊，2006（02）：44 - 45.

音乐作品，可以拿给很多很多的唱片公司听，对不对？"

"25岁的时候，在演艺事业上你就要不断进行学习和思考。另外在音乐方面一定要有很棒的作品开始录音了。"

"23岁就必须接受各种培训和训练，包括音乐上和肢体上的。"

"20岁的时候就要开始作曲、作词。在演戏方面就要接拍大一点的角色了。"

老师的话说得很轻松，但是我却感到一阵恐惧。这样推下来，我应该马上着手为自己的理想做准备了，可是我现在却什么都不会，什么都没想过，仍然为小丫鬟小舞女之类的角色沾沾自喜。我觉得有一种强大的压力忽然朝自己袭来。

老师平静地笑着说："周迅，你是一棵好苗子，但是你对人生缺少规划，散漫而且混乱。我希望你能在空闲的时候，想想十年以后的自己，到底要过什么样的生活，到底要实现什么样的目标。如果你确定了目标，那么希望你从现在就开始做。"

一年以后，我从艺校毕业了，老师的话从那天开始一直刻在了我的心底：想想十年后的自己。是的，当我意识到这是一个问题的时候，我发现我整个人都觉醒了。

从学校毕业后，我忙于接拍各种各样的影视剧。我始终记得，十年后我要做最成功的明星，所以对角色我开始很认真地筛选。后来我拍了《那时花开》，拍了《大明宫词》，我渐渐被大家接受，也慢慢地尝到了成功的快乐。

2003年4月，恰好是老师和我谈话后的十周年，我不知道这是偶然还是必然，我居然真的拥有了属于自己的第一张专辑——《夏天》。其实你也和我一样。如果你能及时地问自己一句："十年后我会怎么样？"你会发现，你的人生就会在不知不觉中发生变化。时刻想着十年后的自己，你会朝着自己的梦想越走越近。

④学生分享听完故事后的感受。

⑤学生拿出一张白纸，在白纸顶端写上"××的十年梦想计划"。按照周迅的做法，从未来十年倒推到现在，思考自己每一阶段的目标以及具体要做的事情，将思考的内容写在白纸上。

⑥全班分小组进行讨论，分析目标实现的可能性以及可操作性。学生根据小组的讨论进行完善。

注意事项：

①教师在讲述故事时，可能会有些枯燥。可以课前找同学配好音，效果会更好。

②学生在倒推自己的梦想计划时，可以用图文结合的方式进行思考和整理。

③小组讨论的焦点最后要落回到现在可以采取的具体行动上。

（六）活动6：高华的计划①

活动准备：无。

① 李玲. 如何让学习计划能够按部就班地执行 [J]. 今日中学生，2018（Z6）：19-20.

活动流程：

①教师提问学生是否有制订计划，计划完成情况如何。学生简单分享自己的过往经验。

②教师讲述高华的故事：

高华是一名初三的学生，他特别希望自己能够考上理想的高中。看着越变越薄的日历，高华感觉自己的心跳在加快。他拿出一张八开大的白纸，注入所有激情在顶端写下"此时不搏何时搏"，然后，开始写下自己的计划。他发誓，在中考复习的日子里，要严格按计划办事。

高华制订的计划可以说是分秒必争，在制订时他也没少下功夫，而让高华泄气的是，计划虽然制订好了，但是他执行了没几天就坚持不下去了。

比如，高华计划每天早上五点起来背英语单词，但只坚持了两天就抵挡不住"瞌睡虫"的诱惑；每天计划复习两章数学，也只坚持了两天就半途而废……真是计划赶不上变化！

明明把计划制订得非常周密，几乎是把能用的时间都用来学习了，可是为什么执行不下去呢？高华为此很苦恼。他对自己说："大丈夫一言既出，驷马难追！"可是，怎奈自己的大脑越来越迟钝，精神越来越憔悴，身体越来越虚弱。那份寄托了豪情壮志的计划，也随着一声叹息灰飞烟灭了。

③全班分小组讨论高华计划进行不下去的原因是什么，以及在制订计划的过程中需要注意的事项是什么，之后派代表进行发言。

④教师将学生的发言要点进行归纳和总结，强调科学制订计划的规则，比如弹性计划（留出 1 小时左右的机动时间）、家人协助（父母协助制订计划以及监督计划的执行等）、正向反馈（及时给予自己积极的肯定和奖励等）。

⑤学生针对自己的具体情况，利用学到的制订计划的技巧和注意事项，设计和制订一个周末计划表，之后进行分享。

注意事项：

①教师需要强调制订的计划并非一成不变，需要在执行过程中适当进行调整和完善。

②可以邀请学习计划做得比较好的学生上台分享成功的经验。

附录：生涯指导课《目标与人生》教案

一、教学目标

1. 强调目标对生涯规划的重要性。

2. 帮助学生掌握目标设定的 SMART 原则。

3. 鼓励学生按照 SMART 原则设定自己想要追求的目标。

二、教学重点、难点

1. 帮助学生掌握目标设定的 SMART 原则。
2. 鼓励学生按照 SMART 原则设定自己想要追求的目标。

三、教学准备

1. "我的 SMART 目标"学习单。
2. 视频《飞屋环游记》起飞的瞬间（腾讯，30 秒）。
3. 视频：如何做计划（腾讯，5 分 44 秒）。
4. 学生按小组围坐。

四、教学过程

教学过程

一、导入（2 分钟）

教师：同学们，在前面的几次课程当中我们进行了自我探索和外部环境探索，了解了自己的兴趣、性格、能力以及价值观，并看到了家庭成员、大学专业以及社会职业对我们生涯的影响，今天这节课开始我们进入生涯行动，换言之，我们开始探索如何才能实现自己的生涯目标，走向理想的人生。当然所有的生涯行动都离不开一个最重要的东西，那就是我们的生涯目标。这就是我们今天要探索的主题：目标与人生！

二、热身活动：Gertrude 的卡塔林纳海峡挑战（6 分钟）

教师讲述 Gertrude 的卡塔林纳海峡挑战故事，引发学生思考。

材料：

故事（上）：美国妇女 Gertrude Ederle 是横渡英吉利海峡的第一位女性。完成这项壮举之后，她决定向另一距离更远的海峡——卡塔林纳海峡挑战，即从加利福尼亚海岸以西 21 英里的卡塔林纳游向加州海岸。要是成功了，她就是第一个游过这个海峡的妇女。

1952 年 7 月 4 日的清晨，加利福尼亚海岸及附近的太平洋洋面笼罩在浓雾中。那天早晨，海水冻得她身体发麻，雾很大，她连护送船都看不到。她一个人坚定地游着。千万人在电视上看着。时间一小时一小时过去，已经 15 个小时了，她仍然在游。终于，她感到又累又冷，她知道自己不能再游了，就请求拉她上船。随船的教练及她的母亲告诉她海岸很近了，不要放弃。当她朝加州海岸望去，浓雾弥漫，什么也看不见！最后，在她的再三请求下（从她出发算起 15 小时 55 分之后）人们把她拉上船——离加州海岸只有半英里！

故事（下）：后来，她总结道：令她半途而废的不是疲劳，也不是寒冷，而是在浓雾中看不见目标。"说实在的"，她对记者说，"我不是为自己找借口，如果当时我看见陆地，也许就能坚持下来。"迷茫的目标，动摇了她的信念。

两个月后，她成功地游过同一个海峡，仍然是游过卡塔林纳海峡的第一位女性，且比男子的记录快了大约两小时。这次，她有了非常清晰的目标，所以她成功了。

教师讲述完故事（上），提问学生为什么 Gertrude Ederle 失败了？之后讲述故事（下），然后提问学生从她身上学到了什么。

教师小结：德国的著名思想家和哲学家康德说过，没有目标而生活，恰如没有罗盘而航行。可见，在人生旅程中，我们如果没有生活目标，生活将失去它的节奏，一片混乱，目标就像指南针，能够指引我们过上自己想要的生活。从 Gertrude Ederle 身上，相信大家也看到了，无论你的目标有多遥远，也依然可以通过坚持不断接近和实现自己的理想。

续表

教学过程

三、主题活动：SMART 原则（30 分钟）

（一）活动 1：美梦成真的飞屋环游记

教师：我的梦想是什么呢？我近期想要达到的目标是什么呢？我们如何才能够实现自己的梦想呢？接下来让我们来看一下《飞屋环游记》中的一幕，找找答案吧！

教师播放《飞屋环游记》30 秒起飞片段，提问学生为什么房子能够飞起来（学生可能回答：因为有很多氢气球）。教师总结，房子能够飞起来是因为他们一开始设定了一个目标，那就是让物体把房子带到天上去。所以后来他们才想到了能不能用氢气球。这个过程就是实现梦想的第一步，即把梦想转化成更直接、更有操作性的目标。这个过程叫做目标设定。

（二）活动 2：神奇技巧

教师讲授目标设定的 SMART 原则，并依次举例让学生选择符合原则的目标。具体案例如下：

具体（Specific）原则：目标要具体明确，不抽象。

• 我想成为一名建筑师/画家/摄影师。

• 我要考上重点高中。

• 我要在期末考试中考到年级前 10 名。

可测量（Measurable）原则：目标要能够用数据测量或分析。

• 我每天要坚持运动。

• 我每天要坚持看书 10 页。

• 我的目标是中考英语考到 100 分。

可实现（Achievable）原则：目标可通过努力实现，忌高低不平。

• 我期末考试要考到年级第一（注：目前年级排名 365 名）。

• 我两个月下来要瘦 50 斤。

• 我的目标是期末考试各科成绩提高 10 分。

相关（Relevant）原则：目标和终极目标之间有关联性。

• 我的目标是去考钢琴八级（注：最终梦想是成为一名科学家）。

• 我的目标是每周坚持跑步 5 公里（注：最终梦想是成为一名国家运动员）。

• 我的目标是将英语成绩考到优秀（注：最终梦想是成为一名同声翻译员）。

时间限制（Time bound）原则：目标要有一个确定的完成期限。

• 我在 35 岁前要在北京进行一次个人摄影展。

• 我的目标是看完 100 本书。

• 我的目标是五年内去 10 个国家旅行。

（三）活动 3：我的 SMART 目标

教师给学生下发"我的 SMART 目标"学习单，要求学生按照 SMART 原则写出自己想要追求的目标。目标的内容可以参考自己理想的职业、期待取得的学习成绩、期待实现的愿望（如写书、旅行、锻炼、挑战极限、出国等）。时间 5 分钟。

（四）活动分享：目标大闯关

教师请组长将卡片收集起来，之后在每组中随机抽取一张，检验目标是否符合 SMART 原则。如果符合 5 条标准，则该组免受惩罚，如果仅符合其中的 3～4 条，则需要小组挑战只有 3 条或 4 条腿的怪兽。如果只符合 1～2 条，则该组集体接受其他同学提出的真心话或大冒险。

（五）视频观看：如何做计划

教师：在目标大闯关活动中，我看到大家都很认真地写下了自己的目标，合理利用了刚刚我们学到的 SMART 原则，非常不错。那在制订目标后我们就要去实现，如果要让目标实现，怎么制订好的计划呢？接下来，请大家看一个视频：如何做计划。

教师提问学生在视频中学到的制订计划的技巧有哪些，并进行总结。

四、总结与展望（2 分钟）

教师：今天我们一起看了 Gertrude Ederle 的故事，了解到了目标对我们生涯规划的重要性，我们还学习了如何制订一个可操作的生涯目标，并掌握了最为关键的目标设定 SMART 原则，希望同学们能够利用所学不断树立自己远大的理想，并积极制订相应的计划，不断努力，相信大家最终都会收获自己理想的人生！下课！

附件 1："我的 SMART 目标"学习单

我的"Smart"目标

❤ 我的姓名：＿＿＿＿＿＿＿＿＿

❤ 想要达成的初始目标

短期目标：＿＿＿＿＿＿＿＿＿＿＿＿＿＿＿＿＿＿＿

中期目标：＿＿＿＿＿＿＿＿＿＿＿＿＿＿＿＿＿＿＿

长期目标：＿＿＿＿＿＿＿＿＿＿＿＿＿＿＿＿＿＿＿

❤ 检验目标的"smart"原则

目标原则	短期目标	中期目标	长期目标	是否更改
「S」具体性				
「M」可测量				
「A」可获得				
「R」相关性				
「T」时效性				

❤ 综上，经过检验，我最终制定的"smart"目标是：

短期目标：＿＿＿＿＿＿＿＿＿＿＿＿＿＿＿＿＿＿＿

中期目标：＿＿＿＿＿＿＿＿＿＿＿＿＿＿＿＿＿＿＿

长期目标：＿＿＿＿＿＿＿＿＿＿＿＿＿＿＿＿＿＿＿

❤ 最后，给亲爱的自己加油，相信经过努力目标一定会实现的！

第七章 撰写生涯规划书

凡事预则立，不预则废。每个人的生命只有一次，是一张不可逆装的单程票。要在有限的人生中实现自己的理想和抱负，离不开成功的规划和设计。对于中学生而言，制订一份科学的生涯规划书，不仅有助于学生更好地认识自身的兴趣、能力、个性特质等，更有助于他们明确未来的发展方向，在生涯目标的引领下不断增强自身的竞争力，最终实现自己的梦想，获得成功。但是在现实生活中，我们往往发现大多数中学生缺乏具体的生涯目标，求学背后的唯一目的是考大学，以满足父母的期待和要求。他们对于自身的兴趣、能力、价值观等并不清楚，并不知道未来要去哪里，要怎么去。因此，指导中学生了解自我、探索外部环境，根据已有的信息进行生涯规划设计是非常有必要的。具体而言，生涯规划书的制订需要符合哪些原则，规划书的设计包括哪些内容，详细的制订步骤有哪些，是本章节主要涉及的内容。

第一节 生涯规划书的制订原则

由预想进行于实行，由希望变为成功，原是人生事业展进的正道。

——丰子恺

一、生涯规划书的含义

生涯规划书又叫生涯规划设计，是个人规划及其未来生涯发展的过程，即设定个人生涯目标，然后设计为完成生涯目标而开展各项活动的过程[①]。它是一个连续的不断自我评估和目标设置的过程，能够为个体提供一个系统的、持续的方法去探索和发展他们的人生。生涯规划设计要求一个人能够根据自身的兴趣、爱好、能力、个性特点等进行综合分析和考量，不断定位自身的最佳发展点，最大限度地发挥自身的潜能，实现自我价值。

---

① 朱诗威，冯飞芸. 对新生生涯规划书内容的分析和思索 [J]. 文教资料，2010（04）：206-207.

二、生涯规划书的意义

近年来随着新高考改革不断加深，学生自主选择权放大，他们可根据自己的学习能力、兴趣爱好和未来发展规划等进行选择学科、选择考试。但是对于成长中的青少年学生来说，环境中的各种因素对他们的生涯发展的影响极为复杂，如何帮助学生积极应对在学业、生活、未来职业等各方面可能产生的变化，提升面对各种情境的能力，是当前教育迫切需要重点关注的内容。

教育部基础教育课程教材发展中心副主任曹志祥认为，大学生能不能找到合适的工作，应该将工作做在前面，如果初、高中课程中涉及职业生涯教育的内容，各部门的压力可能不会像现在这样大，职业指导应定位在意识、能力和发展前景等方面。这就要求我国及早对学生开展职业规划教育[①]。由此可见，指导中学生进行生涯规划，尽早设计自己的人生是非常有必要的。

另外，生涯规划书对中学生的发展而言也是至关重要的。首先，生涯规划书能够帮助中学生明确自身的发展目标，指导中学生在发展过程中少走弯路，更快速、高效地追求自己的梦想。其次，生涯规划书还能够增强中学生学习的动力和信心，使其通过对既定计划和目标的执行，不断看到自身取得的进步和成绩，对未来充满期待和干劲。最后，生涯规划书还能够帮助中学生全面发展自我，弥补自身的短处，发扬自身的优点，不断完善和提高自身的竞争力，造就理想的自我。

三、生涯规划书的制订原则

简而言之，生涯规划书就是一个知己知彼、合理选择生涯发展目标和路径，并通过高效的行动和计划去实现生涯目标的过程。作为未来世界的主力军，现阶段的中学生面临着快速变化的社会，如何使自己能够在毕业后继续深造，培养自己各方面的才能，在未来社会中占有一席之地，为社会创造新的价值？因此，制订一份科学的生涯规划书是必不可少的。那么，怎样确保制订出的生涯规划书是合理、科学的呢？一般而言，生涯规划书的制订原则主要有以下几点[②]。

①清晰性原则：确定的目标需要明确、清楚。对于不同阶段，需要达到的目标有明确界定，比如短期目标、中期目标、长期目标等一看心中就有数。

②变动性原则：目标或计划是有弹性或者缓冲性的，可以视环境变化或其他重要因素的变化而调整，比如遇到难以预测的变化时能及时修正，使之切合实际需要。

③一致性原则：总体目标与分阶段目标要一致，制订的行动措施和设定的目标相匹配，个人总体发展的目标与社会发展的大背景相符合等。

④挑战性原则：目标和措施的设定高低适宜，具有一定的挑战性，但是不能脱离自身实际水平，在自身的能力范围内能够达到这一目标或有效开展行动措施。

① 陈顺初，刘高桥．浅谈中学生进行职业生涯规划设计的重要性［J］.课程教育研究，2017（07）：37.
② 崔亮．当代大学生该如何做好一份职业生涯规划书［J］.才智，2011（13）：250.

⑤激励性原则：目标要符合自己的性格、兴趣和能力，对自己能够产生内在激励作用。

⑥全程性原则：拟定生涯规划时必须考虑到生涯发展的整个历程，对全程的发展有所把握，充分考虑自身和环境未来的发展变化。

⑦具体性原则：生涯规划各阶段的目标和实现途径，必须具体可行，切忌泛泛而谈。

⑧实际性原则：生涯目标的设定需要在考虑自身的特质、社会环境、组织环境以及其他相关因素的影响后选择可行性途径和措施。

⑨可评量原则：规划的设计应有明确的时间限制或具体的标准，易评量、检查，可使自己随时掌握执行状况，为规划的调整和评估提供参考依据。

第二节　生涯规划书的制订步骤

要有所行动，然后认识你自己。

——蒙田

一般而言，生涯规划书的制订主要包括自我探索、环境探索、设定与管理目标、反馈评估四个步骤。下面一一进行说明。

一、自我探索

自我探索主要指学生深入探究、全面了解自己的过程。对自我的了解是生涯规划的基础，只有对自己有了充分、全方位的认识，才能够准确定位自己，发现自身的潜能和合适的生涯发展方向。一般而言，对自我的探索主要有以下方面。

1. 性格

人们常说，性格决定命运。可见，性格与我们未来从事的职业有着密切的联系，不同的职业对个体的性格要求不同。因此，在进行生涯目标设定时，学生要了解自己是一个怎样的人，偏内向还是外向，主动型还是顺从型等。可以 MBTI 测验或性格探索课程收集到的资料进行整理和分析。

2. 兴趣

在职业发展方向中，有一个非常重要的参考因素就是，做自己感兴趣的事情。人们常把从事自己感兴趣的工作比作生活在天堂，因此，通过日常生活中观察自己喜欢做的事情或者相关的职业兴趣测验工具（如霍兰德职业兴趣量表）等找到自己最感兴趣的事情，有助于个体实现以兴趣为导向的生涯规划。

3. 能力

每个人的能力有高有低，种类也不一样。著名心理学家加德纳提出了多元智能理论，学生可根据自己在不同智能上的表现，挖掘自身的优势能力，充分发挥自身的潜力和禀赋。做到了这一点，我们的职业生涯也就成功了一半。

4. 价值观

价值观是人们做出选择最重要的内在标杆，是个体在后天的社会化过程中培养起来的，是对周围事物的总体评价和总体看法。只有了解了自己的价值取向，才能在选择不同职业时更好地衡量职业的优劣和重要程度，选择适合自己的职业发展方向。

二、环境探索

我们每个人都生活在一定的环境中，个人的成长与发展都与环境息息相关。个体在进行生涯规划时，只有对环境因素有了充分了解，才能做出与之相适应的生涯规划，使自己的职业理想得以实现。对环境的探索主要包括以下几个部分。

1. 家庭环境

青少年的职业发展是一个终身的过程，家庭环境是一组强大的力量，不断塑造和成就着孩子的未来。学生只有了解家庭当中父母受教育程度、父母职业、家庭社会经济地位、家庭教养方式以及家庭氛围等各种因素对自己的影响，才能更理性、客观地抉择。

2. 升学途径

对于中学生而言，其在求学阶段能够接受哪一阶段的教育，与其未来入职到何种性质的工作单位、从事怎样的职业存在着密切的联系。因此，学生需要对自身的升学途径有较为清楚的认识，选择适合自己的升学路径，顺利完成人生的初步选择，不断发展和成就自我。

3. 大学及专业

一直以来，大学承载着无数家庭的希望，是广大学生提升自我、改变命运的殿堂。新高考的改革也推动了学生在选择大学和专业上的自主性，因此有必要掌握自己理想大学的情况、不同专业对学科的覆盖率等内容，以期更好地朝自己理想的未来迈进。

4. 职业资讯

从大学到社会，不同的专业与不同的职业之间是密切相关的。在信息时代，社会的变化也是日新月异。从人的一生发展来看，我们从事工作的时间长达 40 多年，占据我们人均寿命的一半左右。因此，选择合适的职业，是我们生涯发展中至关重要的内容。只有找到理想的职业，我们才能最大限度地发挥自身的才能，实现人生的长远目标。

三、设定与管理生涯目标

在了解了自己的性格、兴趣、能力、价值观等自我探索方面的内容，以及熟悉家庭环境的影响、大学及专业、职业等外部环境特征后，个体需要进行生涯决策、设定生涯目标以及对目标进行管理，这也是生涯规划书中最重要的内容。这一决策是否合理或者恰当，将对自身的生涯发展产生不可估量的影响。具体而言，主要内容有以下方面。

1. 设定生涯目标

生涯目标的确定是一个极其复杂的过程，是综合了个体对自我的认识，以及对家庭、教育和职业等外在因素的判断，最后选择的发展方向。目标的设定要具体、合理、切合实际。科学的目标就是动力，有了明确而坚定的目标能够让学生排除不必要的干扰，致力于目标的实现。

2. 管理生涯目标

在确定生涯目标后，必须制订相应的、具体可行的计划与措施，并且付诸行动，才有可能实现目标。可以通过目标制订的 SMART 原则来细化目标、确定目标的实现时间、具体任务、衡量的标准等。需要注意的是，落实目标的行动一定是具体、可操作的，比如日计划、周计划等。

四、反馈评估

众所周知，生涯规划是一个动态的过程，学生必须根据实施结果的情况以及自身和环境的变化进行及时调整和评估。比如在实施生涯目标管理过程中，如果发现自己无法达到制订的目标或要求，可根据实际情况做相应调整和变动。另外，在影响生涯规划的诸多因素中，有些变化因素是可预测的，有些则难以预测。要使生涯规划书达到预期效果，就要不断对其进行评估和反馈，同时对实施过程中遇到的困难和阻力进行预设，进行有效的应对。

第三节 生涯规划书的撰写和注意事项

如果有什么需要明天做的事，最好现在就开始。

——富兰克林

一、生涯规划书的撰写

生涯规划书的撰写格式并无严格要求，只要遵从一般应用文写作的规律就可以。形式上也较为多变，可以图文结合，不拘一格。一般而言，生涯规划书的常见格式主要有四种，分别是：表格式、条列式、复合式和论文式[①]。

1. 表格式

表格式的生涯规划书非常清晰明了、一目了然。但是这类通常为不完整的生涯规划书，仅仅包括最简单目标制订、分阶段的生涯行动、职业机会评估及发展策略等内容，适合日常警示使用。

---

① 刘瑞晶，等 . 职业生涯规划理论、案例与实训 ［M］. 北京：中国人民大学出版社，2015.

2. 条列式

条列式的生涯规划书也属于不完整的生涯规划书，只具有自我分析、环境分析、生涯行动等生涯规划的主要内容，多进行一些简单的表述，没有详细的材料和分析。文章虽精炼，但是逻辑性不强。

3. 复合式

复合式即综合运用表格式和条列式的优点，使规划书具有较好的适用性。但是因为复合式的规划书结构比较复杂，设计存在一定难度，如果设计不好容易给人一种凌乱的感觉。

4. 论文式

论文式是最完整、最通用的格式。内容不仅包括生涯规划的所有主题，同时还包含详细的佐证材料，能够对一个人的生涯规划做出全面、详尽的分析，是个体生涯发展过程中具有指导性、可行性的分析报告。

二、生涯规划书撰写的注意事项

个体的生涯规划书不仅能够协助个体在未来找到适合自己的工作，同时也是协助我们真正了解自己，结合社会环境等外部因素，拟定人生发展方向，实现人生个人价值的最佳工具和方式。为了保证生涯规划书的实用和科学，应注意以下四点[①]。

1. 个性化

考虑到不同个体之间的差异很大，而生涯规划书是一项完全个性化的任务，并无统一的定式。因此需要结合个人的具体特点进行设计。一旦生涯规划书脱离个人的特征，那就完全形同虚设，并无任何意义和指导价值。

2. 可操作性

生涯规划书的可操作性主要包括目标的现实性、计划的可行性以及效果的可检查性三个方面。换言之，目标的设定一定是建立在个人现实条件和现实资源的基础上，是可以达到的目标，计划的设定也是个体能力范围内可以完成的行动策略，最后实施的效果是可以度量和量化评价的。

3. 分阶段

从生涯发展的整个历程来看，在人生的不同阶段对应各自的发展任务以及需要解决的发展问题。因此，在设计生涯规划书时，需要结合个人的年龄特征，根据个体当前阶段的发展任务制订发展目标，循序渐进，最终实现人生的总体目标。

4. 发展性

发展性主要指的是在设计生涯规划书时，需要考虑到个人的发展空间，具备发展的眼光。避免局限于当前阶段个人的发展，需要具备一定的超前性和预测性。

---

① 邵贵君. 提升大学生就业能力应首先做好职业生涯规划设计 [J]. 价值工程，2010，29（26）：203－204.

第三部分

中学生涯指导课程的效果评价

第八章 课程评价的指导原则

第一节 课程的概念

课程（curriculum）一词源于拉丁语的"跑道"，后成为教育上的术语，意为学生学习的路线、学习的进程，因而课程有时又称为"学程"。我国"课程"一词始见于唐宋间，唐代孔颖达在《五经正义》里为《诗经·小雅》的"奕奕寝庙，君子作为"的注疏中说："教护课程，必君子监之，乃得依法制也。"但这里的课程近乎于教育的含义。南宋朱熹在《朱子全书·论学》中有"宽着期限，紧着课程""小立课程，大作功夫"等句提及课程，他所说的课程与我们今天课程的概念基本接近，是指学习的范围、期限、进程的意思，既包括礼、乐、射、御、书、数六艺，又包括孝、悌、忠、信等伦理道德，还包括洒扫、应对、进退之节，正心、诚意、修己、治人之道。

英国著名哲学家、教育家赫伯特·斯宾塞（Herbert Spencer，1820—1903）在1859年发表的著名文章《什么知识最有价值》中最早提到了"课程"（curriculum）一词，意思是指"教学内容的系统组织"。它是从拉丁文"currere"一词派生而来的，意为"跑道"（race-course），作为教育上的术语，意为学习者学习的路线。

随着社会政治、经济、文化的发展，课程的定义呈现出多样化的趋势。有的学者认为课程即经验，如靳玉乐教授提出："课程作为学校教育系统的重要组成部分，作为实现教育目标的主要手段和媒介，其本质内涵应是指在学校教育环境中，学生获得促进其身心全面发展的教育性经验体系。"[1]

由于人们认识角度的不同，对"课程"的内涵也有不同的理解，但一般认为可以从广义和狭义两个方面进行理解。狭义的"课程"是指国家通过课程计划、课程标准、教材等文件规定出来的学校教学活动的基本内容，主要体现在教科书、课程计划（旧称教学计划）和课程标准（旧称教学大纲）中；广义的课程包含了教学，是学校为实现教育目标而组织的全部教育活动的总和，其中包括有目的和有计划的

---

[1] 靳玉乐，黄清著．课程研究方法论［M］．重庆：西南师范大学出版社，2000：19.

学科设置、教学活动、教学进程、课外活动以及学校环境和氛围的影响。也就是说，广义的课程不仅包括课程表所规定的显性学习内容，也包括学生的课外活动及学校中潜在的各种文化教育因素；它不仅指书本知识，也包括学生个人所获得的感性知识，个人经过系统的整理由实践反复检验的科学知识，以及个人的经历产生的情感体验。

我国建国以后几乎是照搬原苏联的教育模式——重教学轻课程，把课程仅仅看成是教学的内容或手段。在 20 世纪 50 年代以前，在我国的教育理论中，教学论处于话语霸权地位，形成了一种"大教学"的话语体系。随着课程改革的推进和国际教育交流的增加，越来越多的学者在更加广泛的意义上使用"课程"这个词，我国的教育改革从"教改"走向"课改"，"教学大纲"转向"课程标准"，原来的"大教学"的话语体系逐渐转向"大课程"的话语体系。面对教育理论的这一发展趋势，本书从广义的角度，秉持"大课程"的理念，把教学作为实施课程的一种主要途径和手段来看待。

第二节　课程评价的概念

一、课程评价的界定

课程评价的思想最早出现在一些古代思想家和教育家的著作当中，如哲学家柏拉图（Plato，约前 427—前 347）曾提出"没有经过检验的课程是不值得学习的"的思想，这可能是最早的课程评价观。17 世纪的大教育家夸美纽斯（Johann Amos Comenius，1592—1670）对编订和教授课程的一系列观点里就涉及课程的评价问题。英国实证主义教育学者赫伯特·斯宾塞在关于什么知识最有价值的论述中渗透着课程评价的初步看法。20 世纪 30 年代，美国艾钦（W. M. Aikin）教授的研究团队开展了长达八年的教育实验研究，从此课程评价的概念应运而生，并在美国得到了丰富的发展，课程评价的理论也随之深入。

关于对课程评价的界定，国外比较有代表性的有：泰勒在《课程与教学的基本原理》中将课程评价界定为确定课程目标实际上被实现到何种程度的描述。美国课程论专家克罗巴赫在《通过评价改革课程》一文中指出，课程评价是搜集、应用信息来做出有关的决策。桑德斯认为，课程评价主要是对课程所涉及的全部内容或部分内容如教育经验的设计、学生需求、教学过程、准备材料、达成目标、外部环境、各类支持政策以及学习结果等合理与否进行价值评判的过程。由于桑德斯的界定较为全面地描述了课程评价的一般含义，该定义被收录到《国际课程百科全书》中，并得到了学术界很高的认可。

在我国，受到从苏联引进的"大教学"体系重教学、轻课程的影响，且课程由国家统一规定和设置，我国学术界长期以来只有"教学检查"而无课程评价的概念。直到 20 世纪 80 年代末，随着各种教育观念的变化，才开始引进或学习介绍西方的课程评价理论。吴永军认为，课程评价是指收集并提供论据以判定课程实施的可能性、效用性和教育价值的过程，课程评价的本质是一种"价值判断"的活动，兼顾科学性和社会性特征①。钟启泉指出，课程评价基于课程的目标设计和价值理念，通过科学合理的研究方法，在对大量的相关信息、材料、数据进行体系化的收集、分析和处理之后，对课程方案、实施过程及其结果等相关问题进行分析和判断，从而有助于课程决策②。张荣伟提出，课程评价是从课程的目标设计和理念出发，借助一定的技术手段，对课程实施过程中的各个环节和方面进行诊断，从而在改进课程决策、提升课程质量方面提供有益的信息支撑③。这两个定义较为全面地概括了课程评价的过程，不仅重视价值判断，还重视判断结果的使用和反馈。

二、课程评价的发展阶段

具体来说，课程评价的发展至少经历了四个阶段。

理论与实践发展的初期，课程评价是包括在教育评价之中并与教育评价等同的概念。

（1）1915—1930 年的"测量时期"，教育评价及课程评价是指对学生个体通过心理测量或测验进行甄别。

（2）1930—1940 年的"描绘时期"，经过莱斯（Rice）和桑代克（Edward Thorndike）等人的发展，泰勒（Taylor）在"八年研究"（1934—1942 年）期间正式提出了课程评价的概念，第一次系统地提出了评价的基本思想和方法，从而奠定了现代教育评价的基础④。教育评价及课程评价所关注的焦点由仅仅关注测量结果扩大为判定课程是否达到了设定的教育目标。由于评价结果比较严谨，操作性较强，泰勒的课程评价观点至今仍然在课程评价实践中占有重要地位。但这时，大部分课程编制人员还不具有课程评价的概念，同时受到评价技术的限制，课程评价真正引起人们重视是在 20 世纪四十年代末和五十年代初。

（3）1950—1970 年的"判断时期"，不只是根据既定目标对结果做出描述，还将目标本身与实现目标的过程也纳入"判断"的范围，这一阶段是课程评价真正形成的时期。当时英美等国出台了大量教育改革计划，在审议这些由政府自主的改革计划时，大都将评价作为一项基本要求。人们逐渐认识到评价必须成为课程编制计划的必要组成部分。⑤ 20 世纪 80 年代以来，教育评价开始将整个课程方案，从前提假设、理论推演、实施效果及困难问题作出全面深入的研究，从不同维度探究课程问

① 林一钢. 校本课程方案评价概述［J］. 中小学管理，2004：3.

② 钟启泉. 课程与教学论［M］. 上海：华东师范大学出版社，2008：251.

③ 张荣伟. 新课程改革究竟给我们带来了什么［M］. 福州：福建教育出版社，2008：145.

④ 黄政杰. 课程评鉴［M］. 台湾：台湾师大书苑出版公司，1987：4-7.

⑤ 张廷凯. 关于课程评价的几个问题——从评价看课程编制的科学化［J］. 课程·教材·教法，1996（3）：17-21.

题，并从不同维度对课程进行全方位的评价研究与实践。① 在这一阶段，评价人员主要关心的是已经确立的目标是否需要评价，判断是否需要标准，以及如果需要标准，是否存在客观、科学、公正的标准。这四个阶段是相互联系的不断发展的过程。

（4）1970 年至今的建构时期，相当于第四代评价时期，它认为教育评价在本质上就是"建构"（construction）。建构性评价的创立者是库巴和林肯，他们在 1989 年出版的《第四代教育评价》中系统地阐述了建构性评价的基本观点和理论构架。建构时代的到来，带来了质性评价方法的兴起。

到了现阶段，由于评价在教育教学活动中的广泛性，课程评价一词的使用频率越来越高，评价活动在许多不同课程领域的增长十分迅速，出现了许多新的不同的课程评价观点。

第三节　课程评价的理论取向

一、多元智能理论

（一）多元智能的内涵

多元智能理论是由美国哈佛大学的发展心理学家霍华德·加德纳于 1983 年在《智力的结构》一书中提出。在加德纳看来，智力结构由八种智力组成，即语言-言语智能、音乐-节奏智能、逻辑-数学智能、视觉-空间智能、身体-运动智能、人际-交往智能、自知-内省智能和自然-环境智能，这八种智能彼此相互联系又相互独立，每种智能由不同的核心功能组成，并以不同的形式得以表现和发挥，每个正常的人都或多或少地拥有这八种智能，只是每种智能发挥的程度不同或多种智能之间的组合不同②。从加德纳对智能结构的划分看，加德纳突破了传统的智能观，体现在以下三个方面：第一，智能不再是传统意义上的语言-言语智能或以逻辑-数学智力为核心的智力，而是我们今天的素质教育所强调的实践能力和创造能力；第二，智能不再是传统意义上可以跨时空用同一个标准来衡量的某种特质，而是随着社会文化背景的不同而有所不同的受特定文化影响的能力，强调了社会文化在人的智能发展中的重要性；第三，智能不是一种能力或以某一种能力为中心的能力，要多维度地看待智能。③

多元智能理论的基本特征表现为以下几个方面。

（1）智能的差异性。加德纳教授指出，智能的几种要素在每个学生的身上占有

①　韩冰，许祝南 . 课程评价研究的发展趋势与高职课程评价实践［J］. 职教论坛，2005（6）：7 - 10.
②　霍华德·加德纳 . 多元智能［M］. 北京：新华出版社，1999.
③　曾晓杰 . 多元智能理论的教学视野［J］. 比较教育研究，2001：25 - 29.

的比例不同，每个学生的智能都有自己的特点。

（2）智能的多元性。加德纳教授认为，人的智能结构由八种智能以相对独立的方式表现出来，八种要素同等重要。

（3）智能的创造性。加德纳教授认为，智能是"解决问题和创造某种文化价值的产品的能力"，智能具有很强的创造性。在解决实际问题时，学生需要综合已有的知识和以前的经验，创造性地解决问题。

（4）智能的开发性。加德纳教授认为，学生的多元智能发展主要在于开发。然而学生的智能开发需要建立一种有效的教育体系，以促进学生多元智能的全面发展。

（二）对教学评价的影响

多元智能理论评价的核心是"全人观"。第一，每个学生都能获得成功，评价在于给学生找到并提供支撑，使每个学生都获得成功的机会。第二，每个学生都有自己的优势智能领域，教学评价要让学生发现自己的优势领域，同时又认识到自己的不足，从而协调地发展自己，尽可能使自己在多方面得到充分发展。第三，学生的智能发展贯穿于生命的全过程，为此，我们的评价要用发展的眼光看待学生，善于发现他们的智能潜能。[①]

多元智能理论评价的贡献具体体现在以下方面。

（1）评价主体的多元化。多元智能理论指出，无论是教师、学生还是管理部门，都能够成为教学评价的主体，都会因为教学评价的科学化和合理化趋向能动和主动。

（2）重视过程性评价。多元智能理论认为，一个人的智能发展应该是在一定的社会环境中，以一定的文化教育为支持，智能有情境性和分布性特点，因此，过程性评价十分重要。

（3）重视评价方法的多元性。多元智能理论提出，每个学生的智能都有各自的特点和表现形式，因此，在教学评价上要注重全面开放地收集评价信息，从不同视角、不同层面去看待每一个学生，注重评价方法的多元性。多元评价除了采取标准化测验外，主要是通过多种途径，在非结构化的情境中评价学生的学习情况，主张通过多种渠道、采取多种形式、在多种不同的实际生活和学习情景下进行，确实考查学生解决实际问题的能力和创新的能力。

（4）注重评价标准的非预期效应。多元智能理论强调学习与智力发展的生物基础、个体生活经验、社会文化背景等多种因素有关，教学评价的标准应该是生成性的，不能由评价者主观臆断。

二、建构主义理论

（一）建构主义的内涵

建构主义是近年来从皮亚杰（Jean Piaget）、布鲁纳（Jerome Bruner）等人的理

---

① 张妍妍. 表现性评定在信息技术课程中的应用 [D]. 南京：南京师范大学，2004：6.

论基础上发展起来的认知理论的一个分支，是一种知识和学习的理论。建构主义强调学习者的主动性在建构认知结构过程中的关键作用，认为学习是学习者基于原有的知识经验生成意义、建构理解的过程，而这一过程常常是在社会文化互动中完成的。20 世纪 90 年代，建构主义学习理论得到广泛运用。它认为学习者是学习的主体，是知识的构建者，学习是在真实的情境中进行的。所谓学习，并不是从现成的知识体系学习有价值的东西，而是以学习者的兴趣和需求为出发点，培育学习者主体。[①] 建构主义学习理论强调，教学应该通过设计一些学习任务或问题来支撑学习者积极的学习活动，帮助学习者成为学习活动的主体。

建构主义学习理论的基本内容可从学习的含义和方法两个方面进行说明。

1. 关于学习的含义

建构主义认为，知识不仅仅来自教师传授，而是学生在一定情境下，根据自己的态度、兴趣、需要，基于已有的认知结构，借助其他人（包括教师和同学）的帮助，利用必要的学习资料，通过意义建构的方式来实现。建构主义学习理论认为，"情境""协作""会话""意义建构"是学习环境中的四大要素。

（1）"情境"：学习环境应有利于学生对所学内容的意义建构。建构主义学习理论认为，教学设计不仅要服务于教学目标，还要服务于学生对新知识的意义建构。情境创设是教学设计中的重要内容之一。

（2）"协作"：协作贯穿于学习的整个过程。协作对学习资料的搜集与分析、假设的提出与验证、学习成果的评价及意义的最终建构均有重要作用。

（3）"会话"：会话是协作过程中不可或缺的环节。学习小组成员之间通过会话商讨和分享思维成果，会话是达到意义建构的重要手段之一。

（4）"意义建构"：这是整个学习过程的最终目标，即学生对当前学习内容所反映的事物的性质、规律以及该事物与其他事物之间的内在联系达到较为深刻的理解。这种理解在大脑中的长期存储形式就是关于当前所学内容的认知结构。

由上述学习环境的四要素可见，学习的质量取决于学习者根据自身经验去建构有关知识的意义的能力，而不取决于学习者记忆和背诵教师教授内容的能力。

2. 关于学习的方法

建构主义强调学习者的认知主体作用和教师的指导作用同样重要。教师是学生意义建构的帮助者和促进者，而不是知识的传授者与灌输者。学生是信息加工的主体，是意义的主动建构者，而不是外部刺激的被动接受者和被灌输的对象。在学习过程中，学生应从以下几个方面发挥主体作用。

（1）要用探索法、发现法去建构知识的意义。

（2）要主动去搜集和分析有关的信息和资料，对所学习的问题要提出各种假设并努力加以验证。

（3）要把当前学习内容所反映的事物尽量和自己已经知道的事物相联系，并思考如何加强它们的联系。"联系"和"思考"是意义构建的关键，如果能把联系和思

---

① 钟启泉. 建构主义"学习观"与"档案袋评价"[J]. 课程·教材·教法，2004（10）：20 - 24.

考的过程与协作学习中的协商过程，即交流、讨论的过程相结合，学生建构意义的效率就会更高，质量会更好。

（二）对教学评价的影响

建构主义认为评价的根本目的在于促进学生的发展，它是教学的重要辅助手段之一，应贯穿于教学活动的每一个环节。建构主义主张学习应着眼于解决生活中的实际问题，学习效果应在具体的情境中评估。在评价过程中要采取多元的评价方法和多维的评价标准，而不要用单一的结果和标准来评价学习，评价者的组成也应多元化，教师、学生、家长等都可以成为评价者。建构主义教学评价思想主要体现在以下几个方面。

（1）目标自由的评价：建构主义理论认为，教学评价的目标应该有一定的自由度，强调教学过程中应该让学习者参与目标或子目标的提出或确立。

（2）强调知识的建构过程：建构主义理论指出，教学评价的重点应该是知识获取的过程，而不仅仅是对结果的关注。教学评价应重视评价学生知识建构过程，从多维度、多层次的角度评价学习结果。

（3）强调对学生学习主动性的评价：建构主义强调人的主观能动性，注重学生积极主动地参与教学和建构知识框架。根据建构主义的观点，学生学习的有效性首先体现在学生是否积极主动地参与学习，以保证对知识的主动建构。教师教学的有效性首先体现在能否调动学生的学习积极性，以促进学生对知识的主动建构。

（4）多侧面、多形态的评价标准：建构主义学习是多侧面和多观点的，学习的每一种观点、模式或维度都可以通过不同的形态加以表征。[①] 建构主义指出，教学评价应由教师的单一的自评转向多元主体参与的教学评价，提倡利用内部评价和外部评价相结合的方式，将生生评价、师生评价、家长评价纳入评价的主题中。内部评价可以让学生形成学生自我认识、自我调节、自我反思的能力，他人评价能弥补内部评价过于主观的缺点，较为客观地反馈学生的学习情况。建构主义综合运用质性与量化相结合的评价方法，重视对学生非认知因素的测量，如动机、兴趣、情感、意志、性格等。

三、后现代主义理论

（一）后现代主义的内涵

后现代主义（postmodernism）是 20 世纪 60 年代产生的一种社会文化思潮，对整个西方世界都产生了重大影响。它对西方的简单、封闭、僵化的传统思维方式进行了激烈的质疑，同时也提出了一种全新的视角。它主张个性的解放，重视个体的

---

① 周智慧.发展性教学评价的内涵及其理论基础［J］.内蒙古师范大学学报（教育科学版），2004，8：35－37.

差异性，强调个体意识的主动性、创造性、知识的持续发展性。后现代主义具有多元性、开放性、多重性、创造性、不确定性、流动性的特征。总体而言，后现代主义带来的更多的是一种对思维方式的冲击。

后现代主义的基本理论涉及以下两个方面。

（1）后现代主义知识观。后现代主义知识观认为，知识是外部客观刺激和主体认识结果相互作用而不断建构的结果。它认为生活世界与科学世界本为一体，知识存在于实际情景中，主体在面对外部信息时，其原有的经验积累、情感体验、智力结构不同，因而认知结果也各不相同。在教学中，师生之间不是对象主体关系，而是主体间的关系，学习者不再是被动的接受者，而是可以对真理、价值本质怀疑的探究者与合作者。

（2）后现代的课程观。后现代主义认为，课程从本质上讲是生成的、建构的。课程不是预先设定的，而是由课程参与者交互作用构成的。课程不是封闭、固定的，而是开放、可调节的，随着活动情景的变化而改变。课程目标不完全是预定的，带有一定的不确定性，在探究过程中可以根据实际情况不断地给予调整。课程在探究新知的过程中不断地得到充实和完善，最后才能形成一体化的内容。学生成为课程发展的积极参与者，其感知、经验都被纳入形成中的课程体系中。后现代课程不仅将学生视为课程的建构者，还着力培养其建构的意识与能力，尊重他们的意见和价值观的多元性。

（二）对教学评价的影响

在后现代主义看来，教学评价要注重多元性与差异性，对学生的学习评价应该是自我的、动态的、开放的，是过程性的而非总结性的。后现代主义指出，每个学习者都是独一无二的个体，教学不能以绝对统一的尺度去度量学生的学习水平和发展程度，要给学生的不同见解留有一定的空间。教学评价不仅仅是对学习者当前状况的价值判断，更是在促进学生充分发挥主体能动性并积极地参与教育教学活动的基础上，促进下一步教学活动的有效开展。因此，教学评价的目的在于教学，而不在于选择和判断。

就评价的方法而言，后现代主义的评价方式是人文化的，反对理性的评价范式。它关注的是学习过程中个体的发展，强调教师与学生应共同参与教学评价，评价内容多元化、评价者多元化、评价方式多元化，尽可能全面地评价学生。教师在"教学—评价—再教学—再评价"螺旋式上升的循环过程中，及时了解学生学习情况，根据学生的个体差异提供有针对性的帮助，帮助他们最大限度地获取知识。同时，后现代主义重视定性研究，提出教育科学不应当完全模仿自然科学研究的方法论，应该更多地强调对教育过程的研究以及研究者的陈述和体验。

从某种意义上看，后现代主义是对现代主义的超越，它所揭示的多样性、丰富性、差异性、复杂性、不确定性等方面正是当代中国教育所欠缺的。后现代教育思维所提倡的批判和反思精神对现代教育提供了一个新的视角。

第四节 课程评价的价值取向及发展方向

一、课程评价的价值取向

课程评价与课程设置、课程实施共同构成一个有机的整体，通过课程评价可以检验课程设置目标和计划的合理性、课程的实施效果，能对课程起到监督和促进的作用。《基础教育课程改革指导纲要（试行）》中明确指出，要"建立促进学生全面发展，教师不断提高，课程不断发展的评价体系"。

课程评价的价值取向是指每一种课程评价所体现的特定的价值观。评价的取向支配或决定着课程评价的具体模式和操作取向评价。所以，评价的取向实际上是对评价的本质的集中概括。从取向的维度看，课程评价可以归纳为三种：目标取向的评价、过程取向的评价、主体取向的评价。

（一）目标取向的评价

目标取向的评价的主要代表人物是被称为"现代评价理论之父"的拉尔夫·泰勒及其学生布卢姆等，在课程开发科学运动兴起以后，这种评价取向在课程领域逐渐处于支配地位。目标取向的评价把评价看成是课程计划或教学结果和预定课程目标相互对应的过程，预定目标是目标取向评价的唯一标准。目标取向的评价追求评价的客观性和科学化，它以"自然科学范式"为理论基础，因而这种评价取向的基本方法论就是量化研究方法。这种评价的直接目的是获得被评价的课程计划或教学结果是否"达标"的数据。

目标取向的评价在本质上是受"科技理性"或"工具理性"所支配的，其核心是追求对被评价对象的有效控制和改进。这种评价取向的优点在于，推进了课程评价科学化的进程，它简单易行、便于实际操作，因此目前在实践中处于支配地位。其不足之处在于，忽略了人的主体性、创造性和不可预测性，忽略了过程本身的价值，把人客观化和简单化了。

（二）过程取向的评价

过程取向的评价以美国的斯克里文和英国的斯滕豪斯等为代表，他们认为，预定目标不应该成为课程评价走出预定目标的藩篱，强调把教师与学生在课程开发、实施以及教学运行过程中的全部情况都纳入评价的范围。过程取向的评价主张凡是具有教育价值的结果，不论是否与预定目标相符合，都应当受到评价的支持和肯定，尤其看重评价者与具体评价情境的交互作用。过程取向的评价倡导量化研究方法，但又不像目标取向的评价那样对质性研究方法有所排斥。

过程取向的评价在本质上是受到"实践理性"所支配的，它看重评价者与被评价者的交互作用以及评价者对评价情境的理解，强调过程本身的价值。这种评价取向的价值在于，承认评价是一种价值判断的过程，把人在课程开发、实施及教学运行过程中的具体表现作为评价的主要内容，对人的主体性、创造性给予一定的尊重。该取向的不足之处在于，虽然相较于目标取向评价有一定进步，但它对于人的主动性的肯定不够彻底。

（三）主体取向的评价

主体取向的评价认为课程评价是评价者与被评价者、教师与学生共同建构意义的过程，评价是一种多元价值判断的过程。在评价情境中，不论评价者还是被评价者，不论教师还是学生，都是平等的主体，是意义建构过程中不可或缺的组成部分。主体取向的评价主张质性评价方法，反对量化评价方法。

主体取向的评价在本质上是受"解放理性"所支配的，它以人的自由与解放作为评价的根本目的，提倡对评价情境的理解而非控制。这种评价取向认为，真正的主体性评价不是靠外部力量的督促和控制，而是每一个个体对自己行为的"反省意识和能力"。在评价过程中，评价者与被评价者、教师与学生在评价过程中是"交互主体"的关系，是民主参与、协商和交往的过程。主体取向评价的基本特征是价值多元和尊重差异，它体现了课程评价的时代精神。

二、课程评价的发展方向

根据当前世界各国课程改革的发展趋势，课程评价的发展呈现以下鲜明特点。

（一）以质性评价取代量化评价走向质性评价和量化评价的完美结合

课程评价的方法大体可分为两类：一类是量化课程评价（quantitative curriculum evaluation），另一类是质性课程评价（quatitative curriculum evaluation）。使用不同的评价方法意味着受不同的评价观念支配，追求不同的课程价值观。

量化课程评价是一种运用数学、统计学工具，收集、处理教育现象和课程现象，通过数量化的分析和计算，进而对评价对象作出价值判断的评价方法。量化评价方法的认识论基础就是科学实证主义，它认为，只有定量化研究、量化的数据才是科学的，才能得出客观可信的结论。量化评价将事实和价值分离，强调课程需要严格控制，主要用观察、实验、调查、统计等方法进行课程评价，对评价的严密性、客观性、价值中立提出了严格的要求，力求得到绝对客观的事实。课程评价正是在教育对科学化的追求之下应运而生的，量化评价方法一直占据着评价领域的主导地位。

量化评价方法能够在一定程度上凸显教育现象和教育问题，提供具有说服力的证据。但是如果只是把复杂的教育现象简单化或只评价简单的教育现象，则不仅无法从本质上保证对客观性的承诺，还容易丢失教育中最有意义、最根本的内容。这样的评价不可能全面地反映学生的真实水平，也会扼杀学生的创造性和个性品质，限制学生水平的独立发挥，使教育的复杂性和学生状况的丰富性得不到体现。20世

60年代后期，人们开始意识到评价不是一个单纯的技术问题，纯粹的价值中立是不存在的，因此评价要对被评价对象的价值或特点做出判断，而这是量化评价所不具备的。因此，20世纪70年代起，借助于社会科学研究中不断完善的质性研究方法，相继出现了回应性评价（responsive evaluation）、解释性评价（illuminative evaluation）、教育鉴赏与教育评论（educational connoisseurship and educational criticism）等质性评价模式，在课程与教育评价的改革上，迈进了积极向前的一大步。20世纪80年代，这种变化逐渐影响到实践领域。

质性课程评价是通过自然的调查，全面充分地揭示和描述评价对象的各种特质，以彰显其中的意义、促进理解的评价方法。它是一个连续性的、动态的过程，是一种共同参与的活动，是一种连续评价、不断反馈的模式。质性评价方法又被称为自然主义评价（naturalistic evaluation）方法，它认为知识是主体不断通过建构和检验而形成的，不存在带有普遍意义的、脱离具体情境的抽象的知识，因而不能用"对"或"错"对知识加以判断。它提出事实与价值不是相互独立的，如果完全用科学方法去评价教育和课程现象，只会导致人们对课程认识的僵化，因此许多问题只能通过描述性、解释性的语言来实现，质性评价正是对与课程相关的行为及其原因和意义作出判断的过程。质性课程评价尤其适合实践性较强的课程，因为它强调对现象的深入了解，尊重课程实施者对自己行为的解释。运用质性评价方法，有利于从整体上把握课程开发、规划与实施，对课程做出较为全面、正确的认识。

尽管质性评价和量化评价在理论上有分歧，但它们不是两种对立的方法。作为研究的一种新范式，质性评价是对量化评价的一种反思批判和革新，其目的是更逼真地反映教育现象，但从根本上讲，质性研究应该内在地包含了量化研究，量化评价又为质性评价的深入创造条件，两者互为补充、互相支持。从实践出发的教育评价和课程评价，应该把二者有效地结合起来，按照课程评价的目的、对象、评价的条件与环境以及评价者自身特点，选择适当的评价方法，以获得全面、准确的评价信息。

（二）课程评价的功能由侧重甄别转向侧重发展

传统的课程评价主要用于评价课程预定目标是否实现以及学生在群体中的位置，主要起到甄别和选拔的作用。在这样的教学评价中，只有少数学生能够获得鼓励，体验成功的快乐，大多数学生则沦为失败者。我国《基础教育课程改革纲要（试行）》提出"改变课程评价过分强调甄别和选拔的功能，发挥评价促进学生发展、教师提高和改进教学实践的功能"，可见我国课程评价改革的决心。随着课程评价的发展，课程评价被看成是课程、教学的一个有机构成部分，发挥评价的教育学生功能。

新的课程评价要用发展的眼光着眼未来，要注意面向全体学生，把保证学生的发展作为课程开发的前提。评价的目的是促进学生在原有水平上不断发展，不但要关注学生今天的学业成绩，而且要关注学生明天的发展前景。因此，评价要发现和发展学生多方面的潜能，要了解学生发展中的需求，倡导肯定性评价，帮助学生认识自我，建立自信，形成自我认识和自我教育的能力。

（三）课程评价的内容更重视多元化，关注学生的个性化反应和合作精神

传统的课程评价无论是评价主体，还是评价标准，抑或是评价方法，大多强调一元化、统一化，对多元化考虑得比较少。而面对今天的多元文化，评价单一化已经不能满足社会需求。评价应从关心课程方案的所有人的需要出发，关注所有学生的实际发展，那么不可避免地要重视学生在评定中的个性化和差异化。课程评价要尊重学生的个别差异和个性特点，问题要求具有相当的开放性，允许学生依照自己的兴趣和特长作出不同形式或内容的解答。

在重视学生个性化反应的同时，新的课程评价还倡导学生在评定中的小组合作，鼓励学生之间的合作，允许学生通过分工协作的形式共同完成任务。学生在小组合作中的表现，对问题解决所做的贡献，也成了课程评价的重要内容。

第九章　生涯指导课程的评价内容

第一节　生涯指导课程评价存在的问题

我国职业生涯规划课程起步晚，进入 21 世纪后才开始发展，相关理论并不成熟，而且我国普通高中生涯指导实践教学经验不足，对于如何有效评价缺乏统一的评价标准和方法指引。目前我国生涯指导课程评价主要存在以下问题。

一、课程评价标准难以界定

目前为止，我国对于普通高中生涯指导课程的评价没有一个完善的标准界定，如何客观、完整地对职业生涯规划课程进行评价仍是一大难题。究其原因，生涯指导课程实施后的效果难以量化和及时检验。职业生涯规划课程的评价应该以发展性评价为主，发展性课程评价管理中有个标准：第一，课程目标的达成度；第二，课程实施过程对课程目标完成的促进程度；第三，学生的成长过程和成就水平。[①] 在实际教学评价中，以哪个标准对生涯指导课程进行评价仍然有争议。如果以学生的个人职业生涯规划完善程度和实行程度作为标准，学生的规划效果要在高考或者工作之后才能验证，而学校的生涯指导课程通常在高一就结束了；而如果以学生的成绩进步程度和高考成绩作为标准，又无法断定这种结果与职业生涯规划课程实施的相关性。

二、课程评价方法单一

很多学校仅仅采用期末考试成绩或学期末打分的方式给学生一个分数，其评价形式往往是以终结性评价为主。然而，这种做法实质上是将教学与评价分成两个独立的部分，忽视了学生在学习过程中所发生的变化，无法反映学生的成长和进步。仅凭期末一张试卷或者一份报告无法将学生之间的合作交流，学生搜集信息、运用

---

① 李婷婷. 普通高中职业生涯规划课程管理研究 ［D］. 哈尔滨：黑龙江大学，2016.

信息的能力，课堂活动的表现等完全囊括其中。生涯指导课程理想的评价方式应该是动态的、发展的，应采取连续记录的方式，最好建立每个学生的职业生涯规划档案，档案中包括学生的阶段性成长、自我发现、进步曲线、感受体悟、职业发展规划、高考成绩、高考专业选择满意度、职业发展成就等信息。

三、评价结果难于收集

对于常规教学科目来说，评价结果主要用考试成绩的形式来呈现，但是对于生涯指导课程来说，评价的目的主要是了解学生生涯实践能力是否提升，促进学生自我发现和外部职业探索，而与学生是否掌握或掌握多少职业生涯规划的知识关系不大。并且，中学生自我认知、职业认知、生涯规划、书面沟通、社会实践等都是需要时间来不断探索、不断修正、不断完善的。因此，生涯指导课程的评价结果应该体现一个动态发展的过程，且涉及学生毕业后甚至工作后的表现，其结果不仅不能在课程一结束就立即呈现，还存在信息收集上的困难，也很难做到学生之间的横向比较。

四、忽视了评价的反馈、激励和教育功能

生涯指导课程结束后的考试分数无法帮助学生了解自己在职业规划中的不足以及需要完善的内容，无法对学生反馈的问题进行及时有效的指导。简单的考试分数使学生一直处于被评价的位置，无法唤醒学生的主体意识，无法激励学生深入地探索自我和挖掘自身潜能。评价应有的反馈功能、激励功能和教育功能等都无法体现出来，不利于学生学习水平和教师教学水平的提高，不利于课程的发展。

第二节　　生涯指导课程的评价方法

课程评价主要包括量化评价和质性评价两种方法。中学常规教学课程的评价主要采用以考试为主的量化评价方法，但对于生涯指导课程这类具有实践性、开放性和发展性特点的课程而言，仅仅采用量化评价的方法显然不太适用，其评价方法要求更加多元。多数研究者主张采用量化评价与质性评价相结合的课程评价方式，并提出应在评价过程中采用更加丰富的评价方法。现有的评价方法具体有以下几种。

一、量化评价方法

（一）测验法

目前的生涯指导课程的评价方法主要依靠书面作业或卷面测验。测验就是研究

者运用数量化的方法对儿童心理某个方面的发展或学生的学习结果进行测定和评价。它是对教学结果的客观的标准化测量。测验从不同的角度可以划分为不同的类型。从参照标准上看，可以分为常模参照测验和目标参照测验两大类。常模参照测验主要用于评价学生的相对水平，其目的在于区分学生成绩的好、中、差，通过对学生学习水平的能力作出鉴别来选拔人才。而目标参照检验则是评价学生实际水平的检验，其目的在于了解被测学生是否完成了生涯指导课程的课程标准和课程目标。[①] 中学生涯指导课程的课程目标主要是发展学生生涯适应的能力，促进他们的自我探索和环境探索，其目的并不在于鉴别和选拔学生，因此更适合采用目标参照检验。

目标参照测验又称为标准参照测验，是指以体现教育教学目标的标准作业为准，看学生是否达到标准以及达到标准的程度。目标参照测验可分为准备性测验（诊断性）、形成性测验和总结性测验等。[②]

准备性测验（诊断性）是在教学工作开始之前进行的一种目标参照测验，即运用测量手段诊断学生的认知结构和认知程度，从而发现学生可能存在的认知不足。[③] 在生涯指导课程评价中，准备性测验的目的在于了解中学生对生涯知识的了解程度、生涯意向和兴趣取向，以便教师能够准备更适合学生现有水平的课程内容。

形成性测验是在教学开展过程中进行的一种目标参照测验，其目的在于了解学生学习进展情况和知识掌握情况，以帮助教师改进教学。形成性测验有随堂测验、期中测验等形式。[④] 在生涯指导课程评价中，形成性测验可以用来了解学生对教学内容的掌握情况，以便及时调整后面的教学。凡是生涯指导课程中比较重要的教学内容，都应设置题目进行测验，从而了解课程目标的落实情况。

总结性测验是学期末或课程结束时进行的考试或测验，主要是为了评定学生完成规定学习任务的情况（达标程度），这种测验的结果主要用来评定学生的成绩，但也作为评价教师教学效果的一种参考。因为生涯指导课程的考核应该是动态、连续和发展性的，总结性测验很难囊括学生在自我认知、职业认知、生涯规划、书面沟通、社会实践等众多方面的表现。

在中学生涯指导课程中使用测评法，能够帮助教师结合学生课前和课中的掌握程度、学习状况对课程内容和课程重点进行及时调整，能够对学生的过程性表现进行比较客观的评价。但它的局限性也比较明显，主要体现在：第一，难以考查和评估学生在实践操作过程中的表现和能力；第二，测验内容的选择和编制对于施测者的能力要求较高。

（二）等级评价法

等级评定法也是一种常用的测评方法。人们运用这种评估方法，对被评价对象

① 佟庆伟．教育理论与实践［J］．教育理论与实践，2009（8）．
② 郝若平．试论常模参照检验与标准参照检验［J］．山东教育科研，2001（4）．
③ 余嘉元．关于新课程改革中的诊断性测验研究［J］．教育探索，2006（5）．
④ 黄光杨．教改实验中的形成性测验及合格性评价的标准［J］．教育研究与实验，2003（1）．

给出不同等级的定义和描述，然后针对每一个评价要素或绩效指标按照给定的等级进行评估，最后再给出总的评价。等级评定法既可以对生涯指导课程中某一个模块的课程内容进行评价，又可以对学生学习完整个生涯指导课程的效果进行整体评价。

等级评价法简单易行，运用于中学生涯指导课程中，有利于促进教师的教和学生的学。例如，等级评价法可以了解学生对生涯规划知识的掌握程度及对课程的满意程度，教师可以根据检测结果调整自己教学的方向。但等级评定法仍有不足之处：第一，由于操作简单，人们容易在进行等级评定时敷衍了事；第二，不同的人对等级评价标准的理解可能存在差异，导致评价的结果不一定准确。因此，在运用等级评定法一定要注意：等级评定法应在多次观察的基础上进行；将整体评定和分析评定结合起来使用。

二、质性评价方法

（一）档案袋评价

档案袋源于艺术家的作品集，用于了解或评价其在相关领域的成就和成绩。运用到教育领域，档案袋是围绕课程目标对学习成长过程相关资料的搜集和记录，可以针对某个具体的任务，也可以针对一门课程或者是某阶段的学习情况等。档案袋评价是在 20 世纪 80 年代西方中小学评价改革运动中形成和发展起来的一种新的质性评价方式，它是指教师和学生在一段时间内，有目的地从各种角度和层次收集学生课堂参与、进步和成就的证明，并进行合理的分析与解释，以反映学生在学习与发展过程中的努力、进步状况或成就。档案袋评价的基本特征是：档案袋的基本成分是学生作品，而且数量很多；作品的收集是有意而不是随意的；档案袋应为学生提供发表意见和对作品进行反省的机会。

通过档案袋评价，能够收集到不同类型的材料，以多种方式描述学生的成长过程和各自特点，展现学生完整的面貌。档案袋收集了传统评价中不予考虑的各种材料（其中包括许多形成性的材料），这些材料可以在很大程度上克服传统评价所固有的不足，让教师更加关注学生的学习过程，更加清楚学生各方面才能的发展进步情况，帮助教师形成对学生的合理的教育预期并选择有效的教学策略。

虽然"档案袋"收集的材料是多种多样的，但它绝不是材料的简单堆砌，如果缺乏良好的设计，"档案袋"就会变成单一的作品文件夹，因此教师应明确档案袋评价的目的与用途。在生涯指导课程中运用档案袋评价，其目的主要在于记录学生不同方面的能力发展并促进他们的自我评估和反思。因此，生涯指导教师应帮助、指导学生主动收集与整理有关生涯规划、生涯教育的学习成果，把相关的作品，如自我评估报告、读书心得、课程作品、实践报告等整理成册，以此肯定学生的努力创造与成长进步，从而真正实现对学生学习过程与学习结果的综合评价。需要注意的是，首先，档案袋评价应包含两个方面：一是重视收集学生日常的生涯指导课程学习的经历和表现，二是教师要向学生提供诊断性信息，实现评价过程与教师指导过程、学生成长过程的一体化。其次，档案袋评价收集的材料要多而全，只有当作品的数量达到一定标准时，才能系统地分析学生的进步情况，从而做出全面且准确的评价。

（二）轶事评价

轶事是指日常生活中有意义的、典型的行为事件。轶事评价在中学生涯指导课程中的运用主要体现在，教师全方位观察并详细记录学生在生涯指导课程的学习过程中有重要意义的、典型的行为事件或者细节，试图真实自然地揭示学生行为的方式、意义、价值和动机等，以此作为评价学生的佐证材料。轶事评价注重对学生行为的理解和解释，以及学生行为的整体性和关联性。

轶事评价有其独特的优点，它将学生行为放在整个生活脉络中加以理解，保留事件的自然顺序，有利于理解学生行为的来龙去脉，对学生行为的解释也更加细致深入。并且，轶事评价不受观察工具的严格限制，操作简单易行，研究的灵活性很大。但这种方法的不足之处也比较明显，它对于评价者的能力提出了更高的要求。学生的行为是复杂多变的，如果教师不知道要观察和分析什么样的学生行为，就会被庞杂的行为信息所干扰，沦为单纯的记录和分析，很难为课堂教学提供有效的诊断与评价。

（三）访谈法

访谈法又称为访问法，即调查者通过与被调查者的交谈而获取信息的一种调查方法。这种方法最基本的特点是调查者与被调查者在同一时间里进行交谈。

访谈法在中学生涯指导课程评价中的运用主要体现在，教师可以采用访谈的途径请学生对生涯指导课程进行评价，让学生尽情表达学习中的各种体验。访谈的形式可以是个人访谈，也可以是小组访谈。个人访谈比较直接和灵活，不受预先设定的问题的限制，容易控制谈话的内容，有利于教师对学生的追踪研究。小组访谈能够帮助教师系统地了解学生的体验，总结出一些共同的规律。

访谈法在中学生涯指导课程评价时，能够获得丰富的资料。首先，访谈法是评价者容易观察到被评价者的言语反应和非言语信息，当被评价者不理解问题的含义时，或被评价者作出与言语信息不相符的非言语反馈时，评价者可以详细地加以说明或追问。其次，访谈法简单易行，更加灵活，可以运用于较为广泛的范围内，可以围绕相关的主题与被评价者进行比较自由、广泛和深入的交流。访谈法的不足之处也很明显：一是比较费时，效率较低，访谈成本较高；二是被评价者要直接面对评价者，匿名性较差，被评价者受主试和周围环境的影响较大；三是访谈法的结果难以进行定量研究。

（四）观察法

观察法是指研究者按照一定的计划，为实现一定的研究目标，对研究对象进行系统、全面的观察，从中收集各种现象资料，并进行分析研究的科学方法。通过观察法，研究者可以在自然环境下对正在发生的事情进行观看、倾听和感受。该方法在自然科学和社会科学领域都有广泛应用。

观察法运用在中学生涯指导课程中有两大优势：第一，方便易行，资料真实、生动。观察法不需要借助复杂设备和特殊条件，能够在不妨碍被观察者日常学习的情况下，收集中学生在自然情境下的非语言行为，了解学生对生涯指导课程的学习态度及其在教学过程中的行为。第二，具有持续性。教师不仅可以观察中学生涯指导课程教学中发生的特定行为，也可以在课程结束后，在一定的间隔时间内进行追踪调查。

观察法也有一些不足之处，体现在以下三个方面：第一，观察法收集到的数据不易量化；第二，由于观察费时费力，所以不适用于大面积调查，不容易推广；第三，观察结果会受到观察者主观意识的影响，且被观察者的行为可能受观察者的影响而改变，因此研究效度不高。

总而言之，量化评价和质性评价各有各的优势，量化评价重视评价的科学性和客观性，质性评价重视评价的深入性和发展性。在中学生涯指导课程中应将两种评价方法结合起来使用，把"量"作为"质"的参考基础，把"质"作为"量"的最后升华。

第三节　　生涯指导课程的评价工具与反思

一、中学生涯指导课程评价实施方法

为了全面、真实地评价中学生涯指导课程的实施效果，检验学生生涯意识和生涯发展能力，研究团队应注重评价方法的多样性和评价内容的综合化，结合量化评价和质性评价方法考查课程的授课效果。

在课程准备阶段，研究团队采用准备性测验了解中学生对生涯知识的了解程度、生涯意向和兴趣取向，以便教师能够准备更适合学生现有水平的课程内容。准备性测验采用里尔登等人编制的中文版生涯适应力量表（见表9-1）以及自编的中学生涯需求问卷（见表9-2），根据研究结果对课程框架、课程内容进行有针对性的设计和完善。在总结性测验中，研究团队采用生涯适应力量表进行课程前后的比较，以观测学生生涯适应力水平的发展变化，同时请学生对生涯指导课程进行整体性的等级评价（见表9-3）。在课程中期，研究团队运用档案袋评价法收集学生课堂参与、进步和成就的作品进行合理的分析与解释，并结合访谈法和观察法了解学生的课程体验（见表9-4），以便进一步完善中学生涯指导课程。

表 9-1　生涯适应力问卷

请在下面的量表中评定你在每项能力上的水平，每题有 5 个选项，代表从"不强"到"非常强"的不同程度，请在你认为最合适的一个选项上打"√"。

序号		不强	不太强	不确定	比较强	非常强
1	探索周围的环境	☐	☐	☐	☐	☐
2	依靠自己的力量	☐	☐	☐	☐	☐
3	思考我的未来会是什么样的	☐	☐	☐	☐	☐
4	认真把事情做好	☐	☐	☐	☐	☐
5	寻找成长的机会	☐	☐	☐	☐	☐
6	解决问题	☐	☐	☐	☐	☐
7	在做决定前考虑与衡量各种可能的选择	☐	☐	☐	☐	☐
8	知道我必须要做出的教育和职业选择	☐	☐	☐	☐	☐
9	注意到做事的不同方式	☐	☐	☐	☐	☐
10	高效执行任务	☐	☐	☐	☐	☐
11	克服困难	☐	☐	☐	☐	☐
12	为将来做准备	☐	☐	☐	☐	☐
13	认识到现在的选择会塑造我的未来	☐	☐	☐	☐	☐
14	逐步发展我的能力	☐	☐	☐	☐	☐
15	深入探究我的疑问	☐	☐	☐	☐	☐
16	关注我的职业生涯	☐	☐	☐	☐	☐
17	计划如何实现我的目标	☐	☐	☐	☐	☐
18	为自己的行为负责	☐	☐	☐	☐	☐
19	对新的机遇充满好奇	☐	☐	☐	☐	☐
20	保持乐观态度	☐	☐	☐	☐	☐
21	独立做决定	☐	☐	☐	☐	☐
22	学习新技能	☐	☐	☐	☐	☐
23	做适合自己的事	☐	☐	☐	☐	☐
24	坚持自己的信念	☐	☐	☐	☐	☐

表 9-2　中学生涯需求问卷

每题有 5 个选项，代表从"完全不符合"到"非常符合"的不同程度，请在你认为最合适的一个选项上打"√"。

序号		完全不符合	有点不符合	不确定	有点符合	非常符合
1	我以前听说过生涯规划	☐	☐	☐	☐	☐

续表

序号		完全不符合	有点不符合	不确定	有点符合	非常符合
2	我对于父母工作的具体内容非常了解	☐	☐	☐	☐	☐
3	我认为在中学开展生涯规划教育非常重要	☐	☐	☐	☐	☐
4	我对于自己未来的发展目标很模糊	☐	☐	☐	☐	☐
5	我明确知道生涯规划教育可以带来很多好处	☐	☐	☐	☐	☐
6	我了解自己的兴趣和爱好	☐	☐	☐	☐	☐
7	我了解自己的能力，即自己擅长做什么，不擅长做什么	☐	☐	☐	☐	☐
8	我清楚自己的性格和气质特点及它们带来的影响	☐	☐	☐	☐	☐
9	我知道自己在生活中最看重什么，其次看重什么	☐	☐	☐	☐	☐
10	我了解自己在哪些方面具有潜力	☐	☐	☐	☐	☐
11	我清楚家里能够给我提供什么样的求学、求职条件	☐	☐	☐	☐	☐
12	我经常思考和探索大学要选择哪一类专业	☐	☐	☐	☐	☐
13	我经常思考未来自己适合从事哪一类职业	☐	☐	☐	☐	☐
14	我经常思考自己以后想过什么样的生活	☐	☐	☐	☐	☐
15	我会思考我的学历需要达到什么水平，是否出国留学，以便实现我的目标	☐	☐	☐	☐	☐
16	我了解从事自己的理想职业后可能会拥有的生活状态	☐	☐	☐	☐	☐
17	我知道自己的目标职业最看重什么，不看重什么	☐	☐	☐	☐	☐
18	我了解自己的目标职业需要的学历及能力要求	☐	☐	☐	☐	☐
19	我了解自己的目标职业大概的收入水平及变化趋势	☐	☐	☐	☐	☐
20	我了解自己的个人特点与目标职业的匹配程度	☐	☐	☐	☐	☐
21	我知道如何用科学的方法全面认识自己	☐	☐	☐	☐	☐
22	我对自己的优势学科和劣势学科有全面清晰的评估	☐	☐	☐	☐	☐
23	我按照自己制订的学习计划进行每天的学习	☐	☐	☐	☐	☐
24	我对自己的未来充满信心	☐	☐	☐	☐	☐
25	经历挫折后，我会尽快恢复	☐	☐	☐	☐	☐

表 9-3　生涯重视度排序表

以下三题为排序题，每题有 7 个选项，请按照重要程度排序，并在中括号内依次填入相应数字，例如重要程度排第一则在"〔　〕"中填入"1"。

题目	1. 我认为生涯规划教育中，最为重要的内容依次是：	2. 针对不同方面的发展，我最关心的内容依次是：	3. 我认为以下内容在职业生涯规划的重要程度依次是：
选项	〔　〕如何认识自我	〔　〕学习成绩	〔　〕兴趣爱好
	〔　〕如何规划学习	〔　〕人际关系	〔　〕特长
	〔　〕如何进行人职匹配	〔　〕人生态度	〔　〕所学专业
	〔　〕大学专业设置及就业方向	〔　〕未来发展	〔　〕个人理想
	〔　〕职业市场状况的需求分析	〔　〕身心发展	〔　〕社会热门职业
	〔　〕如何制订目标和计划	〔　〕行为习惯	〔　〕社会就业竞争环境
	〔　〕人际沟通与合作	〔　〕生活习惯	〔　〕职业发展空间

表 9-4　课程反馈表

下面是关于生涯规划课程的几个问题，每题有 4 个选项，代表从"非常不符合"到"非常符合"的不同程度，请在你认为最合适的一个选项上打"√"。

序号		非常不符合	比较不符合	比较符合	非常符合
1	我喜欢这样的上课方式	☐	☐	☐	☐
2	我觉得大家在课堂上谈论与分享对我是有帮助的	☐	☐	☐	☐
3	我觉得又进一步了解了我自己	☐	☐	☐	☐
4	我对自己的一些优点和缺点更加了解了	☐	☐	☐	☐
5	我大概清楚了自己现在的兴趣有哪些了	☐	☐	☐	☐
6	我初步了解自身的能力水平	☐	☐	☐	☐
7	我对职业世界有了更多的认识	☐	☐	☐	☐
8	我知道对我来说工作的意义和价值	☐	☐	☐	☐
9	我对自己前进的方向更加明确了	☐	☐	☐	☐
10	我愿意通过一系列行动，自己去探索感兴趣的事物	☐	☐	☐	☐
11	我会对自己想达到的目标做出详细计划	☐	☐	☐	☐

二、中学生涯指导课程评价结果

中学生涯指导课程在科学研究的指导下，根据学生的认知发展水平、兴趣点、课程需求等进行设计和整合，结合质性评价和量化评价方法对课程进行评价和完善，取得了令人满意的效果。

（一）学生满意度高

生涯指导课程满意度评定旨在了解实验对象参加完课程学习之后，对于研究目标的达成情况，以及对本次生涯辅导的整体评价，作为讨论和进一步改进生涯指导课程的依据。课程结束后，实验对象立即填写完成该量表并当场收回。生涯指导课程满意度评定表有四级评定标准，1 分表示非常不符合，2 分表示大部分不符合，3分表示大部分符合，4 分表示非常符合。实验学生在该量表的评定结果如表9-5。

表 9-5　中学生生涯指导课程满意度评分

		平均数	标准差
1	我喜欢这样的上课方式	3.59	0.63
2	我觉得大家在课堂上谈论与分享对我是有帮助的	3.48	0.60
3	我觉得又进一步了解了我自己	3.49	0.58
4	我对自己的一些优点和缺点更加了解了	3.41	0.67
5	我大概清楚了自己现在的兴趣有哪些了	3.46	0.69
6	我初步了解自身的能力水平	3.38	0.74
7	我对职业世界有了更多的认识	3.34	0.76
8	我知道对我来说工作的意义和价值	3.37	0.74
9	我对自己前进的方向更加明确了	3.42	0.77
10	我愿意通过一系列行动，自己去探索感兴趣的事物	3.47	0.71
11	我会对自己想达到的目标做出详细计划	3.39	0.67

从表中结果可以发现，参加课程的学生在各题的平均数介于3.34~3.59之间，显示学生对生涯指导课程较为满意，对本课程的总目标达成情况良好。其中第一题"我喜欢这样的上课方式"、第三题"我觉得又进一步了解了我自己"、第二题"我觉得大家在课堂上谈论与分享对我是有帮助的"、第十题"我愿意通过一系列行动，自己去探索感兴趣的事物"等题目得分最高，表明得到学生的高度认可，说明学生喜欢以活动课为主的课程呈现形式，对自身的探索有了进一步提高，对生涯产生好奇，有了一定的生涯自信去应对。

（二）学生生涯适应力得到提升

根据生涯适应力前后测结果比较发现，学生的生涯适应力水平有了显著提升。

表 9-6　中学生生涯适应力前后测结果比较

	N	生涯关注	生涯控制	生涯好奇	生涯自信	生涯适应力
前测	258	3.70±0.82	4.08±0.78	3.90±0.83	3.94±0.79	3.80±0.98
后测	258	4.02±0.70	4.24±0.65	4.07±0.69	4.03±0.73	4.07±0.65

续表

	N	生涯关注	生涯控制	生涯好奇	生涯自信	生涯适应力
t		-6.70	-2.24	-2.512	-1.353	-3.70
p		0.000	0.016	0.013	0.177	0.000

由表 9-6 可见，参加课程学习的学生在生涯适应力总分和生涯适应力的 3 个因子上均有显著提升。在生涯适应力的各个因子中，学生在生涯关注上的得分有显著提升，说明他们通过生涯指导课程的学习，对自己的未来发展更加关心，能够有意识地结合自身特点为未来生涯任务做准备。生涯控制和生涯意识因子上的得分与前测结果相比，均有显著提升。这说明，学生不仅开始对自己和未来愿景感到好奇，愿意对自己和生涯外部环境进行探索，还有着更加强烈的意识去为自己的未来发展做准备，会采用更自律的方式塑造自己或周围环境。生涯自信因子后测结果虽然高于前测结果，但并未达到显著水平。这可能是因为，相对于生涯关注、生涯控制和生涯好奇这些行为和感受层面上的因子而言，生涯自信更加偏向于深层的人格层面，它是一种比较持久的情绪状态。因此，生涯自信的提升会更加缓慢一些，仅仅通过一学期的学习，很难有非常显著的增长。这一研究结果也符合以舒伯为代表的很多生涯规划专家的观点：生涯指导绝非可有可无，不可一蹴而就，而应该是势在必行，宜早不宜迟。

（三）学生学习更加主动，对自我的管理更强，积极探索生涯发展途径

生涯指导课程让学生更加认真地思考未来生涯发展的同时，也促进他们提升了自主学习的意识。生涯指导课程结束后，很多学生学习热情更为高涨，更乐意对自身和外部环境进行探索，对自己未来的发展充满信心。

生涯指导课程除了每节课要求学生根据课堂所学填写学习单之外，还会要求学生在课程结束时完成总结性课程作业。初中学生被要求完成生涯规划书，即结合一学期所学的生涯知识，思考自己的人生发展；高中学生则在此基础上还需要完成一篇关于他们感兴趣的专业或职业探索的科研论文。在生涯规划书中，很多学生提到了自己的梦想和近期目标，表示将通过加倍的努力和科学的学习方法去实现它们。高中学生还撰写多篇科研报告，如《北京重点大学部分专业就业前景比较研究》《北京大学不同专业学生社交焦虑程度比较研究》《人民大学学生专业满意度调查研究》《北京部分重点大学金融专业介绍》等，每篇研究报告都在 1 万～2 万字。同学们查阅了大量文献并多次进行实地考察，这些活动占用了他们很多学习和休息时间，但是他们都表示这是为未来专业报考做好前期调研，是非常有价值的事情。

附部分学生课程感悟与反思：

学生 1：经过这门课程，我对自己有了更为透彻的了解，在性格、能力、志向等方面对我自己有了更清晰的认识。为了达成我的理想，我决定从现在开始努力学习，多读书，为未来打下坚实的基础。我觉得我的性格还是与我的目标比较符合的。当然我现在还存在一定的缺陷，希望自己在未来能够克服这些问题，比如在行事时更加沉着冷静，不能着急。现在我要多提升自己的能力，为将来做准备。

学生2：通过这门课程，我对自己有了更全面的认识，对未来的职业规划和兴趣对应了起来。在我看来选择职业应注重兴趣和能力，在职业中不要太在意收入，要尽职尽责地完成工作任务。同时我发现我的目标与未来理想职业是匹配的，这有助于我更有动力地学习，我会付出更多去实现我的目标。

学生3：我的性格比较适合我的梦想工作，因为作为一个编程人员并不需要涉及太多的人际交往，但我还是希望能够多提高我的社交能力。我的目标则更多与体育与艺术方面相关，所以还需要更加了解自己，这样就能更多地在未来帮助我实现目标。而且我相信在这之后，通过更多的学习与自我了解，我也会更加准确地对我的未来与目标做出合理的规划。目前为止，我认为我还有许多潜力与未知爱好，等待我去发现并成就。

学生4：我比较内向，爱思考，看重正直和负责的价值观。这有助于从事科研工作，似乎与我想从事的工作较匹配，但我觉得我在做事时有些缺乏冷静。通过对课程的学习，我对我自己的性格更加了解，一个人只有真正了解自己，才能做出正确的适合自己的决定。我在未来愿意为祖国的腾飞付出努力，达到目标的前提自然是好好学习，我自认为在数学和英语学习中存在缺陷，在语文学习方面有待提高。

学生5：我的性格很外向活泼，刚好符合我想成为律师这一点。我想帮助那些受到伤害的人，维护他们应有的利益，并使他们利益最大化，我愿意付出比别人更多的努力来换取我的成功，我会认真学习，以后熟读各种法律条文。

学生6：通过课程的学习，我最大的感受是未来充满了不确定，只有不断追赶时代的潮流，不被机器所淘汰，才能保持在时代之前。我的兴趣爱好不算广泛，不喜欢交流，我想做人工智能的设计者，这样才能把未来掌握在自己手里，不会因为机器人而失业。同时我应该在这些年学习计算机方面的知识，不断提高自己的能力，为自己的未来打下一个好的基础。我还要更多地与他人交流，提高自己与他人合作的能力。

学生7：我对我的能力方面更加了解了，也让我觉得自己应该坚持爱好。我对目标更为了解也更加清晰，我也在努力奔向目标的正道上。我的管理能力也有利于我学习金融，我也对某些职业的未来有了更深的认识。

学生8：我认为我的性格对我的职业有一定的优势，我认真办事的特点能让我在职场上取得更高的成就。同时，为了成为一名优秀的设计师，我也要努力学习提高成绩，这与我的短期目标较为匹配。通过课程学习，我对自己擅长的项目更加了解，我知道了自己有着怎样的优势与不足，我认为自己应该提升交际水平和交往能力，这样才能在职场上更好地说服他人，使其尊重自己的意见。为了达到这个目标，我会积极参加演讲活动，提高自己的胆量和能力，我也要在校内更加主动地参与各类活动，在集体中超越自我。

学生9：课程给我最大的感受便是我明白了我喜欢的工作究竟是什么，就是成为科学家。它与我的努力相匹配。我会继续努力，用我的能力造福人类。

学生10：我发现我的性格和我想从事的工作不是十分符合，但还是有一些沾边的，所以我应该努力改变自己为人处世的方法，以便更好地向我的目标靠近。现在我对自己的性格、能力更加了解了，我愿意做出努力去达到目标，努力学习，向老师和同学请教不明白、不懂的内容。我相信经过我的努力，能够使我的目标顺利成功地实现。

附：高中生生涯规划科研报告范例

部分专业就业前景对比研究

课题成员：邹红芸、谢雨欣、刘宇丹、田润宇、王梓彤
指导老师：陆丽萍

一、研究背景

随着我国经济产业的转型与高等教育大众化进程的不断推进，人才需求结构发生了巨大的调整，毕业生就业形势严峻，就业问题吸引了社会各方面的广泛关注[1]。面对日益沉重的就业压力，大学毕业生就业与专业不对口的现象比比皆是。根据《麦可思——中国 2018 届大学毕业生培养质量跟踪评价》显示："2018 届大学毕业生的工作与专业的相关度为 66%，这表明有高达 34% 的毕业生选择了与专业无关的工作，究其主要原因是'专业工作不符合自己的职业期待'（本科：38%，高职高专：32%），其次是'迫于现实先就业再择业'（本科：21%，高职高专：26%）。"[2]由此可知，大学毕业生尽早掌握各个专业的就业发展前景，成为解决就业与专业不对口问题的关键所在。同时，专业就业前景的研究意义不仅限于此，吴辉曾在文章中指出，不少的高考毕业生会优先选择就业前景更好的大学专业，以便于未来更好地就业。[3]它向我们进一步阐明，专业就业前景的好坏不仅影响着大学毕业生如何选择就业，长远来讲也为高考毕业生选择更有发展前途的大学专业提供参考。因此专业就业前景的研究就显得尤为必要。

1. 专业的定义

目前，我国高校以专业为单位培养人才，学生以专业为基础开展学习活动，毕业生就业也主要依托专业进行。专业成为毕业生选择就业的重要依据之一，不同专业下的学生选择就业的领域也相应不同。[4]学术界对专业的定义和理解存在差异。《教育大辞典》第 3 卷（上海教育出版社）将专业定义为高等学校培养学生的各个专业领域，大体相当于《国际教育标准分类》的课程计划或美国学校的主修。根据社会职业分工、学科分类、科学技术和文化发展状况及经济建设与社会发展需要划分。[5]周川从广义、狭义、特指三个层面来界定专业的含义，广义的专业是指某种职业不同于其他职业的一些特定的劳动特点；狭义的专业是指某些特定的社会职业；特指的专业是高等学校中的专业。[6]潘懋元、王伟廉等认为：专业是一种课程组织形式。[7]薛天祥在《高等教育学》研究中对以上三种定义进行了分析与比较，他认为《教育大辞典》对专业进行了比较完整的描述性的定义，既说明了专业划分的依据，又兼顾了中国、原苏联与美国的特点。但缺憾是不太明确，不是一个精练的定义。周川将专业视为教育基本单位，比较符合事实，更有利于指导实践，但没有涉及专业划分的依据。而潘懋元、王伟廉的定义虽然揭示了专业与课程间的本质联系，比

较符合美国高等学校中的专业的事实，但作为专业的定义来讲还有进一步讨论的必要。于是薛天祥综合以上专业定义的优缺点，把专业定义为：根据学科分类和社会职业分工需要分门别类进行高深专门知识教与学活动的基本单位。这个定义既有高深专门知识教与学活动的属性，又具有分门别类地进行这种活动的基本单位的属性，受到了更多学者的认可。因此，本文采用薛天祥对专业的定义："专业是指高校中根据学科分类和社会职业分工需要，分门别类进行高深专门知识教与学活动的基本单位。"[8]

2. 专业与就业前景的关系

我国高等学校本科教育为适应不同学科的特点以及就业的相关需求，将专业主要分为三类，分别是13个学科门类、92个学科大类、506种大学专业。[9]大学专业的分类明确，种类多样，既满足了大学生的不同需求，又使专业更好地服务于就业，为社会培养了更多多元化、专业化的人才。由此可见，专业的设置与就业是相辅相成、相得益彰的。

那么与就业相关的就业前景是否也与专业有着一定的联系？在正式探讨二者关系前，有必要在此说明就业前景的定义。王菁、朱晓文认为就业前景是学生对所学专业就业趋势的总体态度倾向。[10][11]可见，以上两位学者把学生对就业趋势的态度倾向作为衡量专业前景的决定性因素，是站在学生的角度出发考虑就业的好坏，可以引发学生之间的共鸣与交流。但是学生的态度不免具有较强的主观色彩，也容易受到外界因素的干扰，以此作为界定就业前景的标准便存在一定的弊端。为使就业前景更加客观准确，段自珍给出如下定义：就业前景是指有劳动能力的人未来寻找有报酬的工作时会出现的情形。可见，她并未强制地把就业前景的判定与学生的态度倾向放在一起，而是着眼于专业未来就业的一般发展趋势。通过比较，段自珍的定义更加直白客观，也更符合大众对就业前景这一名词的认知。因此，本文选用段自珍的定义即就业前景是指有劳动能力的人未来寻找有报酬的工作时会出现的情形。

基于教育部大规模网络调查所收集的134所"双一流"大学的本科生就业前景评价的数据及相关分析，段自珍指出以下五点对就业前景测评有所影响。第一，一流大学A类高校的工学、经济学等学科的本科生就业前景评价显著更好；东部地区高校的管理学、经济学等学科的本科生就业前景评价显著更好；特色高校的理学、工学、经济学、法学等学科的本科生就业前景评价显著好于综合性大学的本科生。第二，工学、医学等应用性学科的本科生就业前景评价相对较好，而理学、历史学、哲学等基础性学科的本科生就业前景评价相对较差。第三，专业平均薪酬等劳动力市场的信息对本科生就业前景评价有显著正向影响。第四，新工科相关专业的本科生对就业前景的评价显著好于传统工科专业的本科生。第五，工商管理等企业导向专业的本科生对就业前景的评价显著好于行政管理等政府导向专业的本科生。[4]由此可见，就业前景的好坏在一定程度上取决于大学以及专业的选取。同时，就业前景的好坏也对专业选择有所影响。李晨在对大类招生学生的分析中表明，专业就业前景的评价越好，学生选择该专业的概率越大。[12]胡昱东等人的研究也得出了相似的结论。[13]总而言之，专业与就业前景之间紧密联系，相互影响。

3. 考察就业前景的标准

在现有的资料中，考察就业前景的标准主要分为以下三个方面。第一，专业平均薪酬。专业平均薪酬反映了专业给学生带来的经济价值或者说收入回报。学生接受高等教育是一种人力资本投资行为，其目的是毕业后能找到满意的工作，取得理想的薪酬，获得较高的投资回报。[14]专业平均薪酬越高，就业前景越好。第二，专业就业率。专业就业率是指每个高校不同专业的就业率。通常情况下，就业率高的专业，表明该专业人才的供给没有超过社会对该专业人才的需求量，或者另一种情况，人才供给少于人才需求，这两种情况都对学生未来的就业有利。因此，专业就业率越高，表明学生未来实现就业的可能性越大，就业前景越好。第三，专业就业量。专业就业量在一定程度上反映了社会对该专业的需求量。需求量越大，相应设立的职业越多，毕业生就业的可能性就会大大增加。因此，专业就业量对本科生就业前景的影响是正向的。

4. 确定本次研究中的具体专业

《麦可思——中国2018届大学毕业生培养质量跟踪评价》显示："会计学、软件工程、信息安全分别对应专业就业量最大、专业就业率最高、专业平均薪酬最多的专业。"（详见表1、表2、表3）[2]这表明以上三个专业的就业前景相较于其他专业更为乐观，更能吸引大量的学生、学生家长以及民众的关注，这无疑使研究所涵盖与辐射的人群更大更广，从而让本次研究更具有效性、多样性和应用性。为了帮助民众更好地了解这三个热门专业的就业前景，为高考毕业生选择专业以及大学毕业生择业提供参考，本文选取会计学、软件工程、信息安全这三个专业进行专业就业前景的考查并比较各自的优劣势，从而为有意于选择这三个专业的学生提供参考和指导。

表1　全国2018届本科生毕业半年内就业量最大的前五位专业

就业量排序	专业名称
1	会计学
2	财务管理
3	英语
4	土木工程
5	计算机科学与技术

表2　全国2018届本科生毕业半年内就业率最高的前五位专业

专业名称	就业率（%）
软件工程	96.8
能源与动力工程	96.5
工程管理	95.8
数字媒体技术	95.7
预防医学	95.5

表3　全国2018届本科生毕业半年内平均薪酬最高的前五位专业

专业名称	平均月收入（元）
信息安全	6972
软件工程	6733
网络工程	6597
物联网工程	6420
信息工程	6387

二、研究意义

本研究的研究意义主要有两点：

（1）通过对会计学、软件工程学、信息安全学就业前景的调查，让就读于这三个专业的大学生和有意向报考此类专业的高中生了解未来就业的大致走向和就业情况，从而在一定程度上减少毕业生因专业工作不符合职业期待而引发的专业与就业不对口问题。

（2）通过对会计学、软件工程学、信息安全学就业前景的对比，突出各个专业的就业优势，为那些没有明确专业方向，但是对于薪酬、就业率、就业量有较高追求的高中毕业生，提供更清晰的专业选择思路。

三、三个专业及其对应职业介绍

1. 会计学

会计学是人类进行经济管理的一种活动，既是客观经济范畴，又是经济管理方法。[15]会计学是指以研究财务活动和成本资料的收集、分类、综合、分析和解释的基础上形成协助决策的信息系统，以有效地管理经济的一门应用学科。[16]其对应职业有企业会计、国际会计、注册会计师等。

目前，在我国共有620所院校开设此专业。其对该专业学生的培养目标为：具备管理、经济、法律和会计学等方面的知识和能力，能在企、事业单位及政府部门从事会计实务以及教学、科研方面工作的工商管理学科高级专门人才。该专业毕业生就业方向体现在会计学相关科研、企、会计等。[17]

2. 软件工程学

软件工程学的研究领域包括软件的开发方法、软件的生命周期以及软件的工程实践等。[18]而就此对应的职业分为几个不同方向：

JAVA方向：JAVA初级程序员、JAVA计算程序员、JAVA工程师、J2EE系统工程师等。

Net方向：Net程序员、网站开发工程师、Net工程师等。

其他方向：简单的管理信息系统开发和维护人员、网页制作和客户端脚本程序编写人员、初级数据库管理和维护人员、数据库开发工程师、系统分析设计工程、软件项目配置管理员、文档编写工程师。[19]

目前在我国，共有544所院校开设此专业。其对该专业学生的培养目标为：以计算机应用软件开发为基本技能，具有较扎实的专业基础理论和较强的实践动手能力等全面发展的计算机软件开发与维护方面的高级专业技术人才。该专业毕业生就业方向体现在企业软件开发、程序编写等。[20]

3. 信息安全学

信息安全学涵盖信息安全保障、技术、工程、管理、法律、法规及标准等领域知识。[21]信息安全是一门涉及计算机科学、网络技术、通信技术和面积数等多个领域的交叉学科，它关注信息系统在安全方面存在的问题和面临的问题，贯穿于信息系统中信息生命周期的整个过程。[22]对应职业有信息安全咨询师、信息安全测评师、信息安全服务师、信息安全维运人员等。[23]

目前在我国，共有71所院校开设此专业。[24]其对该专业学生的培养目标为：能够从事计算机、铜线、电子商务等领域的信息安全高级专门人才。该专业毕业生就业方向体现在信息安全维护、网络工程等。[25]

四、专业平均薪酬

1. 会计学

会计学是全国2018届本科生毕业半年内就业量最大的专业。就业量在一定程度上反映了社会对该专业的需求量，因此，该专业的社会需求量较大。[3]会计学的就业方向分为内资企业、外企和事务所。[26]会计学专业学生就职后的薪资水平与其学历高低、性别、年龄、工作岗位、职位层次、城市规模、会计工作年限、拥有的会计类职称资格、企业类型、所有制等均有关系。学历及所处的职位层次越高，薪酬也越高。此外，进入私企工作的薪酬在同一等级的职位上略高于国企，但国企的员工福利会好于私企。拥有不同的会计资格或职称，会影响会计行业人群的平均薪资。拥有ACCA（在国内被称为"国际注册会计师"，是全球最权威的财会金融领域的证书之一）等海外财会类专业资格和高级职称等具有含金量的证书能显著提高薪资水平。其中拥有ACCA等海外财会类专业资格证书的投票人年平均薪资水平最高，达到275655元；其次是会计专业资格考试（高级）的年平均薪资水平，达到260008元。

2018年财会人员平均薪酬为123529元，相比2017年的平均125433元下降了1.52%；平均薪酬和高位数略有下降，但低位数相比去年提高明显；高低位薪酬之间的差距与从去年的34倍升下降到19倍。自2009年起到2018年，会计行业收入最高的5%人群平均年薪酬为538348元，而收入最低5%人群平均年薪酬为27960元。由此不难得出会计行业收入的高低差距比较严重。[27]

根据来自"职友集"网站从2019年初至2020年3月24日的数据，会计行业的平均月薪酬为5670元。其中月收入在4500—6000元的人群占比最多，占34.0%。应届生毕业生的月平均薪酬为4300元，此后工资将随工作年限的增加而上涨。工作一年至三年的员工月平均薪酬为5200元，工作三年至五年的员工月平均薪酬为6100

元，工作五年至十年的员工月平均薪酬为7200元。[28]据2019年知乎问题"会计行业一般工资多少"更细致的数据报道显示：对于没有工作经验的应届毕业生，在一线城市的平均薪资在3000～4000元，在二线城市的大概在2500～3500元，三线城市大致在2000～2500元，还有少数低于2000元的情况。工作一年至三年后，一线城市平均薪资水平为4000～7000元，如果能力够，薪资也可能到8000元；二线城市平均水平在4000～6000元；三线城市大致在3000～5000元；三线城市以下的薪资水平在2500～4500元。工作三年至五年后，一线城市的薪资大致是8000～15000元，二线城市的薪资水平大致是6000～10000元，三线城市的薪资是5000～8000元，三线以下的城市会计主管的薪资是4500～8000元。[27]

由以上数据可知，会计这个职业前期薪资较低，但随着经验的增长薪资会有所增长。同时会计这个行业十分看重能力和证书，若能力与证书都能达到较高水准，薪资还是较可观的。此外，会计行业的平均薪酬、最高薪酬及最低薪酬自2009年至2020年有小幅度上涨，但自2015年至2020年这六年间行业平均薪酬波动幅度不大，薪酬变化趋势由上升逐渐转为平缓。

2. 软件工程学

软件工程作为就业率最高的专业，其毕业后的就业去向较广。软件工程专业主要毕业去向是计算机软件专业公司、信息咨询公司以及金融等其他独资、合资企业。[29]软件工程专业毕业后的月薪薪资与工作岗位有密切关系。[30]月薪较高的工作职位有软件研发工程师，其主要负责项目的研发。工作内容涉及前端的设计语言更多，工作较累，但是薪酬也较高。[31]

据2015年到校招聘单位所提供的薪资水平可以看出：软件工程岗位的具体薪资待遇在地域间有些许差异。一级城市（如北上广等城市）初一高级软件工程师的待遇在4000～9000元，内地其他省会城市（例如山西省）一般在2000～6000元。随着毕业生从业年限的增加，劳动报酬也呈线性增长。从业年限在六至七年间的软件工程毕业生，月薪资可达到1万元以上。[32]

根据来自"职友集"网站从2019年初至2020年3月24日的数据，软件工程行业的平均月薪酬为11820元。其中月收入在10000～15000元的人群占比最多，占33.5%。应届生毕业生的月平均薪酬为8600元，此后工资将随工作年限的增加而上涨。工作一年至三年的员工月平均薪酬为10500元，工作三年至五年的员工月平均薪酬已达13800元。[33]

由以上数据可知，软件工程学的薪资起点很高，随就业入职时长的增加，薪资增长的幅度较会计专业更大，与信息安全专业趋同，总体呈线性增长。与2015年相比，2020年软件工程专业的平均薪酬有较大幅度的增长，增长约5500元。

3. 信息安全学

信息安全专业作为平均月收入最高的专业其薪资待遇非常可观。据2017年知乎问题"信息安全从业人员的薪酬水平是怎么样的"调查显示：大中型企业的普通网络工程师薪资待遇大多在5000以上，专业的网络工程师工资一般可以达到8000以上，大型企业或是网络公司的管理层面都在万元以上。信息安全专业学生毕业后可在政府机关、国家安全部门、银行、金融、证券、通信领域从事各类信息安全系统、计算机安全系统的研究、设计、开发工作。以广深地区的薪资情况为例，对于大学应届毕业生，互联网公司、网络安全公司、系统安全集成商的月薪分别为 6000～8000 元、8000～10000 元、10000～12000 元不等。[34]

根据来自"职友集"网站从 2019 年初至 2020 年 3 月 24 日的数据，信息安全行业的平均月薪酬为 13160 元。其中月收入在 10000～15000 元的人群占比最多，占 24.2%。应届生毕业生的月平均薪酬为 8200 元，此后工资将随工作年限的增加而上涨。工作一年至三年的员工月平均薪酬为 9800 元，工作三年至五年的员工月平均薪酬已达 15500 元。[35]

由以上数据可知，作为近年来薪资最高的信息安全专业，其应届毕业生的月薪便可与会计专业工作五年至十年的老员工相比，工作三年至五年员工的平均薪资也较软件工程学专业高出 2000 元。且近年来信息安全行业的薪酬也在逐年上涨，增幅约为 4000 元左右。因此，在薪酬方面，信息安全专业在会计学、软件工程学、信息安全学这三个专业中占据绝对优势的地位。

五、专业就业率

就业率是反映劳动力就业程度的指标，指在业人员占在业人员与待业人员之和的百分比。就业率反映全部可能参与社会劳动的劳动力中，实际被利用的人员比重。一定时期在业人员越多或待业人员越少，则就业率就越高，反之越低。计算和研究就业率，实质上是要提高就业的经济效益。为了提高就业的经济效益，必须同时抓住两个环节：第一，必须实现社会主义的充分就业。从微观角度说，这是指每一个有劳动能力的人均能从事一定的社会劳动，并以此取得相应的劳动报酬或经营收入；从宏观角度说，是指既不存在闲置的生产资料，也不存在未被利用的劳动力资源。第二，必须最大限度地增加完全有效性就业[36]，即除了正常的暂时不就业（比如工作转换等），所有的人都找到合适的职务，没有空缺现象。由以上就业率的定义可推断专业的就业率为学习某一专业并已经毕业的在业人员与其待业人员之和的百分比。所以专业的就业率可在一定程度上反映某一专业的就业前景。

据第三方社会调查机构麦可思在北京发布的《2018 年中国大学生就业报告》（就业蓝皮书）显示，2017 届大学生毕业半年后的就业率为 91.9%。报告分析指出，本科就业的信息安全、软件工程、网络工程等专业为需求增长型专业，就业率、薪资和就业满意度综合较高。[37]

根据麦可思研究院在北京发布的《2019 年中国大学生就业报告》，2018 届大学毕业生就业率为 91.5%。从学科门类来看，就业率最高的学科门类是工学（93.1%），其次是管理学（92.7%）。其中，就业率排前三位的专业分别是软件工程（96.8%）、能源与动力工程（96.8%）和工程管理（95.8%）。信息安全专业排在第 17 位，就业率为 94.6%，而会计学未进入就业率排在前 20 的榜单。[38]

此外，根据互联网数据咨询网"2014～2018 届本科毕业生就业比例上升、下降最多的前三位行业"的统计信息可知，信息传输、软件和信息技术服务业从 2014 年到 2018 年的就业比例分别是：6.8、8.4、8.4、8.5、8.8。由此看出，信息安全学和

软件工程学专业所对应的服务行业的本科生就业率在持续上升。【39】

综合以上数据不难得出，会计学就业率在近几年并未排在前列。"完美志愿"网站显示，2017年会计学的就业率为91.7%，与软件工程和信息安全差距较大。2019年会计学的就业率在93%左右，同样不及另外两个专业。【40】

因此，在就业率这一方面，软件工程及信息安全行业的就业率近年来一直稳定在前列，其中软件工程行业就业率略高于信息安全，相差约2%左右，且软件工程及信息安全行业的就业率自2014年在逐渐上升。与软件工程及信息安全相比，会计学的就业率未排在所有专业的前列，较软件工程低5%左右。但会计学就业率在2017至2019年两年间上升约1.3%，呈一定的上升趋势。

六、专业就业量

专业就业量在一定程度上反映了社会对该专业人才的需求量，即根据社会政治、经济、文化、科技发展的趋势和规划，预测未来某一目标年度需要的专门人才数。

1. 会计学

截至2019年底，累计有795万余人通过考试取得了初、中级会计资格证书，18万余人取得了高级会计师评审资格。【41】但即使是如此庞大的会计群体，也仍不能满足现今社会的需求量。

据2020年发布的《会计专业社会需求调查》显示：目前我国的经济形势不断好转，国民生产总值每年以高于7%的比例增长，不但已经走出"低谷"，而且已经走过了"复苏"阶段，经济结构调整，供求关系不断改善，人才需求大量增加。随着入世后与国际经济相融合，我国的经济发展的前景将更为看好。经济越发展，越需要向社会提供真实、准确的经济信息，而会计作为经济信息的载体必将随着社会经济的发展而不断发展，会计专业的毕业生的就业形势会越来越好。并且随着社会经济类中介机构如会计师事务所、税务代理等的逐渐发展壮大，会计业在国民经济中的所占比重逐渐增加。

为证实社会对会计人才需求量加大这一推测，《会计专业社会需求调查》的作者选择了27家企业及行政单位做了抽样调查。结果发现，在未来5年内，有22家表示需要新增专科或专科以上的会计专业人才，尤其是熟悉计算机操作又有实践动手能力的会计人才更受用人单位欢迎；有2家企业表示暂无需求；有3家表示需求本科以上层次的会计专业人才。另外，每年参加财政局举办的各类会计考试的人员有近百万人，这也说明各企事业单位和行政单位对会计人员的需求量是极大的，尤其是对高层次会计人员的需求在不断增加。【42】

由以上数据不难看出，随着社会经济类中介机构的逐渐壮大，服务业在国民经济中的比重逐渐增加，该领域吸纳高级人才具有广阔的前景，而会计专业人才在此领域中更是重中之重。因此，我国对于会计的需求量非常大，使得近年来会计专业就业量居高不下，更是占据过各专业就业量第一的位置。但是每年会计学的毕业生也非常多，企业需要的是高层次会计人员。毕业生只有加强自己的业务能力才能更好地在就职竞争中取得优势。

2. 软件工程学

据《中国经济与信息化》数据统计，我国软件出口规模达到 215 亿元，软件从业人员达到 72 万人，在中国 IT 业内众多职位中，软件工程师位列第一，软件工程人才的就业前景相对乐观。普通本科应届毕业生主要在各软件公司，企业单位，高等院校等从事软件设计、开发、应用与研究工作。

有关数据显示，我国目前对软件人才的需求已达 20 万，并且以每年 20% 左右的速度增长，而高校计算机毕业生中的软件工程人才还很缺乏，尤其是高素质的软件工程人才极度短缺。【43】

四川省高等院校计算机基础教育研究会理事长梅挺的说法也体现了中国软件行业人才缺乏的事实："一直以来，软件人才供需矛盾都表现为数量缺口和结构的矛盾。一是供需数量缺口较大，二是需要大量的复合型的一专多能的人才。"【44】

据 2019 年的《经济重点领域急需紧缺专门人才开发一览表》数据显示：未来人才需求增加最多的是软件高级人才，预计目标为 2020 年增加 172 万人；其次为软件测试人才，83 万人。增加目标上 20 万的有：高等级公路建设与养护、汽车维修专业人才 55 万人；金融分析、国际会计、保险精算、保险核赔、资产评估、证券投资及经纪、财务总监等高级金融分析专家、农业生物、工业生物、环境生物、能源生物技术等产业化人才 22 万人；互联网技术、网络与信息安全、宽带移动通信人才 21.5 万人；纳米、超导、光电微电、新型能源、环保等新材料人才 20 万人。【43】

由此可见，软件工程专业的就业面是非常广的，并且随着大数据信息化时代的到来，不仅是软件工程人才的需求量非常大，而且软件工程人才需求量的上涨幅度也将飞速提升。而高校计算机毕业生中的软件工程人才缺乏，尤其是软件高级人才，供给量严重少于需求量。所以，这个专业还是非常好就业的。

3. 信息安全学

信息安全工作贯穿信息化建设的各个环节，无论是在数据、应用、系统、网络等工作层面，还是涉及研发、建设、运营、管理、生产等业务流程，都需要有人承担信息安全职责。但目前我国信息安全从业人员整体呈现全方位短缺的态势，一是信息安全人员规模总量不足，除信息安全专业服务企业、特大型企业集团，以及大型互联网企业建立有规模化的信息安全人才梯队外，50% 的政企单位信息安全团队人员规模在 20 人以下；多数受访者认为自己所在单位的信息安全人员队伍规模无法满足当前工作需要。二是大量信息安全工作以"非专职"方式完成，近六成信息安全从业人员需要承担非信息安全内容的工作，政府机关事业单位里需要"身兼数职"的现象最为显著；在需要兼职非安全工作的人群中，33.8% 的受访者承担的非安全工作在日常工作中占比超过 50%。三是各类安全工作角色均存在人才缺口，从安全角色大类来看，安全建设和规划管理类的角色相对更加紧缺；从子类来看，最紧缺的角色依次是分析设计、组织管理、开发与集成；受访者普遍认为，信息安全人才资源不足是造成信息安全事件最重要的原因之一。【45】

2017 年《智慧城市与信息安全（第 2 版）》（范渊主编）里写道，根据全球最大的安全服务商 Symante 调查显示，到 2019 年，信息安全行业的人才需求将高达 600 万，而预计将有 150 万的短缺。在国内，今后五年，社会对网络信息安全的人才需

求量大约为"每年新增 1.2 万人",而我国信息安全学科各层次人才每年毕业生数平均为 1 万人左右。[46]

据 2019 年相关资料显示,近三年来,我国高校教育培养的信息安全专业人才仅 3 万余人,而网络安全人才总需求量则超过 70 万人,缺口高达 95%,且以每年 1.5 万人的速度递增。[47]

由此可见,信息安全在这个大数据时代非常重要,但此专业每年毕业生人数远小于需求量,所以导致信息安全方面相关人才极度短缺。且由 2017 年和 2019 年的数据可知,我国对于信息安全专业人才需求量的增长速度很快,平均每年增加 1500 人。同时,我们也有理由推测之后网络人才的需求量会持续稳步增长。

七、就业前景对比

在专业平均薪酬方面,这三个专业中目前就业薪资最高的是信息安全专业,且占有绝对优势。其次是软件工程专业,但随着电子和专业设备制造业在中国经济比重中占比越来越大,我们有理由推测软件工程专业的薪资水平在未来会有大幅提升。会计专业的薪资起步较低,且随工龄增长薪资的上调幅度不大,在专业平均薪酬对比中处于劣势地位。

在专业就业率方面,软件工程专业和信息安全专业都排在前列,但软件工程行业就业率略高于信息安全,而会计学专业就相对靠后许多。此外,会计学在近年来就业率的上涨幅度为 1.3%,软件工程及信息安全就业率的上涨幅度为 2.0%。可以看出,在就业率增长趋势上会计学同样不及软件工程及信息安全。由此可以推测在未来的几年间会计学专业就业率的上涨幅度也不会很大,职场会计岗位增加数量较小。

在专业就业量方面,随着工业化强国进程的推进,职场对这三个理工科专业的高级人才需求量很大,并且需求量增长速度非常快。因其供给量与需求量不对等,都出现了人才短缺的状况,软件工程专业和信息安全专业现象尤为显著。

综上所述,就软件工程、信息安全和会计学这三个专业而言,软件工程在专业就业率方面略胜信息安全专业一筹;信息安全专业的平均薪酬要高于软件工程专业;在专业需求量方面,两者持平。两者的就业前景都非常乐观。而会计学专业的整体就业前景较前两者而言不容乐观,但会计学相对软件工程和信息安全门槛较低,对信息和数学掌握程度的要求不是非常高,会计学专业的重点在于基础知识的掌握和足够的耐心与细心。因此虽然会计学的薪酬、就业率及就业量相较软件工程和信息安全优势较弱,但在所有专业中依然是位于前列的。对于理科成绩不是特别突出且对数学、信息等学科没有较大兴趣的同学,对自己未来就业后的薪酬没有较高的要求的同学可以考虑学习会计学。

参考文献

【1】魏巍. 本科毕业生就业专业对口问题研究 [D]. 上海:华东师范大学,2017.

【2】调查显示:2018 届大学毕业生工作与专业相关度为 66% [EB/OL]. (2019 –

06 - 11）．

http：//news. yongkao. com/jiaodian/20190611/06119596. html

【3】高考季，千万考生如何选专业［EB/OL］.（2019 - 11 - 25）．

http：//wenku. baidu. com/view/5b6ed068a65177232f60ddccda38376baf1fe016. html

【4】段自珍.“双一流”大学本科生就业前景评价的特征及影响因素研究［D］.上海：华东师范大学，2019.

【5】职业［EB/OL］.（2012 - 04 - 04）. https：//wenku. baidu. com/view/88fb1318c28 1e53a5802ffb5. html

【6】周川.“专业”散论［J］.高等教育研究，1992（01）：83 - 87.

【7】潘懋元、王伟廉主编. 高等教育学.［M］. 福州：福建教育出版社，1995：128.

【8】薛天祥. 高等教育学［M］. 桂林：广西师范大学出版社，2001：27.

【9】普通高等学校本科专业目录（2012 年）［EB/OL］.（2018 - 08 - 03）. https：//wenku. baidu. com/view/0f76ad54c381e53a580216fc700abb68a982ad20. html

【10】王菁，颜军，孙富惠. 大学生专业满意度与就业态度相关性实证研究分析——以非师范类思想政治教育专业学生为例［J］. 国家教育行政学院学报，2013（06）：78 - 84.

【11】朱晓文. 大学生对就业指导的需求及影响因素研究——基于淮安市在校大学生的调查［J］. 黑龙江高教研究，2010（11）：88 - 91.

【12】李晨，何延岩. 大类招生模式下学生专业选择的行为分析［J］. 高教探索，2015（01）：106 - 111.

【13】胡昱东，陈劲，李明坤. 研究型大学大类培养模式下学生专业选择影响因素分析［J］. 清华大学教育研究，2016，37（04）：46 - 51.

【14】卿石松，曾湘泉. 本科毕业生起薪的专业差异分析［J］. 北京大学教育评论，2013，11（04）：98 - 109.

【15】会计的定义及从业资格——会计学原理［EB/OL］.（2020 - 11 - 16）．

http：//www. guayunfan. com/lilun/365598. html

【16】会计学——研究财务活动和成本的学科［EB/OL］. http：//baike. so. com/doc/6676203 - 6890067. html.

【17】工商管理类——会计学专业［EB/OL］.（2019 - 11 - 19）. https：//wenku. baidu. com/view/825629e532687e21af45b307e87101f69e31fbed. html.

【18】软件工程（第 4 版）01 第一章：软件工程概述［EB/OL］.（2020 - 07 - 28）．

https：//wenku. baidu. com/view/a065afa02aea81c758f5f61fb7360b4c2f3f2a07. html.

【19】学好软件开发专业之我见-最新年精选文档［EB/OL］.（2020 - 03 - 31）．

https：//wenku. baidu. com/view/8fb74f5fba4cf7ec4afe04a1b0717fd5370cb271. html.

【20】浅谈软件工程及其学习［EB/OL］.（2016 - 10 - 15）. https：//wenku. baidu. com/view/97c69602aef8941ea66e05be. html.

【21】信息安全标准与法律法规［EB/OL］.（2019 - 04 - 29）. https：//wenku. baidu. com/view/059f35fcf342336c1eb91a37f111f18582d00c17. html.

【22】税务信息系统的安全保障问题研究［EB/OL］．（2020－02－25）．https：//wenku. baidu. com/view/08ab32a3c4da50e2524de518964bcf84b8d52deb. html

【23】信息安全职业类型分析（信息安全职业发展规划参考）［EB/OL］．（2016－11－28）．https：//wenku. baidu. com/view/af85cd2ba22d7375a417866fb84ae45c3b35c290. html.

【24】信息安全专业开设院校［EB/OL］．https：//edu. jobui. com/major/xinxianquan/school/

【25】关于信息安全专业就业方向与就业前景分析［EB/OL］．（2018－11－24）．https：//wenku. baidu. com/view/2b9a62436037ee06eff9aef8941ea76e59fa4a4b. html

【26】会计专业有哪些就业发展方向？［EB/OL］．（2020－06－03）．https：//www. zhihu. com/question/20523138/answer/732384601

【27】会计行业一般工资多少？　［EB/OL］．（2019－09－17）．https：//www. zhihu. com/question/26493933/answer/826757393

【28】会计工资收入［EB/OL］．https：//m. jobui. com/salary？jobKw＝％E4％BC％9A％E8％AE％A1&cityKw＝％E5％85％A8％E5％9B％BD

【29】软件工程的就业方向分析［EB/OL］．（2020－04－29）．https：//wenku. baidu. com/view/8622da38f71fb7360b4c2e3f5727a5e9846a27e3. html

【30】软件工程专业的就业方向有哪些以及薪资待遇如何［EB/OL］．（2019－08－16）．https：//baijiahao. baidu. com/s？id＝1642003070868769128&wfr＝spider&for＝pc

【31】软件工程专业工资"薪酬"如何？HR：月薪10K＋，三年后翻倍上涨［EB/OL］．（2018－12－15）．https：//baijiahao. baidu. com/s？id＝1619917241686659803&wfr＝spider&for＝pc

【32】新形势下软件工程专业毕业生就业举措初探［EB/OL］．（2019－03－25）．https：//wenku. baidu. com/view/e17b8728d0f34693daef5ef7ba0d4a7303766c46. html

【33】信息安全工资收入［EB/OL］．

https：//m. jobui. com/salary/％E5％85％A8％E5％9B％BD－％E4％BF％A1％E6％81％AF％E5％AE％89％E5％85％A8/

【34】网络工程师的工资待遇怎么样［EB/OL］．（2020－07－20）．https：//www. thea. cn/xgkfd＿zx＿1994069－1. htm

【35】软件工程工资收入［EB/OL］．

https：//m. jobui. com/salary？jobKw＝％E8％BD％AF％E4％BB％B6％E5％B7％A5％E7％A8％8B&cityKw＝％E5％85％A8％E5％9B％BD

【36】就业率［EB/OL］．https：//baike. sogou. com/v4975337. htm？ch＝ww. xqy. xgbk

【37】就业蓝皮书：2017届大学毕业生就业率整体稳定［EB/OL］．（2018－06－11）．

https：//rs. mbd. baidu. com/r7m6orq？f＝cp&u＝49526d889e0860e3

【38】《2019年中国大学生就业报告》．去年软件工程专业就业率最高［EB/OL］．（2019－06－12）．

http：//hn. cnr. cn/hngbxwzx/20190612/t20190612＿524647162. shtml

【39】麦可思：2019年中国大学生就业报告［EB/OL］．（2019－08－29）．

http：//www. 199it. com/archives/930684. html

【40】麦可思发布《2019 年就业蓝皮书》，2018 届大学生就业率 91.5% ［EB/OL］.（2019 - 06 - 10）.

https：//www. sohu. com/a/319591994 _ 112831? qq - pf - to＝pcqq. c2c

【41】财政部会计资格评价中心　简介 ［EB/OL］. http：//kzp. mof. gov. cn/list _ content. jsp? class _ id＝01 _ 02 _ 01

【42】会计专业社会需求调查 ［EB/OL］.（2020 - 01 - 24）.

https：//wenku. baidu. com/view/5ca71fd8b94cf7ec4afe04a1b0717fd5360cb2e0. html

【43】软件工程就业前景报告 ［EB/OL］.（2019 - 08 - 24）.

https：//wenku. baidu. com/view/2b93f391fe00bed5b9f3f90f76c66137ee064f82. html

【44】软件工程人才的社会需求现状与发展趋势分析 ［EB/OL］.（2018 - 10 - 16）.

https：//www. cnblogs. com/nenuzsx/p/9801395. html.

【45】中国信息安全从业人员现状调研报告（2018 - 2019 年度）［EB/OL］.（2019 - 09 - 06）.

http：//www. itsec. gov. cn/zxxw/201909/t20190906 _ 36022. html.

【46】每年新增 1.2 万人 这是今后五年网络信息安全人才需求量 中国网络安全创新分享大会昨在乌镇举行 ［EB/OL］.（2017 - 05 - 21）.

http：//szbz. hangzhou. com. cn/dskb/html/2017 - 05/21/content _ 2526464. htm

【47】焦钰涵. 信息安全与商业活动并驾齐驱，全球综合性网络安全人才需求持续增长 ［J］. 求贤，2019（10）：34 - 37.

总而言之，课程评价结合质性评价和量化评价，从学生的满意度评分（等级评定）、生涯适应力能力提升（测验法）、学生作品整理（档案袋法）和课程感想及反思（访谈法）中可见，中学生涯指导课程能够提高学生的生涯适应力水平，课程内容丰富、充实，学生有很高的参与性，能够引发学生对未来生涯的规划和反思，促进他们对理想的追求。课程也得到了学生普遍的认可，课程满意度得分高。

三、课程推广效果

研究团队参考美国、英国、中国香港、中国台湾等开展生涯指导较早的国家和地区的课程方案和活动设计，在课程设计中强调课堂活动的"新""真""趣""活"。因此，课程在进行讲座和研究课分享经验时反响热烈，课程研究团队成员收到了来自不同学校的领导和教师的请求，希望能得到我们的课程资源，加入到课程研究中来。课程资源等成果被多个区内、区外和其他省市学校所采纳。课程成果中两篇论文的下载量分别达到了 127 次和 279 次。为了能够进一步检验课程成果的推广效果，课程研究团队本着边实践、边探索、边检验、边推广的实施策略，选择了一所地域

和类型完全不同的学校——人大附中深圳学校开展试点研究。人大附中深圳学校是深圳市教育局批准的一所新办校，地处深圳市大鹏新区。考虑到该校与人大附中在地域、学校类型、学生情况等诸多方面存在差异，研究团队认为这是检验课程是否具备推广性的最好试点学校之一。

本课程已经在该校初一、初二年级完成课程学习和研究评估工作，发放问卷285份，剔除无效问卷后，实际回收254份。课程严格按照科学研究方法进行再次检验，实施效果如下。

（一）学生课程满意度高

生涯指导课程满意度评定表有四级评定标准，1分表示非常不符合，2分表示大部分不符合，3分表示大部分符合，4分表示非常符合。实验学生在该量表的评定结果如表9-7。

表9-7　生涯指导课程满意度量表得分

序号		平均数	标准差
1	我喜欢这样的上课方式	3.46	0.95
2	我觉得大家在课堂上谈论与分享对我是有帮助的	3.39	0.73
3	我觉得又进一步了解了我自己	3.44	0.69
4	我对自己的一些优点和缺点更加了解了	3.53	0.56
5	我大概清楚了自己现在的兴趣有哪些了	3.61	0.49
6	我初步了解自身的能力水平	3.47	0.65
7	我对职业世界有了更多的认识	3.42	0.65
8	我知道对我来说工作的意义和价值	3.53	0.61
9	我对自己前进的方向更加明确了	3.39	0.77
10	我愿意通过一系列行动，自己去探索感兴趣的事物	3.50	0.70
11	我会对自己想达到的目标做出详细计划	3.36	0.90

从表中结果可以发现，该校参加课程的学生在各题的平均数介于3.36～3.61之间，显示学生对生涯指导课程较为满意，对本课程的总目标达成情况良好。其中第五题"我大概清楚了自己现在的兴趣有哪些了"、第四题"我对自己的一些优点和缺点更加了解了"、第八题"我知道对我来说工作的意义和价值。"、第十题"我愿意通过一系列行动，自己去探索感兴趣的事物"等题目得分最高，这说明了本课程在一定程度上促进了学生认识自我，激发了他们的生涯探索，推动了他们采取下一步的生涯行动。

（二）学生生涯适应力得到提升

根据生涯适应力前后测结果比较发现，该校学生的生涯适应力水平有了显著提升。

表 9-8　生涯适应力前后测结果比较

	N	生涯关注	生涯控制	生涯好奇	生涯自信	生涯适应力
前测	254	3.52±0.74	4.03±0.44	3.69±0.54	3.59±0.64	3.70±0.47
后测	254	3.75±0.61	4.05±0.50	3.80±0.50	3.68±0.66	3.82±0.48
t		−3.17	−0.33	−2.07	−1.15	−2.89
p		0.002	0.743	0.042	0.151	0.005

由表 9-8 可见，参加课程学习的学生在生涯适应力总分和生涯适应力的 2 个因子上均有显著提升。在生涯适应力的各个因子中，学生在生涯关注上的得分有显著提升，表明学生通过生涯课程的学习，已经具有较好的适应能力，在意识层面普遍提升了对自己未来发展的关注度。同时，生涯好奇也显著提升。这说明，随着一学期课程的学习和探索，学生对自身生涯发展开始充满好奇和期待，会有意识地思考与自身生涯发展相关的方向。虽然生涯控制和生涯自信因子在前后测结果比较上并未达到显著水平，但后测结果的平均数高于前测，说明课程学习对学生生涯控制和生涯自信上有一定帮助，只是可能还需要更长的时间加以巩固和检验。

（三）学生学习更加主动，对自我的管理更强，积极探索生涯发展途径

生涯指导课程让学生更加认真地思考未来生涯发展的同时，也帮助他们更加清晰地认识自身的兴趣和特长，明确自身的优势和不足，明确自身在高中阶段的努力目标，提升自主学习意识。生涯指导课程结束后，很多学生都会自发性地去关注与生涯有关的知识或时事，有意识地思考自己学习的目的以及未来的去向，探索自己更多的可能性，这些都体现了学生对自己的未来负责的积极态度。

附该校部分学生的课程感悟与反思：

学生 1：在这个学期的课程中，我体会到了许多。我比以前更加了解自己了，认识到了现在的重要性，对未来也不再感到迷茫。我的性格可能不太符合我理想的职业，我要挑战我自己，向理想的职业努力，不断改进自己的不足。我愿意通过加倍的努力来实现自己的目标。

学生 2：我发现我对人生计划更了解了，更知道该怎么做了。我明白了应该付出更多的努力，就算失败，也不会遗憾。我也明白了，努力不一定会达到目的，但努力一定会有努力的结果。未来的我愿意付出我全部的力量去努力实现目标。不管结果如何，只要向前走，走正确的路，我就会成功。

学生 3：我在课程中最大的收获是更清楚、直观地了解了自己。从目前来看，我对自己的性格、兴趣、爱好等有了进一步的了解。我想成为一名老师，而老师需要丰富的知识。我想成为一名英语老师，就必须要学好英语。未来我愿意多读些关于英语的书，通过老师的传授知识以及自学来学好英语，取得好成绩。

学生 4：我必须要通过自己的奋斗，付出努力才能达到目标，我理想的职业是警察，从我的性格上看，可以说大部分符合标准，因为一般不会跟人发生冲突，除非特殊情况。面对未来的目标我应该更加努力学习，因为只有考上警校或者公务员，

才能去选择警察这一份职业，所以我愿意用自己的奋斗去达到自己未来的目标。

学生5：我觉得课上的这些内容是我之前从未接触过的，现在发现其实离我挺近的。我希望这几年能改变我的性格，不要那么暴躁，不能缺乏自信和勇气。我要慢慢地将与人沟通的能力变强，那我以后的工作会更顺利。通过在课上的学习，我也意识到了自己的哪方面不足，哪方面需要改进，可以让我清楚地知道自己是什么样的人。我希望以后找到的工作是自己所喜欢的。

学生6：课程给我最大的感受是，如果我想达到我自己的目标职业，我需要不断努力，因为我发现自己的逻辑思维能力和知识储量都不够。除此以外，我也缺乏一些观察和分析的能力。为了达到目标，我应该更加努力学习，且应更努力地学习我要选择的相关专业知识，在日常做事时更应该仔细观察，提高自己的思考意识，逐渐培养自己的分析观察能力。比如在数学上，如果遇到了难题，我要鼓励自己去坚持完成。同时我还应该保持现在已经具备的能力，比如理性和谨慎。

学生7：通过课程的学习，我发现我想当一名教师的目标是强烈的，我的性格也完全符合自己想从事的工作，我可以用一个积极乐观且幽默的性格去融入我的学生，也许以后我们的课堂会充满笑声与热情。我想当老师的最大原因是与我的家庭有关，家人的工作让我感觉到了管理与为人奉献的工作是最好的。在未来我愿意吃任何苦，从而达到自己的目标。

学生8：这门课使我更加确定自己人生的前进目标和方向，更加明确以及肯定自己未来的生活。在这以前我从没有想过去规划自己的人生，只是一直漫无目的地生活着，现在我懂了很多也想了很多，也希望自己能够通过自己的不断努力来收获劳动的果实。在实现理想和目标的路上，我需要不断努力，不松懈自己的学习。我需要不断对自己的行为和决定作出规划，并以足够的自控力来完成计划。希望我最终能够如愿以偿。

学生9：我最大的感受是人要学着不断改变，更要不断制订计划，规划好自己以后将要做、要实现的事情。确定理想工作后，我将慢慢地去一点一点接近。我对自己性格方面更了解了，同时也发现自己有些缺点。未来我愿意花费更多的时间去学习，我想通过我以后的规划努力达到目标。

学生10：这学期的课程让我更加了解了自己真正喜爱什么，而不是盲目地向往某个职业，我会更加细致地规划我的职业。我有了明确的前进目标，这让我更加努力、更加上进地向目标不断靠近。我的语言能力和人际沟通能力较为突出，再加上我的兴趣，所以我认为成为一名记者是一个不错的想法。这门课让我明确了高中乃至大学的计划和目标，能够有目的和有追求地努力，而不再只是嘴上的盲目努力了。我将会积极参加各项活动继续提升我的各方面能力，提高文学素养，为早日实现目标而努力。

从学生的满意度评分、生涯适应力能力提升和课程感想等多个维度上看，课程成果的试点研究是成功的，再次证明了课程成果的有效性和可推广性。

四、课程反思

在整个课程设计和实施的过程中，取得了一些成绩，但同样也遇到了一些困难。

回顾两年多来的实践研究，有以下思考，供未来开展生涯指导课程的教师、研究者们参考。

第一，制订中学生涯指导课程的目标必须依据国家政策且符合本校实际。

普通中学在设置生涯指导校本课程时，首先要依据国家政策规定。我国对于普通高中生涯指导课程的要求主要包括以下几点：提高学生综合素质，培养多样化人才；适应新一轮高考改革，将走班制落到实处；重视不同学业阶段与未来职业的衔接。与此同时，学校还需要根据本地的经济、社会发展水平，结合本校的办学优势，明确本校生涯指导课程的目标，帮助学生在了解自我的基础上，合理选择未来的专业和职业，最终促进学生综合发展，使其成为对社会有益的专业人才。

研究团队以人大附中学生为研究和实践对象，开展生涯指导课程，充分考虑了人大附中学生的特点。人大附中地处首都北京，是北京综合实力很强的中学之一。人大附中的学生具有较强的学习能力和学习精神，他们对周围的新闻资讯不仅不陌生，还有着自己的看法和见解。人大附中的学生家长文化程度相对较高，能够为孩子提供一些职业和学业上的咨询。根据人大附中学生和家长的实际情况，"让梦想开花——中学生涯指导课程"采取了相应的一些举措，以保证课程的有效性和实用性。首先，课程加强了学生与家长的沟通和交流，特意布置一些课后作业，请学生与家长讨论家庭影响与外部环境变化，有效促进学生了解外部世界的途径。其次，在初二和高二年级均设置课程，满足不同年龄学生不同层面的需求。研究发现，初中学生更关注对自我的探索，而高中学生则更关注对外部环境的探索[①]。初二学生比初三学生的学业压力小，也适应了初中生活，他们有时间和精力探索自己是谁，渴望了解外部环境，"让梦想开花——人大附中学生的生涯指导课"不仅充分满足他们的需求，为他们未来选科选考做好准备，还促进他们将个人理想分解为具体目标，将具体目标与实际学习生活紧密联系起来。高二学生已经完成选科，他们迫切希望了解自己选科对应的专业，以及不同专业的学习内容、就业率、专业发展方向等。"让梦想开花——人大附中学生的生涯指导课"不仅着重于自我探索和环境探索的科学性和全面性，还鼓励高中生自主调研，通过实地考察、问卷调研、文献搜索等多种方式对自己感兴趣的专业和职业进行深入考查，并撰写科学研究报告。

第二，中学生涯指导课程的开设应有连续性。

很多学校并未开设中学生涯指导课程，有的学校即使开设此课程，也容易流于形式，仅仅在学生选科前用几节课或者一个学期讲授一些生涯指导知识，这样达不到帮助学生合理定位、提前规划的作用。

以往的中学生涯指导课程容易忽略课程实施的连续性，倾向于在高一阶段进行相关课程讲解和实践，高二和高三几乎没有该课程的安排，更不用说初中阶段开设生涯指导课程。可见，这样的安排仅仅为了选科，很难让学生形成生涯意识，对自己的人生形成详细的规划，进行连贯系统的学习。因此，根据职业生涯规划课程的目标及特点，结合不同阶段学生的身心发展特点和心理需求，原则上每个年级都可

---

① 李婕，陆丽萍. 北京市中学生生涯适应力现状调查研究［J］. 中小学心理健康教育，2017（8）.

以设置该课程，课程根据不同年级学生的特点和需要进行不同的侧重和安排，让学生所接受的职业生涯规划辅导具有连续性，促进学生形成生涯意识，引导他们不断探索自我、专业和职业，激发学习的内驱力①。当然，不同年级生涯指导课程的课时和活动次数可以根据学生学习任务的情况进行适当调整。

第三，打造一支以职业生涯规划师或心理教师为主、以学科教师为辅的综合的师资队伍。

生涯规划涉及的学科很广，涵盖了心理、教育、社会、市场、职业教育等多个领域与方向，仅仅凭借某一个学科的教师进行授课，难免会受到学科局限性的制约。在实践中发现，学科教师都具备一定职业生涯规划辅导的能力，他们也可以从自身经历、所学专业出发，给予学生本学科专业咨询和专业发展的指导，但是他们缺乏职业生涯规划理论体系的指导，很难帮助学生形成生涯思维，因此学校要想开展好职业生涯规划辅导，仅靠学科教师的力量是不够的。首先，学校需要培养专业的职业生涯规划教师，条件允许的情况下可以招聘专职教师，如果现实条件受限，可以让学科教师、心育教师、管理人员接受专业培训，转行成为专职的职业生涯规划教师。其次，学科教师也是学校职业生涯规划课程体系中的重要环节，也要加强学科教师的相关培训，让学校的职业生涯规划课程体系成为一个有机的整体。最后，专兼职教师的培训需要上级部门的支持，国家和地方最好能够定期举办大规模职业生涯规划课程专兼职教师培训活动，如缺乏相关资源，则需要学校聘请专家来进行相应的校本培训。

第四，建立更加完善的课程管理机构。

对职业生涯规划课程进行常规的教学管理表面上并不困难，但是对于教师的备课及上课内容的要求需要像管理学科教师一样"刻板"吗？这是一个值得思考的问题。所以，对于职业生涯规划课程来说，不仅应该接受教学处年级组的直线管理，也应该设置一个专门的机构。这个机构主要由学校教学管理领导、学科专家和任课教师组成。由于职业生涯规划课程处在探索阶段，关于课程的实施环节可能面临很多变化，教学管理领导可以为改变提供便利，学科专家可以为改变提供依据和方法，教师可以让改变更加适应学生发展。

第五，开发形式多样、实效性强的教学策略及方法。

职业生涯规划课程需要以人为本，根据学生特点选择适应学生职业规划课程的教学方法，一般情况下应该是交互式的，不是教师单纯地按照授课标准教授教材的内容，而是要根据学生的特点让学生喜欢学、学得懂、学得会。教师在选择教学策略和方法时必须要考虑学生的接受能力、情感、智力水平、知识基础、成长环境等因素。营造生动活泼的教学气氛可以提高学生接受程度，通过创造有利于学生学习的轻松氛围，营造各种情境促使学生真实的体验，引导他们思考探索，充分发挥学生主体性作用，有利于学生们综合能力的培养。

第六，依托学校、社会，组织更多外部探索活动。

学校可以组织与职业生涯规划课程相关的课外活动和体育活动，组织学生积极

---

① 李婷婷. 普通高中职业生涯规划课程管理研究 [D]. 黑龙江大学，2016.

参加社会活动，消除他们因学习而积蓄起来的心理压力，同时还能够提高自身的能力和信心。高中学生的思想正处于探索阶段，对社会各个行业了解正在建立最初的概念，可以通过一些活动让学生更加了解自己，这也是更好的素质教育。此外学校也应该通过媒体宣传、讲座等方式转变社会、学科教师和家长对职业生涯规划课程的偏见，让他们认识到职业生涯规划课程与常规教学及高考是相辅相成的关系，让他们一起促进普通高中职业生涯规划课程的顺利设置[①]。

学校在进行职业生涯规划理论指导的同时，也应更加注重给学生提供大量的社会实践的机会，拓展学生的视野，让学生切身感受到职业生涯的存在，帮助他们更好地了解各个行业的特点，树立正确的职业观，增强对行业的理解和兴趣，为以后正确地择业打下坚实的基础。为学生创造课外活动的条件，需要社会各行业单位和学校内部的共同努力。

---

① 李婷婷. 普通高中职业生涯规划课程管理研究［D］. 黑龙江大学，2016.

后　记

随着新高考改革，生涯指导对于学生、家长、教师都显得尤为重要。作为中学心理教师，我一直在探索如何更好地开展中学的生涯指导课程。2017年，我发表了两篇相关论文，得到了不少一线教师的关注。他们谈到了自己在开展生涯指导课程中的苦恼，一些教师希望能够借助专业的课程评价工具检验自己所教授的生涯指导课程，并且希望能与我合作开展生涯指导课程。2018年，我成功申请到教育部重点课题"中学生涯指导课程的实践探索与效果评价"（DBA180441），使我有机会能够和一些志同道合的教师朋友一起探究生涯指导课程，系统设计和研究一套科学、丰富、有趣的课程，并进行推广和检验。我们历时三年，将课题的成果整理成了这本书，书中提供的生涯课程活动十分丰富，针对生涯规划的不同主题均提供了原创性的生涯教学活动，同时还附上了课题组成员精心打磨和改良的教学设计，便于一线教师使用。

近年来，我受邀在国家级、市级培训会上做了很多生涯指导的心理培训，很多主题都受到了与会班主任、心理健康教师、生涯指导教师、德育工作者的青睐。他们对我多次表达了期待，即通过生涯指导课程，帮助学生激发学习热情和潜能、科学选科和选考，让学生成功圆梦。但是，我也发现，仅仅通过一两次的培训，或者一两个主题的解读，远远不能满足他们的需求，他们在生涯指导课程的具体实践中仍然存在着很多困难。比如在实际授课中，一些教师对生涯活动背后的深意并不了解，从而使课堂活动流于形式；也有部分教师缺乏具体的课程活动素材，或者课程活动缺乏新意，无法调动学生的兴趣。所以，我产生了一个想法，通过撰写一本书，来系统介绍和完整展示生涯指导课程。通过对生涯指导课程的发展、理论、实践活动和效果评价进行系统阐述，将一项完整的教育实验提供给一线教师，这样也许能够给他们提供一些启发，帮助他们更加得心应手和胸有成竹地开展生涯指导课程。

为了使本书更贴近广大一线教师的需要，我邀请了两名具有丰富教学经验和优秀科研能力的心理教师江群和刘倩共同完成本书的撰写。江群老师毕业于首都师范大学心理系，是人大附中深圳学校的心理教师，多年来一直潜心探索生涯指导课程。我们一起精益求精地设计和研究每一节生涯指导课，力求每节课都符合三大特点：课堂活动生动有趣、学生有所收获、活动尽可能原创新颖。经过多次打磨，我们的课程臻于成熟和完善。学生们的课堂表现和反馈也给了我们极大的鼓励。我们开始尝试在不同地区的学校进行实践和推广，同样也取得了很好的效果和评价。刘倩老师毕业于中国科学院心理所发展与教育心理学专业，是北京交通大学学生心理素质教育中心专业教师。从中学生涯指导与大学生心理素质如何有效衔接的角度出发，她给课程的大纲、设计和效果评价均提出了很多非常实用的建议。在三位作者精诚合作、全力以赴的努力工作下，我们终于完成了撰稿任务。

回顾这些年来的工作和努力，能够拥有这样一次教育实践的机会，我由衷地感激。感谢全国教育科学规划办给了我系统开展教育研究的机会，感谢身边志同道合的朋友们，感谢生活中默默关心和无私帮助我们的热心人。正是因为有你们，我才有机会做这样一件对学生终身发展都很有帮助的事情。

最后我要特别感谢北京教育学院教育管理与心理学院教授曹新美博士。曹老师是北京教育学院《生涯教育与创造性培养》重点学科团队负责人和北京市生涯教育培训项目的开创者，先后主持、承担了 10 多项国家级、省市级积极心理学课题的研究，出版了《学校心理咨询督导》《学校生涯教育指南》《学校心理咨询工具箱》《新时期教师心理健康》等著作。她在繁忙的工作中抽出时间对本书进行仔细审读，提出了很多宝贵建议，还为本书题写了序言。

这段教育研究和写书的经历对我来说十分美好和可贵，也让我再次认识到：当你在做有意义的事情，全世界都会来帮助你。我想借用孟子的一句话总结这段经历：爱人者，人恒爱之；敬人者，人恒敬之。我还想再补充一句：助人者，人恒助之。

陆丽萍

2021 年 1 月 25 日于人大附中

图书在版编目（CIP）数据

让梦想开花：人大附中学生的生涯指导课 / 陆丽萍，江群，刘倩著．
-- 北京：研究出版社，2021.2
ISBN 978 - 7 - 5199 - 1037 - 2

Ⅰ.①让…　Ⅱ.①陆…②江…③刘…　Ⅲ.①中学生-职业选择
Ⅳ.①G635.5

中国版本图书馆 CIP 数据核字（2021）第 032301 号

出 品 人：赵卜慧
责任编辑：张立明

让梦想开花——人大附中学生的生涯指导课
RANG MENGXIANG KAIHUA——RENDA FUZHONG XUESHENG
DE SHENGYA ZHIDAO KE

作　　者	陆丽萍　江　群　刘　倩	
出版发行	研究出版社	
地　　址	北京市朝阳区安定门外安华里 504 号 A 座（100011）	
电　　话	010－64217619　　64217612（发行中心）	
网　　址	www. yanjiuchubanshe. com	
经　　销	新华书店	
印　　刷	北京恒石彩印有限公司	
版　　次	2021 年 2 月第 1 版　　2021 年 2 月第 1 次印刷	
开　　本	710 毫米×1000 毫米　1/16	
印　　张	14.25	
字　　数	315 千字	
书　　号	ISBN 978 - 7 - 5199 - 1037 - 2	
定　　价	68.00 元	